U0526802

P.E.T.

父母效能训练
中国实践篇

（2022）

王漪 ◎ 主编

人民东方出版传媒
东方出版社
The Oriental Press

图书在版编目（CIP）数据

P.E.T.父母效能训练.中国实践篇/王漪主编.-- 北京：东方出版社，2022.8
ISBN 978-7-5207-2801-0

Ⅰ.①P… Ⅱ.①王… Ⅲ.①亲子关系—家庭教育 Ⅳ.①G78

中国版本图书馆CIP数据核字（2022）第084947号

P.E.T.父母效能训练中国实践篇（2022）
（P.E.T. FUMU XIAONENG XUNLIAN ZHONGGUO SHIJIAN PIAN 2022）

作　　者：	王　漪
策划编辑：	鲁艳芳
责任编辑：	王晶晶
出　　版：	東方出版社
发　　行：	人民东方出版传媒有限公司
地　　址：	北京市西城区北三环中路6号
邮政编码：	100120
印　　刷：	北京联兴盛业印刷股份有限公司
版　　次：	2022年8月第1版
印　　次：	2022年8月北京第1次印刷
开　　本：	710毫米×1000毫米　1/16
印　　张：	19.5
字　　数：	248千字
书　　号：	ISBN 978-7-5207-2801-0
定　　价：	59.80元
发行电话：	（010）85924663　85924644　85924641

版权所有，违者必究
如有印装质量问题，我社负责调换，请拨打电话：（010）85924725

目录
Contents

第一章　身边的 P.E.T. — 001

1. P.E.T. 简介 — 002
2. 为何选择 P.E.T.？ — 004
   - P.E.T. 讲师亢翠：父母需要帮助，而不是被指责 — 004
   - P.E.T. 讲师赵薇：因为我会更喜欢我自己 — 005
   - P.E.T. 讲师艺慈：吸引我的是它的真实、博爱还有麻烦 — 007
   - P.E.T. 讲师杨慧：嘿，现在的这个你，也是可以用的 — 012
   - P.E.T. 讲师王乐：这么美好的事情，我希望有更多人知道 — 014
   - P.E.T. 讲师张宏：爱学习的父母不一定能养育好孩子 — 016

第二章　进入 P.E.T. 视角，从行为窗口开始 — 019

1. 走出标签化的世界 — 020
2. 按感受划分行为 — 029
3. 感受不是固定不变的 — 031
4. 做内外一致的父母 — 034
5. 分清界限，做好问题归属 — 039

第三章　"倾听"，是最有效的协助 — 049

1. 无效的协助方式 — 051

2	有效的协助方式	052
3	P.E.T. 家庭的倾听故事	053

第四章 开放自我，"经营"好关系 　　073

1	表白性我—信息	075
2	预防性我—信息	077
3	肯定性我—信息	078
4	我—信息的力量	082
5	三种时间	088
	P.E.T. 讲师亢翠：两娃一妈怎么分	089
	P.E.T. 讲师王乐：跟婆婆的一对一时光	093
	P.E.T. 讲师曼丽：周六晚的亲子时光	094

第五章 有效面质，表达自己的需求 　　097

1	无效的面质	098
2	面质性我—信息	100
3	有效的面质技巧，需要适时换挡	106

第六章 调整环境 　　117

第七章 双赢法解决冲突 　　127

1	输赢法是无效的	129
2	第三法，通过六个步骤实现双赢	130
3	第三法故事	131
	P.E.T. 讲师赵薇：我想让你回家	131
	P.E.T. 讲师欣格：练钢琴的女儿	133

P.E.T. 讲师杨慧：双胞胎儿子的三次分床	136
P.E.T. 讲师艺慈：P.E.T. 中的大 Boss	140
P.E.T. 讲师颜言："我就要妈妈来！"	146
P.E.T. 讲师惠敏：儿子的手机	149

第八章　处理价值观冲突　　　157

1　成为孩子的顾问　　　159
2　我—信息和倾听　　　160
3　做孩子的榜样　　　160
4　调整自我　　　161
5　价值观实践故事　　　161

P.E.T. 讲师萌萌：女儿说脏话	162
P.E.T. 讲师曼丽：你助人为乐，孩子是否也要如此？	164
P.E.T. 讲师杨慧：妈妈，我想起了您说的拔河	167
P.E.T. 讲师艺慈：由避孕套引发的讨论	169

第九章　案例集锦　　　175

1　如何面对孩子的"问题"　　　176

P.E.T. 讲师孙庆军：当孩子说："爸爸，我不想上学了。"——很庆幸，我"戈登"了一下	176
P.E.T. 讲师素宁："不上幼儿园"的几段插曲——看见未被满足的需求	179
P.E.T. 讲师张宏：玩游戏停不下来——冲突中体验成长与爱	185
P.E.T. 讲师可菁：断奶——也可以用"预防性我—信息"和"调整环境"	188

2　如何处理关系冲突　　　193

P.E.T. 讲师杨慧：双胞胎兄弟情——从塑料到钢铁	193

P.E.T. 讲师李清朱：幼儿园里的日常——冲突过后是成长		196
P.E.T. 讲师苏苏："妈妈，对不起，我真的很爱您。"		202
P.E.T. 讲师芳芳："温柔而坚定"惹的祸——放掉"应该"，遵从真实的自己		205
3 如何协助孩子培养能力		214
P.E.T. 讲师闫珺：通过亲子沟通，让孩子爱上学习		214
P.E.T. 学员王一玮：韧性固然重要，但千万别本末倒置		223
P.E.T. 讲师梦瑶：我和蹬蹬的跳绳之旅		226
4 如何育儿育己实现个人成长		236
P.E.T. 讲师朱小爱："你又吼我又打我，还去教别人怎么不吼孩子！你别去了！"		236
P.E.T. 讲师张华：界限明了，万事不扰！——从写给老妈的信开始		239
P.E.T. 讲师可菁：技巧的"困境"——允许自己，才有机会跳出		246
P.E.T. 讲师玲聆：遇见了那个最爱的自己		253

第十章　挑战与机遇　259

1 身边的不同声音		260
P.E.T. 讲师艺慈：又是套路吗？		260
P.E.T. 讲师王乐：这个没用		261
P.E.T. 讲师赵薇：养育的三个主要困境		263
2 P.E.T. 真的就是放纵孩子吗？		265
P.E.T. 讲师杨慧：将概念回归到行为窗口		266
P.E.T. 讲师王乐：从"没写完作业"讲起		268
P.E.T. 讲师亢翠：接纳 or 放纵？我们都在慢慢地寻找和孩子之间的平衡		274

P.E.T. 讲师张宏：面对"犯错"的孩子	276
3 P.E.T. 家庭的实践效果	**278**
P.E.T. 讲师王乐：8分	279
P.E.T. 讲师孙庆军：8分	280
P.E.T. 讲师萌萌：7分	280
P.E.T. 讲师颜言：8分	283
P.E.T. 讲师何曼丽：8分	285
4 P.E.T. 讲师之路	**289**
P.E.T. 讲师赵薇：我在推广上的努力	290
P.E.T. 讲师李清朱：在我的幼儿园推广 P.E.T.	291
P.E.T. 讲师素宁："爱好"刚好遇到"事业"	293

P.E.T.
PARENT
EFFECTIVENESS
TRAINING

第一章
身边的 P.E.T.

· P.E.T. 简介 ·

· 为何选择 P.E.T.？ ·

1 P.E.T. 简介

P.E.T. 全称 Parent Effectiveness Training（父母效能训练），自 1962 年创立以来，陆续在美国及全球 50 多个国家和地区传播，惠及千百万家庭，曾被《纽约时报》称为"一场全球性的运动"。

创始人托马斯·戈登博士是美国著名的人本主义心理学家。身为心理咨询师，在接诊所谓"问题孩子"的过程中，他发现，大多数时候，不是孩子出了问题，而是父母和孩子之间的沟通产生了严重的障碍。如果父母不及早发现、清除这些障碍，就会造成亲子关系的恶化，从而引发孩子青春期各种"叛逆"行为，甚至引发家庭冲突和人际伤害。

戈登博士极具前瞻性地调整了工作重心，从治疗转到预防，创立了全球最早的父母培训课程，从而帮助父母成为孩子身边的"心理咨询师"。P.E.T. 课程通过全球 60 年的实践证明：父母需要，也能够通过改变与孩子沟通的方式来改善亲子关系，进而减少或避免家庭冲突带来的伤害。

在中国，尤其近年来，随着社会整体 VUCA［不稳定性（volatility）不确定性（uncertainty）、复杂性（complexity）、模糊性（ambiguity）的缩写］特性的明显，内卷加剧的同时，躺平模式也开始涌现。孩子的心理健康问题逐渐成为全社会关注的焦点，父母面临的育儿挑战变得更加严峻。社会信息资源的爆炸性增长，让父母面对众说纷纭的育儿理论也很焦虑。一方面，父母不希望继续打骂控制孩子，让孩子失去独立意愿和自主能力；另一方面，父母也不希望任由孩子我行我素，不懂得尊重父母、珍惜家人。大多数父母容易在"严厉"和"宽松"两极间摇摆，找不到合适的尺度，而生活中的一地鸡毛永远跟教科书写的、专家说的不完全一样，让人无所适从。

所以越来越多的父母意识到，相较于各种鸡汤、道理、小妙招，他们更需要一种稳定的思路、一个科学的理念指导、一副清晰的理论模型、一套落地的实践方法来帮助自己随时随地处理亲子互动的问题。

P.E.T.恰好为父母提供了这样一个选择。它以人本主义哲学为背景，结合人本主义心理学的临床理论，以戈登博士独创的行为窗口关系沟通模型为核心，向大家传授一套沟通技巧。它可以解决下列问题：在孩子遇到困难的时候，父母如何协助表达关怀但不越界干涉；当孩子的行为让父母不满的时候，父母如何坦诚表达但不指责伤害；当父母跟孩子发生冲突时，如何尊重并满足彼此的需求；当家人意见不一致时，如何真实分享但不强迫教导。

P.E.T.课程通过面对面的讲解、演练让大家体会并学习到，如何通过有效的沟通唤起孩子的内驱力、实现父母的影响力。本书将通过我们身边的P.E.T.实践故事向大家呈现P.E.T.的优势以及P.E.T.家庭的实践效果。

❷ 为何选择 P.E.T.？

P.E.T. 讲师亢翠：父母需要帮助，而不是被指责

最初接触 P.E.T. 父母效能训练是在 2017 年，彼时我遇到了育儿生涯的第一个重大挑战。

那年年初，我信心满满地琢磨着，女儿很快要上幼儿园了，我也可以结束全职妈妈的生涯，继续做点儿什么。

作为多年的全职妈妈，我对自己还是挺满意的，基本没遇到什么坎儿：儿子没有上学前班，一张白纸地进入小学，也顺利地度过幼升小；两个孩子相处愉快，妹妹很崇拜哥哥，哥哥也很友爱妹妹，以至于我每次在朋友圈发两个小朋友相处的细节时，都被戏称为"二胎推广员"；哥哥的学业也进展顺利，他的学习专注性高、愉悦感强，这是我甚为得意的……

我一直以为，做妈妈，尤其是做两个孩子的妈妈，虽然辛苦点儿，但依靠"爱"的本能就好。直到儿子进入三年级……

儿子升入三年级，学业压力骤然增加，结果任务越多，他反而越磨蹭。我第一次体会到网上那些陪读段子中的感受……

妹妹也逐渐显现出高敏感、高需求的特性，往往我还没意识到，她就眼含热泪充满委屈……

原本以为两个小朋友会一直相亲相爱下去，结果两岁以后的妹妹独立意识增强，凡事都喜欢和哥哥争个一二三，我得时不时地在其中充当救火

队员……

临近复出工作，我又发现自己落后了很多，甚至有时连自己的想法都表达不清楚，我陷入了恐慌……

经过一年的学习，我才和孩子们找回一些状态，也才发现绝大多数的妈妈都遇到过类似的困境，甚至比我更早。我才体会到：父母真的需要帮助，而不仅仅是被指责……

在现有的教育压力下，仅仅依靠"爱孩子"的本能是不够的，为人父母真的需要"持证上岗"。也是在这个挣扎的过程中，我才决定把家庭教育作为我未来的职业方向。

P.E.T.父母效能训练就像武功招式，简单、好上手，特别适合初学者。践行时间久了，就会发现它不仅仅是简单的技巧，更是能通过它真正地反省自身，让自己获得由外而内的成长。

P.E.T.讲师赵薇：因为我会更喜欢我自己

最早接触P.E.T.是因为朋友的推荐，我买了托马斯·戈登博士的《P.E.T.父母效能训练》这本书。读到书中的理念时，我非常认同，也开始尝试按照书里的方法和孩子沟通。

我印象最深的一件事是这样的。有一天，我和孩子走在路上，孩子忽然蹲下来弄他的鞋子，并且很生气地说："哎呀，这个破鞋子的带子怎么总是开呀！"（鞋带是魔术贴，黏性不够了，所以总是开）我想起《P.E.T.父母效能训练》里的内容，于是试着倾听孩子："它总是开，你特别生气。"孩子回答了一声"嗯"就起来和我回家了，一路上再也没有抱怨过这件事。

这个情况以前也出现过，但我的回答都是"因为这个鞋的粘胶不牢固了。""带子开了再粘上就可以了，抱怨什么！""我们马上就到家了，你再坚持一会儿。"等等，但都解决不了问题。孩子依然会不开心，我也会越来越恼怒。

这件事让我非常惊讶，原来这样就可以了？原来沟通是可以这样高效的！我忽然发现，教育似乎不是一件特别复杂的事，是父母把教育搞得过于复杂了。这也是我记录下来的第一个案例，还时常与人分享。

后来通过朋友了解到，安心老师将要在成都带领一期 P.E.T. 工作坊，我就报了名，此后也成了一名 P.E.T. 家长。2021 年，我成了一名 P.E.T. 讲师。

我在学习 P.E.T. 之前学的是心理学，在学到罗杰斯的人本主义时，我了解到人本主义是相信人本善的。人本主义认为人有向上的动力，可以在一种自由、平等、关注、温暖、真诚的气氛下，不断向内审视自我，激发自我实现的潜能，在不知不觉中获得成长。这样的观点令我十分感动。我回想起自己的成长经历，自由、平等、关注、温暖、真诚，这不就是我一直渴求的吗？遗憾的是，在传统教育的模式下，大多数孩子都没能拥有这样的成长环境。

P.E.T. 正是基于人本主义的沟通技巧，基于深厚的、对人本身的信任。心理学流派众多，但所有能延续和发展下来的流派都是以人本主义为基础的。人本主义是一种对人充满尊重、信任和爱的态度。

过去，我认为 P.E.T. 是一种与孩子沟通的"工具"，后来我发现，P.E.T. 是一座通往内心的桥梁。在学习 P.E.T. 的几年里，我也在不断探索自己，让自己获得成长。

P.E.T. 不是虚无的道理和假设，而是一种系统的、易于实践的、操作性很强的方法，它成了我在参与孩子成长过程中一个很棒的"抓手"。更重要的是，P.E.T. 里没有"应该"和"必须"，虽然它包含了诸多技巧，却没有要求父母必须使用。在学习 P.E.T. 的过程中，我常常会因为没有在孩子有情绪时做到倾听孩子，或者在自己不接纳的情况下表达出自己的真实感受而感到自责。安心老师告诉我们:"P.E.T.是一种选择,而不是必须。我们可以犯错,却不需要自责,我们可以'省而不疲'。"这让我如释重负。

重读《P.E.T.父母效能训练》,我也发现,戈登博士从来没有说过,P.E.T.是唯一正确的方法,父母都必须时刻按照书里的方法来对待孩子。P.E.T.是开放的,选择的权利依然在父母手里。我想,这也是P.E.T.与很多父母培训课程的不同之处,它对父母来说是一个选择,而不是一种压力。

在学习和实践P.E.T.的过程中,我的孩子给了我很多惊喜和反馈。我也在这个过程中得到了成长。过去,我是为了让孩子更好地成长而学习P.E.T.;后来我发现,最大的获益者是我自己。

P.E.T.讲师艺慈:吸引我的是它的真实、博爱还有麻烦

"哇!"一声响亮的哭声转变了我们的人生角色。孩子的到来赋予了我们新的责任,也带来了新的挑战。

"孩子畏难怎么办?"

"叫他很多遍没反应怎么办?"

"做事拖拉、性格内向怎么办?"

"大宝二宝总打架怎么办?"

……………

在养育孩子的过程中,相信很多父母都跟我一样,每天一睁眼就是满脑子的大问号,昨天的问题还没解决,今天又蹦出了新的。又或者一声长叹,拖着疲惫的身心迎接"重蹈覆辙"的一天。随着孩子逐渐长大,"养育困扰"被"消化"或"甩"下一些,却又不断有新的填补进来。就这样,它们秉承着"野火烧不尽,春风吹又生"的精神,很快越积越多,像一团相互缠绕的毛线球,困住了我们,也困住了我们和孩子之间的关系。我们一路找寻着

方法，却可能在跟孩子不知不觉的碰撞中，消耗了我们之间的信任感和亲密度。

直到我遇见了 P.E.T.。

沙龙课上，我被戈登爷爷"行为窗口"的概念吸引了。原来每个"问题"都是可以进行归属划分的，原来问题并不是问题。这个窗口为我打开了新的思路，让我看到了一种新的可能和选择。

就这样，我一路深耕，义无反顾地加入了 E.T. 这个大家庭。要说过程中没有动摇是骗人的，可总有一种信念让我舍不得放弃 E.T. 这条路。安心曾说过："如果你特别认同一个理念或一句话，那是因为它们原本就在你心里。"我想，这也是为什么每当和 P.E.T. 有更深一步的联结时，我就感觉自己的内心更加踏实。原来，这是我和自己心里已有东西的重逢。

P.E.T. 的出现，就像是给我的内心、头脑升级了系统，并做了一次彻底的清理和重启。我发现，我看待世界的视角已经不一样了。

每当有朋友向我咨询 P.E.T. 时，我都会先问自己："它到底哪里吸引我？"

"真实"是在我的头脑中首先跳出来的一个词。

在没有接触 P.E.T. 之前，我对它并没有什么特别的感觉。真实，谁不真实呢？我们每个人都很真实地生活，真实地工作，真实地交流，这有何难？在我看来，"真实"似乎是人人具备的、理所应当的状态。但，真的如此吗？

有一天，我很疲惫地回到家，想赶紧睡觉，可孩子却让我给他讲一个睡前故事。我的内心是不接纳的，但又希望能扮演好妈妈的角色，于是隐藏了自己的感受，强撑着给孩子讲故事。可是，我压抑着真实感受讲出来的故事能好听吗？果然，孩子也听得不顺耳，打断我："妈妈，您别讲这么快，您得学他们（各个角色）不一样的说话声音。"我也很恼火："我能给你讲就不错了，还提这么多要求！"

第一章　身边的 P.E.T.

回想当时孩子的表情，我猜测他是困惑的："妈妈明明答应给我讲故事了，可为什么声音、表情都不在状态，透露着不情愿的信号呢？"

不知正在阅读的你是否熟悉这样的情景呢？表面上看，我们以为自己接纳了孩子的要求。可那只由疲惫变幻出的大手，却一直抵在我们心头，大喊着："不！"

内心明明无法接纳给孩子讲故事这件事，可又要做出接纳的样子，这在 P.E.T. 里被称为"虚假接纳"。这样一来，孩子通常会感到困惑，因为他们接收到的是"混合的信息"，或者说是"相互矛盾的信息"。

我终于意识到，"真实"是建立在觉察之上的，是放慢节奏向内看，看看自己心里在经历什么，想要说些什么。真实的表达，不是自动化反应脱口而出的话，而是伴随着真实感受，说出想要表达却总被我们藏起来的话。

"博爱"是 P.E.T. 吸引我的第二束光，它关注孩子和父母双方的需求。P.E.T. 爱孩子也爱父母。

很多育儿理念都在告诉我们要如何关注孩子，如何接纳孩子，但鲜少有哪个理念用同等的篇幅告诉我们要如何关照自己。如何疏解父母的情绪，在我看来，这才是养育孩子最重要的前提。只有照顾好自己，才能有心力去支持孩子。

很多年前我听到过一个观点：对待孩子要"温柔而坚定"。当时的我眼前一亮，感觉寻到了一盏指路明灯，这样的状态想一下都觉得很美好。可回到琐碎的生活中，回到实实在在和孩子对话的场景中，又有多少人可以时刻做到"温柔而坚定"呢？又有多少人是压抑情绪的故作温柔呢？不知正在阅读的你是否思考过，还未能触及这份美好的我们该如何面对脚下的每一步？又该如何不憋屈又无伤害地安放每一个让我们抓狂的时刻呢？

值得庆幸的是，P.E.T. 告诉我们，父母的需求同等重要。作为父母，我们可以有不接纳孩子的时刻，可以更加真实地表达自己的感受。

约了朋友要出门，眼看要迟到了，儿子不紧不慢地玩着玩具，出门的衣服也没有换，我急得不行："儿子，咱们说好了10：00出门，现在9：55了，你还在玩玩具，出门的衣服也没换，我真担心咱们不能按时出门会迟到，急死我啦！"

儿子抬眼看我，愣了一下，然后放下玩具，开始穿衣服。

很显然，这句话我说得一点儿也不温柔，声调变高，语速急促，真是一副急得要跳脚的样子。可正是我的不温柔，才让孩子有机会通过我真实的表达，体会到我的感受，进而明白："哦，原来着急是这个样子，原来妈妈也有情绪。"

继而他才有机会思考："我接下来要做什么，可以让妈妈不着急，不会因为我影响到她。"

我做的，只是真实地告诉孩子我的感受。而孩子做的一切都基于：他愿意。他愿意为我着想，他愿意主动改变他的行为。

P.E.T.相信每个孩子都是天生向好发展的，每个孩子都是天生爱爸爸妈妈的，谁也不希望自己是个"小捣蛋"。可我们很少不带指责地告诉孩子，他的哪些行为对我们产生了怎样的影响，却又要求孩子对我们报以理解。要知道，孩子的同理心，正是在我们一次次真实表达的滋养下，才会生发出来的。

以前我总是担心孩子会受委屈，却忽略了我其实一直在委屈自己。我鼓励孩子真实，却总把自己真实的感受藏得严严实实。

其实美好的未来不在想象中，而是存在于每一个除去粉饰、袒露心声的当下。孩子和我们都值得被照顾。

"麻烦"看起来不是一个好词，有谁会喜欢麻烦呢？可P.E.T.吸引我的地方之一就是它的"麻烦"。

现在的生活节奏很快，快到我们没有时间好好聊聊天。

第一章 身边的 P.E.T.

"你先把玩具放下,我再给你吃蛋糕。""快点儿洗漱睡觉去!""别玩游戏了,关上手机!""把你的书包拿走!"……这样的表达,大家是不是很熟悉呢?简短、顺口、有气势,大多时候见效快。这些话在我们头脑中时刻待命,随时就能脱口而出,我称它们为"速食语言"。回忆一下,听到这些话的孩子们是什么反应呢?心甘情愿地改变行为?不情愿地执行命令?充耳不闻、无动于衷?想必,我们心里都有答案。

那么现在,让我们换一种说法:

"我很担心你拿着玩具吃蛋糕,会把玩具弄脏,我清洗起来会很麻烦。"

"我很累,但你不睡觉我就不能踏实休息,好着急!"

"我们约定结束游戏的时间到了,可你还在继续玩,我有点儿失望。"

"我看到你的书包在客厅过道上,我很担心你走路会被绊倒。"

现在再来选一选,若孩子听到上面这些话会是什么反应呢?我猜,这次大概会有不一样的答案吧。

我在线下的工作坊会设计类似的选择环节。那天我在备课,儿子在旁边好奇地观望。我便问他:"你猜哪些表达是 P.E.T. 的语言?"他选着选着,眼睛一亮,恍然大悟地说:"妈妈,我知道了!您不用给我念了,都选最长的!"

儿子的话逗得我哈哈大笑!他说得没错,P.E.T. 的语言就是那些最长的且看上去最"麻烦"的话。然而,正是这些"麻烦"的表达,却能让我们有时间沉淀心情、整理需求,把指向孩子的手收回来,轻轻放在自己的心上。

"速食语言"说起来自然,在短时间内可能会有立竿见影的效果,它或许可以缓解我们一时的焦虑,却很维系我们和孩子之间长久的信任与尊重。

记得在一档综艺节目中某位辩手曾说过:"所有麻烦都是沟通的契机。"

而我想借此说:"所有麻烦的沟通都是拉近彼此距离、建立亲密关系的契机。"

现在的"麻烦"正是为了日后的"不麻烦"。让我们一起学习这门"麻烦"且大概率不会让我们成为"烦妈"的语言吧！用"麻烦"的表达换来"轻松"的关系，这个尝试很值得。

P.E.T. 讲师杨慧：嘿，现在的这个你，也是可以用的

如果只用一句话跟身边的妈妈们介绍P.E.T.，我想说的是，P.E.T.会告诉她们：嘿，现在的这个你，也是可以用的！

不知道学习型的妈妈们是否也跟曾经的我一样，在对育儿感到好奇或者焦虑之后，便开启了持续的学习之旅。

本想学会一些理论和方法，并将其运用到生活中，从而消除一些焦虑。可实际上，在学习之后，我们会逐渐发现，有些理论和方法很难立马做到，落地实操很难。因为那些理论对妈妈们自身的生命状态要求很高。比如，妈妈需要控制情绪，始终保持平和；要接纳孩子，不要对孩子发泄情绪；父母要给孩子提供成长所需的爱和其他需求……由于妈妈们自身的现状与理想状态之间还存在差距，从而又多生出一份焦虑和自责。

这些理论都没有错，甚至很好。我们也希望自己学了之后能立马做到。如果我们做到了，孩子就会成长得很好。就怕因为自己一时做不到，还没有快速成长为理想中的父母，孩子就长大了，一切都来不及了……

所以我身边的很多妈妈，包括我自己，从学习育儿知识开始就踏上了自我成长之路。育儿先育己，当然没有问题。只是自我成长的动力大多是恐惧和焦虑，并且伴随着深深的沮丧、内疚和自责。

记得第一次上完P.E.T.工作坊，我发现，P.E.T.的理论跟我脑袋里之前的理论打架了。在P.E.T.里，竟然没有明确地提到建立规则这个很重要的内

第一章　身边的 P.E.T.

容。所以我问了安心老师一个问题："如果孩子随地扔垃圾，而妈妈是接纳这个行为的，那孩子就可以扔垃圾吗？"

我记得安心老师当时的回答是这样的："如果妈妈真的可以接纳孩子扔垃圾这件事情，那么孩子就会扔垃圾，除非有第三方的人来进行面质。"

我当时很惊讶也很疑惑。为什么要放任孩子做一些违反规则的事情呢？为什么 P.E.T. 的理论会不考虑规则？

我之所以提出这个问题，是因为我的脑海里有一个标准的妈妈，这个妈妈知道所有应该做的事情与不应该做的事情。凡是孩子做了不应该做的事情，妈妈就要提醒孩子，这件事情不可以做。而孩子只能做符合规则的正确的事情。

可是，真的存在知道世间所有规则的人吗？他可能知道不可以乱扔垃圾，但是其他规则呢？很显然这样的人是不存在的，人的认知是有限的。如果连我们自己都不知道有些行为是不合适的，又如何去影响孩子呢？

所以在学习 P.E.T. 之前，我一直觉得要让自己成长得很完美，才可以不出错地养育孩子。不管已经学习了多少理论和方法，都觉得自己还不够好，学得还不够多，要再多学一些育儿知识才可以应付孩子的成长。

而随着对 P.E.T. 的深入理解，我才真真正正地理解了"父母是人不是神"这句话的真谛。跟孩子的每一次互动，P.E.T. 都让我运用行为窗口和问题归属原则，觉察自己当下的感受，真实地知道自己在那一刻到底处在什么状态。可以接纳孩子的行为，也可以不接纳。无论接纳与否，都不是判断我是否是一个好妈妈的标准。重要的是，接纳线的位置提醒我为自己的感受负责，为接下来自己的行为做选择。

一千个妈妈就有一千个不同的真实状态，没办法用同一个标准或是权威理论去评判和要求。所以 P.E.T. 不是不考虑规则，而是尊重每一对关系的真实状态。

但这是否就意味着，妈妈们可以安于现状，不用改变了呢？当然不是。之前那份盲目的焦虑来自想要变成一个完美的妈妈，完全忽视了作为一个独立的人的感受和需求。P.E.T.让妈妈们重新了解和审视自己，这就很有可能会将那份盲目焦虑变成一份清晰的指引。清晰地看到真实的自己，或许还有许多未被满足的需求，还有许多限制自己的信念。但是就让这个真实的自己去运用P.E.T.中的方法，或诚实地表达，或真诚地倾听，或勇敢地面对冲突。也让这个真实的自己去协助孩子。

接纳真实的自己，才会在接纳的环境里成长。这份接纳，是我们极力想要给孩子的，可最应该获得接纳的恰恰是我们自己。

我们可以使用P.E.T.的理念和方法，去直接看见自己也看见孩子。所以，总是自责和对自己不满的妈妈们，我特别想对你们说一句：嘿，现在的这个你，也是可以用的。

P.E.T.讲师王乐：这么美好的事情，我希望有更多人知道

对的时间遇见对的课程，确认过眼神，是对的选择。在我深陷养育的困难沼泽时，P.E.T.解救了我，让我从此走上自我救赎的道路。

26岁那年，懵懵懂懂的我成为母亲。可育儿没那么简单，孩子一岁多的时候，开始有了自己的想法和玩法。那些在大人眼里"不干净"的事，孩子却玩得不亦乐乎。那时，我整个人的头脑是空白的，不知道该如何引导，更不知道该如何跟一个还在牙牙学语的孩子讲道理。

有一天，困扰已久的我看到闺密转发了一个关于P.E.T.的讲座。虽然那时的我不知道P.E.T.具体是什么，但知道是关于"育儿"的就够了。我抓住机会学习，虽然一次讲座只有两小时，但真的受益匪浅。后来我得知还有工作坊，便果断地报了名。

第一章 身边的 P.E.T.

三天的 P.E.T. 课程真是让我大开眼界。原来问题还分你我,原来两岁的孩子根本听不懂我所谓的道理,原来什么都不说比说一大堆有用,原来好孩子不需要"夸"……每一条理论都颠覆了我的价值观。

但神奇的是,这种颠覆让我有一种涅槃重生的喜悦感。我意识到,一些非常新鲜的让我为之向往的东西正在发生。回家后我不断地实践,却常常遭遇坎坷。原来,看着容易的事情做起来是需要不断练习和试错的。

有一次,儿子早餐要吃饼干。可是我不想让他用饼干当早餐,我就想到了倾听。老师说过倾听是法宝,我试着倾听孩子:

"哦,你想吃饼干啊?"

"嗯。"

"吃了饼干就吃不下早饭了。"

"我想吃饼干。"

"哦。那吃一块,好不好?"

"不要。"

…………

奇怪,怎么就不好使了呢?我倾听了啊,也用第三法了啊,怎么还是吃饼干呢?于是我决定继续上课,学习到底该怎么办,如何提高我的技艺。就这样,我一连上了五次工作坊。一次又一次的蜕变,我感受着一门课程带给我生命的变化,带给家庭关系的轻松和美好。没有什么比家人的幸福更重要了。

我、孩子爸爸和孩子姥姥都学习了 P.E.T. 课程,家里只有孩子姥爷没学习过课程。但有一天,孩子没有按照姥爷的要求好好吃饭,姥爷对孩子说:"你这样,姥爷好担心啊。"我喜出望外,原来姥爷没上课也会 P.E.T. 啊。当全家人都在这样的氛围里相处,潜移默化地影响着彼此时,爱就从心底生发出来了。父母、爱人、孩子皆因 P.E.T. 而改变。

这么美好的事情，我希望有更多人知道。我愿意做一个传播者，传播幸福的秘籍——P.E.T.讲师班，我来了。成为讲师，读书会、讲座、沙龙、工作坊，我一步一步坚持着。很开心一路结识了很多朋友、闺密，大家一起携手共进，把P.E.T.传播给更多需要的人。

曾经在我的一次读书会上，有位妈妈说："这门课与众不同的是，老师不批评我们，从不指责我们做错了，而是告诉我们怎样可以做得更好。"我很感动。基于人本主义的P.E.T.课程的魅力之处就在于给每个人尊重，看重每个人的需求。生命是不断成长的，这是一门基于关系的课程，基于每个人的成长都值得被看见的课程。希望有更多人走进P.E.T.，感受它，享受它。

P.E.T.讲师张宏：爱学习的父母不一定能养育好孩子

2021年暑假我跑到外地听了个课，是学校和知名的老师合作组织的。老师的名气很大，场面也挺宏大。除了讲一些内容以外，上下午还有四次答疑，听得我有点儿堵心。大部分的问题都是：我家孩子怎样怎样；我有一个学生怎样怎样……原本做的是中小学生心理辅导的师资培训，最后变成了家长和老师的救命稻草。

现在大部分家长和老师都很好学，觉得通过自己的学习得到证书、资格认证就能改变自己的孩子或学生。有一些朋友经常问我在中科院上课的情况或者是我参加过各种培训的心得，我都很愿意分享。但说实话我挺担心这样的状态的。我也是从各种考证开始自我成长之路的，考研、考资格证、学习技术认证……一路走下来拿到的证书能铺满一面墙当壁纸。可是我并没有因此对自己做一个好妈妈、好老师更有信心，反而不断地报名、缴费、学习、考试，形成了恶性循环，把自己弄得很累。

第一章 身边的 P.E.T.

有一次我的咨询师对我说:"张宏,我每次看你都匆匆忙忙的,就像一个马戏团的演员,手里攥着一把棍子,每个棍子顶上都有一个盘子。如果你不使劲儿转,盘子就会掉下来摔碎了。能不能放下一些盘子?"那时我确实同时学好几门课,还有各种考试,自己的工作也没放下,因为得努力工作给自己挣学费。但其实我并没有因此提高生活的幸福感,反而常常因为没有达到自己的预期而感到挫败。

慢慢地,我尝试着关注自己,把自己学习的各种课程中最实用的部分用起来。尤其是写P.E.T.的亲子沟通复盘,断断续续坚持写了数百篇。我的课程都是提前报名的,直到上完已经缴费的最后一门课之后,我已有两年多没有再学习和认证任何的证书。这两年来我把注意力放在自己身上,努力做好自己的功课,同时也从一名兼职的E.T.讲师变成了专职的讲师。改变不知道是从哪一刻开始起作用的,我慢慢变得更有共情能力,在自我表达的时候也能真实地看到自己的内心。我的生活也因此有了新的节奏。

孩子是我所有努力的动力来源。我爱他,希望他能少走弯路,对他也有很多期待。但毕竟是他自己的人生,我能做的不过是在尊重、互信的基础上说几句话而已。但是我活得轻松起来的样子也慢慢感染了我的家人和孩子。我儿子成长得很正常,甚至从舌系带过短、语言发育迟缓变成伶牙俐齿、能讲一套一套自编故事的孩子。我不知道他未来能有怎样的成就,可是我知道他能在尊重的基础上理解他人、接纳自己的不完美。我觉得我已经成为一个60分的合格妈妈了。

所以看到这次培训的场面,我也想跟台上的老师一样,找到孩子出问题的家庭根源,然后直接分析、反馈,痛快地批判!可是这样做能帮到来求助的家长们吗?就好像有人抽烟、有人肥胖,给他们讲一通吸烟的危害、肥胖的不便和不健康,他们就能做到戒烟、合理饮食吗?绝不可能,这样做只能让他们对自己感到更失望、更挫败,然后就抽更多的烟、吃更多的高热量食物来麻痹自己内在的无力感。

面对家庭、孩子、婚姻中各种大大小小的问题，我们可以把情绪转移，也可以用自己的认知、观点来说服自己。可真实的感受把能量留在了未解决的那个点上，即使时间长了，事件的情节早被遗忘了，但情绪的反应还在。一旦有了相同的外部刺激，大脑就会做出相同的反应。就像一个人回到了小孩子的状态，发脾气、把能量恶意地挥霍掉。但是宣泄情绪过后的疲惫感也无法掩饰自己内心的不安：下次我还会这样控制不住自己吗？

看起来通过学习并不一定能养育好自己的孩子，因为道理讲得再正确，也无法说服孩子的神经回路改变应对的模式。父母能做的唯有看清楚这是谁的事。孩子需要协助就陪伴孩子，孩子没有尊重父母的需求就发送我—信息开放自我，面对冲突用双赢的方式寻找应对的具体方法，分享价值观但不干涉孩子成为有自己独特价值观的人。

这些难吗？其实 P.E.T. 一个行为窗口就能很清晰地帮助我们看清自己、观察到对方。剩下的沟通只要发自内心地按照 P.E.T. 的沟通模式来表达，就已经可以帮助父母、老师缓解焦虑，更好地控制自己的情绪了，同时能在养育孩子的过程中体验到为人父母的幸福感。

正如以上讲师们分享的，P.E.T. 帮助我们在养育孩子的过程中做好自己，遇到问题可以"戈登"一下，回到当下，找到思路和方法。接下来的章节，将详细介绍让我们拥有育儿主心骨的 P.E.T. 核心框架：行为窗口。

第二章
进入 P.E.T. 视角，从行为窗口开始

·走出标签化的世界·

·按感受划分行为·

·感受不是固定不变的·

·做内外一致的父母·

·分清界限，做好问题归属·

行为窗口是 P.E.T. 戈登模式的核心框架。进入 P.E.T. 的视角，我们将通过这扇窗口来观察所处的世界以及面临的问题，运用对应的技巧区分人际关系互动中的不同场景。行为窗口经常被称作沟通路线图，是戈登模式的主心骨。现在，可以试着想象，面前正好有一扇窗，我们一起通过这扇窗往外看。

❶ 走出标签化的世界

当我们开始用行为窗口观察世界时，第一步就是要明确什么是行为。在 P.E.T. 的概念中，能被拍下来的画面，或者能被记录下来的声音，才能称作行为。这么一来，我们会发现，日常沟通中的很多描述都不是行为，而是想法、判断，有时甚至是成见、执念。比如，这个人很"懒"，那个人很"固执"，我很"内向"，你很"聪明"，他很"强势"，等等。我们把这些统称为标签。带着标签就像加了一层滤镜来看这个世界，而这层滤镜会成为人际交往中的障碍，让我们没有机会看清真相，不能坦诚相待，从而会偏离沟通的初衷。

P.E.T. 讲师李清朱在一所新教育幼儿园工作，对生活中的标签有很多观察。她讲了自己的体会。

从小我就是别人眼里的乖孩子。从小到大，我妈夸我都是用"听话""懂

第二章 进入 P.E.T. 视角，从行为窗口开始

事"这样的词。但自从工作之后，我就完全走上了一条"叛逆"的道路，每一次的人生选择都与"乖"这个词相去甚远。

我的弟弟从小就活泼好动，是典型的"调皮不听话"的代表。但自从工作之后，他每一步都走得中规中矩，结婚早，住得离我父母近。

想想也蛮有意思的。

"听话、不听话"是我们在生活中用得最多的形容孩子的词。标签一贴，孩子立马被分成了两类，特征明显，辨识度高，真是让人省心省力的形容词。可是，听话，听谁的话呢？听话的目的是什么？那个生动活泼的孩子，你还看得见吗？

生活中的标签太多了，就像一根绳子把人牢牢绑了起来。真的绳子，肉眼还看得见；但语言的绳子无色无味无形，潜移默化，积毁销骨。不用等到长大，有些孩子在很小的时候就已经被绑了好几匝了。

有一天，孩子们在操场上玩。几个孩子采了一些草叶子在编东西。一个大一点儿的孩子随口说："我们大孩子肯定不会把垃圾丢在地上。"话音还没落，她手里的草叶子就掉到了地上。旁边另一个女孩不由得发出了几声感叹："哎……哎……哎……"这时，那个大一点儿的孩子脸上挂不住了，扭过头眼泪快要出来了。

当我们想让孩子讲文明的时候，总以为多讲些道理就好了。比如，小孩子才会做这样的事呢，大孩子应该怎么怎么样。可是，大孩子小孩子不都是孩子吗？甚至我们成人，不也经常做一些幼稚的事吗？当我们给人贴上标签的时候，就把人"物化"了，每个人都成了标签化的存在。

可我们明明是活生生的人，有各种优点，也很容易犯错。当我们被标签化时，就会有很多"应该"和"不应该"冒出来，然后不停地跟别人别扭，跟自己别扭。其实，哪儿来的什么"应该"和"不应该"？出糗了就笑一笑，犯错了就改过来，也没什么大不了的。可能有人会反驳

说："有些错是不能犯的！"哪儿有不能犯的错？只是看我们愿不愿意、能不能承担犯错之后产生的后果。其实，允许孩子犯小错，他们才不容易犯大错。

不讲道理，怎么教育孩子呢？正所谓言传不如身教。成人讲文明，孩子自然懂文明。比如，孩子偶尔乱丢垃圾，我们用手指一指，孩子都能明白，赶紧捡起来扔进垃圾桶里。希望孩子有礼貌，我们平时就讲礼貌。希望孩子热情，见人打招呼，我们要先看看自己是不是热情的个性，再看看孩子有没有遗传热情的个性，还得看看孩子跟那个人熟不熟。我们成人也没有见到陌生人打招呼的习惯吧？

我们还希望孩子讲卫生。怎么算讲卫生呢？有的人觉得饭前便后好好洗手就算讲卫生了；有的人觉得必须保持衣服和手脸干净才算讲卫生。过于被强调讲卫生的孩子会有下面这些表现：别的孩子玩土玩沙的时候，他就在边上看着；看见个小水坑，有的孩子会过去踩一踩，他也在边上看着；洗个抹布会嫌脏；鞋上有土就赶紧擦掉。这么爱干净的孩子有什么不好吗？倒也没有什么不好，就是失掉了一些人生的乐趣，少了一些身体的体验和发展，多了一些拘束和强迫倾向。

所以，当我们再想唠叨的时候，是不是可以用心想一下，我们要说的话是否是"贴标签"，是否能看见背后的行为。

贴标签	看见行为
乱扔垃圾是不文明的行为	我看到你把包装袋丢到了地上
这个孩子怎么这么没有礼貌呢	刚才阿姨叫你，我看你躲到我身后去了
这个孩子太不讲卫生了	我看到你刚才在玩土，你可以洗洗手再来吃
这个孩子总是丢三落四	我刚才捡到了你的帽子
这个孩子天天磨磨蹭蹭的	我已经等了5分钟了，有些着急了

孩子们聊天时，有时会说，男孩子应该怎么样，女孩子应该怎么样。我听到的时候，总要跟孩子们讨论一下：女孩子是不是也有短头发的？男孩子是不是也有长头发的？有的女孩子也很爱运动，有的男孩子也很安静；有的女孩子喜欢穿牛仔服，有的男孩子穿粉色的衣服也挺好看的……

外在的一切就能定义男孩和女孩吗？即便内在的一切也不能定义啊。女孩子是不是常常被教导要做乖乖女，最终却活成了女汉子？社会总希望男人要有阳刚之气，但戏曲界也有很多唱旦角的优秀男性。生理是天注定的，但一个健康的心理最终都会走向雌雄同体。

生活中的标签太多了。标签有它的作用，一方面可以让我们快速了解一种新事物。但另一方面，标签也可能让我们驻足不前，不能更深入地了解一种新事物。

标签贴多了，心里的评判就多了。克里希那穆提曾说："不带评论地观察是人类智慧的最高形式。"当我们面对的是一个个鲜活的生命个体时，不要让标签阻碍了我们去真正了解一个个活生生的人。

标签是一种评判，自然会有"好的"与"不好的"之分。相较于"不好的"标签表达出的指责、贬损，似乎"好的"标签本意是夸奖、赞美，难道也不可以吗？P.E.T.讲师杨晶对此分享了她的思考。

P.E.T.告诉我们，赞美也是贴标签。虽然在课上理解了这个原理，但是在养育孩子的过程中，真的很难完全杜绝赞美。有时候孩子还会主动寻求赞美，这时候我总会很疑惑，赞美真的弊大于利吗？直到在一次读书会上听到一位学员分享他弟弟的真实经历，我才被深深震撼到了。赞美在短时间内确实可以收到良好的效果，但是从长远来看，却是丢了西瓜捡芝麻的本末倒置。

杨哥和弟弟小时候家教比较严，其中有一条就是不能在别人家吃饭。由于兄弟二人年龄差别不大，便经常争着好好表现以得到妈妈"好孩子"的夸奖。

有一天，妈妈带杨哥出门办事，把弟弟送到了姥姥家。舅姥爷听说了，就邀请杨哥的弟弟去家里玩。妈妈带着杨哥办完事已经是傍晚了，去接弟弟的时候，弟弟跟妈妈说："妈妈，我在这里什么东西都没有吃，我是个好孩子吧？"

听到这个故事，我非常吃惊。那时候弟弟已经八九岁了，正是饭量大的时候，为了妈妈一句"好孩子"的夸奖，可以忍住将近一天不吃任何东西，这得有多强的自制力！

因为学过心理学，了解孩子的成长规律，我知道这个年纪的孩子其实自我控制力是很弱的。弟弟的自制力远超这个阶段孩子的正常水平，这代表了他有极强的不安全感，才会如此努力地去迎合别人的评价，而且是最亲近的妈妈的评价。

这个真实的故事让我切实感受到了赞美也是一种控制。赞美其实和批评一样，都是大人为了实现自己的目的而对孩子实施的控制行为，忽略了孩子自身的需求和感受。

无独有偶，关于"好标签"，P.E.T.讲师玲聆也有一段心路历程。

关于贴标签，我以前一直有个问题想不通："不好"的标签如"懒惰"，的确会让人感觉到被责备而产生防御或报复心理。那为什么"好"的标签也不能贴呢？贴标签有一个外号叫"心想事成"，就是你希望孩子成为什么样，就给他贴什么样的标签。既然这样，贴一个"好"的标签，孩子是不是就可以变好呀？

在这个问题上，我的孩子给我上了很好的一课。

在涵涵读初一的某个周五，我去接她放学回家。她一如既往地叽叽喳喳像小鸟一样跟我讲她在学校的各种事情和感受。说到这几次周考成绩都还不错时，她说有些同学开始叫她"学霸"，然后我们就有了以下对话。

我很开心地："啊？哈哈，真的吗？被别人这样叫感觉怎么样？"

涵涵："我觉得不怎么样。我不太喜欢有人这样叫我。当然，他们认可我的这份心意我还是很高兴和感谢的。"

我很意外："哦，你不喜欢啊？我初中时成绩不太好，没有人叫过我学霸。我好羡慕被这样叫的人啊，也好向往别人这样叫我一下。我很好奇你为什么会不喜欢呢？"

涵涵："虽然一开始，别人这样叫的时候，我心里会开心一下。但是我觉得如果我认可了'学霸'这个称呼，那么当我想做不是'学霸'会做的事时，别人会说'学霸还要做这个呀'，那我就会觉得不好意思，我就做不了自己想做的事，我就不是真实的自己了。"

"真实的自己"这几个字瞬间在我心里像烟花一样绽放，原来是这样啊！所谓"好"的标签，就像孙悟空用金箍棒在地上画的一个圈，看起来金光闪闪，却是一个限制、一个禁锢。别人给你贴这样的标签，他们心里就会用这个标准来衡量你。如果你内心也认同这个标签，便也会开始这样要求和控制自己。渐渐地，你离那个真实的自己越来越远，内心的感受越来越模糊，直到找不到为止。

有一个姐姐也跟我分享过她对"好"的标签的感受：她平时是一个喜欢看书的人，就觉得在书本中可以接触到美好的诗词和优美的文字，是一种幸福的体验。她一有空就会抱着书看，结果她身边的同事给她贴了一个"爱学习"的标签。某一年有几个月她身体不舒服，觉得没有精力看书，只想休息一下，但偶尔又觉得无聊，就下载了视频软件，时不时看一些感兴趣的小视频。当好几个同事看到她在看视频时，几乎都用很惊讶、很夸张的表情说：

"呀,'爱学习'的人怎么不看书了?你居然也看视频呀?"她告诉我那一刻她的心情真的是五味杂陈。她感觉莫名被人家贴了标签,然后被强制要求"该怎么样"。那一刻她庆幸自己没有认可"爱学习"这个标签,所以她的内心是自由的。不然自己对自己的束缚远远比他人对自己的伤害要大得多,也更加可怕和难以挣脱。

童年时被贴的标签有可能会跟随我们很长时间,而我们往往对此毫不知情。石家庄 P.E.T. 讲师王乐分享了自己停车的故事。

"贴标签心想事成"理论是我在工作坊中学习到的。对此,我深有体会。小时候我被父母贴上了"好孩子"的标签,从此就像被上了紧箍咒,不停地想要把事情做好,绝对不可以出错。可是随着慢慢长大,我发现,我离自己的心越来越远,尤其是自己也不能接纳自己的"不好"。做不到就指责自己,埋怨自己。搅扰而压抑的自我否定会成为强大的愤怒感,无论是对他人还是自己。

记得有一次我开车去一个写字楼取东西。想着上下楼来回也就 10 分钟,出于"就一小会儿,懒得进停车场找车位"的心理,我就把车停在了路边。结果,等我下来的时候,交警已经贴了罚单扬长而去。看着这张罚单,我怒火中烧,懊恼不已!刚才费点儿劲把车停进去多好,这一会儿的时间也不收费。我生气地把罚单贴在方向盘上,使劲砸了几下方向盘!

就在我气得不知所以的时候,心里突然"戈登"了一下,有个声音在倾听自己"是什么让我如此生气"。奇迹般地,我开始听得到自己心里的声音,它在默默地控诉着"看你下次长不长记性!还敢侥幸在路边停车?这点儿小事都做不好,你还能干啥?罚钱丢不丢脸?你这样就不是好孩子了!好孩子是不能犯错的!我不允许你犯错!"一句句戳心的问话让我的眼泪流下来，我觉得自己好委屈。我知道这些委屈积攒了好多年。原来愤怒的下面有这么多的委屈，原来"情绪冰山"是真的。看到了自己的委屈，愤怒一瞬间烟消云散了。不用再跟自己较劲，不用惩罚自己，不用为犯错自责，而是大大方方地承认自己没做到，接纳事情已经发生了，如此而已。

透过"好孩子不能犯错"标签的层层迷雾，我看到了一个真实的自己，并从心灵深处接纳和原谅了自己。这让我感到很温暖。

这个经历让我记忆犹新，因为它让我深刻体会到"贴标签"对一个人的操控力量有多大，"贴标签"会使一个孩子"形"（行为）和"神"（内心）分离。当一个人只在行为层面不断前进，却忘记带上自己的心，就会越走越空洞和迷茫。

标签无处不在，有意识的觉察能让我们看见不一样的世界。玲聆老师分享了一段自己与标签共处的有趣时刻。

我在安心老师P.E.T.讲师培训班上也听她说过："评判他人，就是远离他人；评判自己，就是远离自己。"没有比远离自己更可怕和痛苦的事了。评判是站在评判对象的对立面，用批判的眼光来审视，想要改变自己不认同的现象或事物。这样便没有了"真实"，也没有了"当下"。

那段时间我重温了P.E.T.里关于"行为"的知识。我有时一边走路一边想："我知道贴标签和评判不好，但是我如何才能不那么做呢？我内心一定会存在某种价值观，它会在我看见某事或某物的第一时间让我有一些认识。比如，看见了一件不道德的事，难道我要丢掉内心的声音然后'是非不分'吗？"我还挺以我目前"有道德感"的价值观为傲的。

那天，我带着"真实的自己"和"如实的描述行为"这样的思考，也带着对自己状态的觉察向食堂走去。

可能是因为我一边思考一边打饭菜，所以没有看到我选择的座位桌面上有一片菜叶，等我坐下来开始吃饭了才发现。盯着桌上的菜叶，我觉察到有一个念头升起来了："谁掉了菜不收走，真是没有公德心，不讲卫生……"紧接着，这个念头背后的情绪也随之出来了。虽然念头是一瞬间的事，但因为学习了P.E.T.，我的内心在这一瞬间出现了一个空间。在这个空间里我觉知到："我要开始评判了。如果我不想评判，我可以做什么？"是的，我可以回到"行为"本身，用观察去描述。我看着菜叶，在心里用声音说："我看到了桌上有片菜叶，事实上它的出现有很多种可能。"当我这样做时，我描述的声音掩盖了我评判的声音，而评判背后的情绪也因此消失不见，我的心里只剩下一片清明。我突然感觉到了一种前所未有的自由。

接下来我安然地和那片菜叶度过了一顿午餐的时光。快要吃完时，我心里又浮出了一个想法："我能'接纳'这片菜叶的存在，那是不是就任由它这样了呢？"当我吃完收拾餐盘的时候，我听到内心的声音说："桌上有一片菜叶，我会做什么或者不会做什么呢？"然后我用纸巾把它收进了自己的盘子带走了。

经历过这件事，我才真正领悟了如何让自己做到不去贴标签和评判，那就是：带着内在的觉察，在内心因事物刚刚升起评判和情绪之时，用看到、听到的行为或事件本身去描述。这样如实的描述会替换掉评判的声音和随之而来的情绪，内心便只会剩下平静和安宁。而且也不会因为接纳当下的现实就懈怠不前，相信自己可以在现实面前做出对自己来说最好的选择。

在想明白这些之后，我回想起了《西藏生死书》中的那首关于"路"的小诗。我以前一再地掉进贴标签和评判的"坑"里，直到学习了P.E.T.，我开始觉察它的存在和对我的作用。这一次我终于绕过了"坑"，走上了一条不同于以往的没有愤怒、责备、被伤害、牺牲感的路。这是一条有选择的、全身心自由的、如其所是、活在当下、真实的路。感恩遇见P.E.T.，它打开了我人生的另一扇门，让我看见了不一样的风景，不一样的道路，和一个我更喜欢的、不一样的我自己。

❷ 按感受划分行为

通过行为窗口，有意识地区分标签，练习把注意力放在眼前的行为上，就事论事。这是开启P.E.T.沟通模式的第一步。当我们愿意放下评判，从头脑下沉到心灵，就可以更清晰地联结我们的感受。戈登博士教我们，以自己的感受为标准，眼前的行为即便有千万种，都可以化繁为简，只分成两大类。一类是让我们感受好的、平静的、可以和平共处的，称为可接纳行为；另一类是让我们感受不好的、心情起伏的、坐立难安的，称为不可接纳行为。两类行为中间的分界线，称为接纳线。

比如，妈妈和孩子在海边度假。孩子在沙滩上堆城堡，妈妈在一旁放松休息。此时，孩子的行为在妈妈看来就是可接纳行为。孩子在沙滩上堆城堡，突然把沙子扬到了妈妈脸上，妈妈很恼火。此时，孩子的行为在妈妈看来就是不可接纳行为。

我们用行为窗口来表示，接纳线以上，为可接纳行为；接纳线以下，为不可接纳行为。如下图所示。

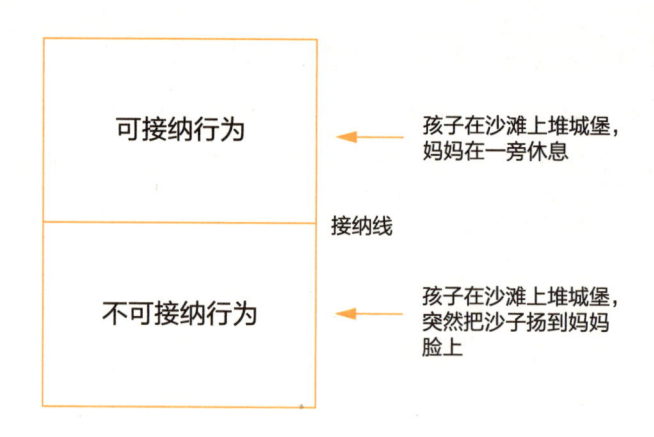

```
┌─────────────────┐
│                 │
│   可接纳行为     │  ←——  孩子在沙滩上堆城堡，
│                 │       妈妈在一旁休息
├─────────────────┤  接纳线
│                 │
│   不可接纳行为   │  ←——  孩子在沙滩上堆城堡，
│                 │       突然把沙子扬到妈妈
│                 │       脸上
└─────────────────┘
```

在工作坊中，我们会请学员们回忆生活中看到的孩子的可接纳行为和不可接纳行为。有的学员快速写下一串不可接纳行为，却在可接纳行为的框里卡住了，好像什么也想不起来。这让他们自己都感到诧异。有的学员很快意识到："我们的关注点太多放在'不可接纳'的部分，却对'可接纳'的部分熟视无睹。"有的学员说："本来一说家里的孩子，我就觉得闹心，感觉他浑身都是毛病，就想好好找办法治治他。但老师让我再想想他做了什么事让我开心。我就想起来他昨晚上趴在我的脚边玩，笑得咯咯的。那一刻我的心都是软的。"有的学员突然灵光一现："这么看来，我们记住的不开心的事情是有那么几件，但不开心之外就都是开心的啦，其实好时光更多，就是我们没有意识到。"

是的，那些让我们难过、生气的场景固然是重要的经历，但那些让我们愉悦、平和的画面也值得被我们惦记、珍惜甚至感激。当我们愿意去关注不同行为带给我们的不同感受时，我们跟身边人的互动就会变得更温暖、更贴心，而非像黑白对错一般生冷僵硬。

❸ 感受不是固定不变的

用感受好或不好为标准来划分行为。一些学员对此有质疑："感受是变化的，变化的东西如何能成为标准？今天感受好，明天感受不好，那孩子如何知道哪个对，哪个错，什么时候应该，什么时候不应该。"这份质疑恰恰点到了用感受作为标准的好处。感受是我们在不同情境下的状态、反应，它是即时的、细腻的、真实的，比一个道理或一条规定所反映的"对错"或者"应该"更靠近此刻的人心和需求。因此以感受为接纳线的标准，就是愿意考虑更多影响因素，更关注复杂情境中的那个具体的人。

那么影响接纳线的因素有哪些？是什么让我们的感受有变化呢？

举个例子：孩子睡前要求妈妈讲五个故事。如果妈妈白天工作顺利，回家后，先生帮忙分担了家务，所以她精力充沛、心情愉悦，当孩子来找妈妈时，妈妈可能会很乐意。此时，孩子的行为在妈妈看来是可接纳的。

但是如果妈妈白天工作遇到了麻烦，被为难、投诉，回家后又要忙家务，她筋疲力尽、心烦意乱，当孩子来找妈妈时，妈妈大概会很烦躁。此时，孩子的行为在妈妈看来就是不可接纳的。如下图所示。

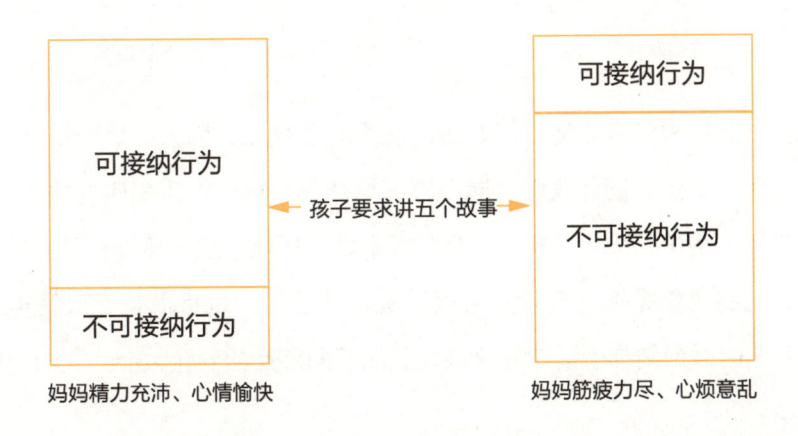

可接纳行为	←孩子要求讲五个故事→	可接纳行为
不可接纳行为		不可接纳行为
妈妈精力充沛、心情愉快		妈妈筋疲力尽、心烦意乱

孩子的行为没有变化，但妈妈的感受却不同，因为妈妈自己的状态不一

样。当天的经历不同，精力有多少，情绪有起伏，对同一件事情的感受也会不一样。同理，因为过去一段时间的经历不同，认知、感悟有变化，对同一件事情的感受也会不一样。所以，自我的状态是影响接纳线上下变化的重要因素之一。许多伙伴可能没有意识到，有时候真正让我们不高兴的是我们自己，而不是孩子。

举个例子：孩子的穿衣打扮。如果在家里，孩子穿着已经短小的家居服在客厅玩，妈妈觉得没问题。此时，孩子的行为在妈妈看来是可接纳的。

如果孩子穿着已经短小的家居服去参加亲友的婚礼，妈妈大概会觉得很尴尬。此时，孩子的行为在妈妈看来是不可接纳的。如下图所示。

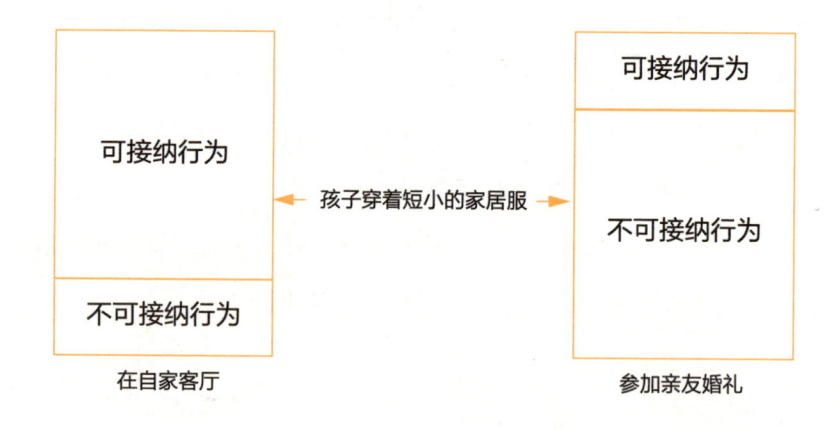

可接纳行为	孩子穿着短小的家居服	可接纳行为
不可接纳行为		不可接纳行为
在自家客厅		参加亲友婚礼

孩子的行为没有改变，但妈妈的感受有了变化，因为所处的场合不同。情境变化，氛围不同，我们对同一件事情的感受也会产生相应变化。所以，影响我们接纳线起伏的另外一个重要因素是：环境。这个环境有可能是自然环境，也有可能是社会环境；可以是有形物质的，也可以是无形精神层面的。我们时时刻刻都生活在环境里，关注其间感受的变化，会让我们对此更有觉察。

举个例子：孩子用手抓饭吃。如果是一岁半的孩子，妈妈大概会支持，甚至会很开心，因为孩子可以自己吃饭了。此时孩子的行为在妈妈看来是可接纳的。

但如果是六岁的孩子这么做，妈妈大概会恼火，认为孩子不讲卫生或者不礼貌。此时孩子的行为在妈妈看来是不可接纳的。

但是，同样是六岁的孩子用手抓饭吃，若他是朋友家的孩子，而朋友是印度人。此时妈妈大概能理解，不会因此而不满。此时孩子的行为在妈妈看来是可接纳的。如下图所示。

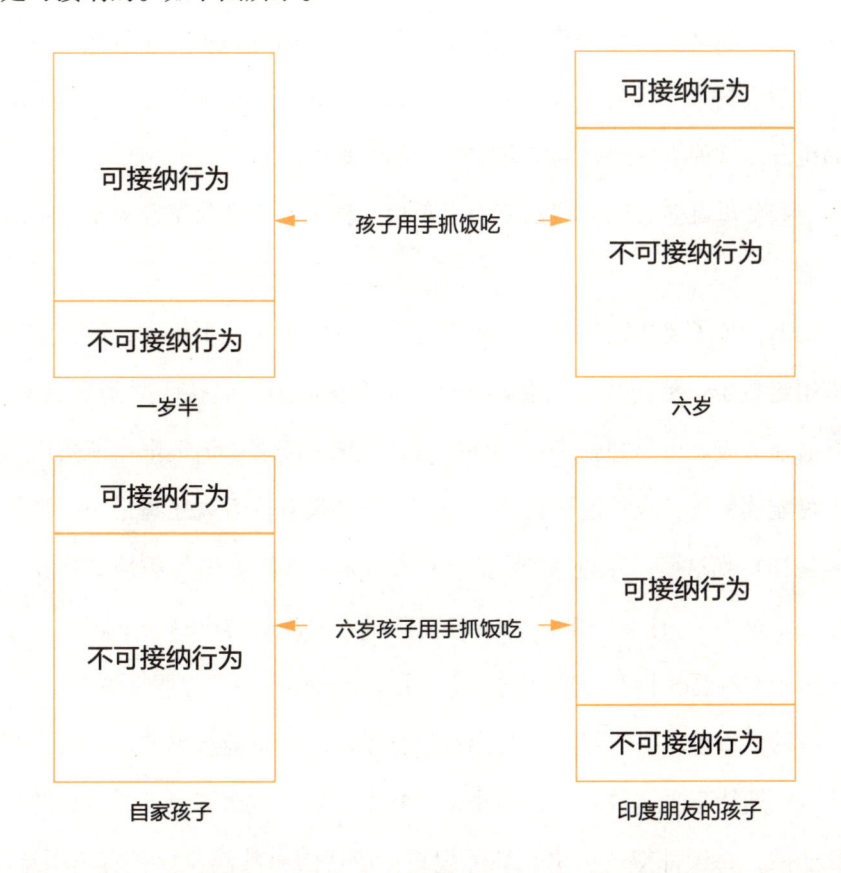

孩子用手抓饭吃

一岁半 ｜ 六岁

六岁孩子用手抓饭吃

自家孩子 ｜ 印度朋友的孩子

同一行为，因为做出行为的主人有变化，同一人的不同年龄、阶段，或者不同人拥有不同的文化背景、角色和性格，我们的感受也会随之变化。所以，他人，即行为的主人是影响我们接纳线的第三个因素。

❹ 做内外一致的父母

自我、环境、他人，这三个因素的变化，让我们的感受也随之变化，接纳线会上下波动。这意味着，我们不会对某个人的行为永远保持接纳，也做不到对别人的某个行为永远保持同一种感受。我们不是永远在一个刻度上运行的机器，这种不一致是真实存在的，不可避免。

有些父母可能会因此感到不安，害怕这种不一致给孩子带来不好的印象和影响。

比如，孩子要求睡前讲五个故事。父母其实很累，不想讲，但又觉得不应该拒绝孩子，从而让自己显得失职，也会担心拒绝后孩子哭闹会更麻烦，只好勉强答应。可是勉强去做一件事时，表情、姿态、语气都会流露出不情愿：可能读错行，也可能读得不投入，还可能读着读着就瞌睡了……孩子会准确地捕捉到这些"错处"，可能会要求重来，甚至变本加厉地"惩罚"大人的"不情愿"。这么一来，讲睡前故事环节本该是愉快的亲子时光，却变成了亲子间的互相折磨。这种内外不一致，P.E.T. 称为"虚假接纳"。

有的父母说，有时候本心是愿意给孩子讲五个睡前故事的，因为当时的自己也很期待享受这种陪伴，但是又会犹豫：害怕这次答应了，以后就都得听孩子的，每天都得这么讲，坏了规矩；或者因为其他养育者有不同意见，不想当着孩子的面跟他们唱反调，所以一开始他们会刻意板起脸来拒绝，但又经不住孩子哀求，心里动摇纠结、左右为难。这种内外不一致，P.E.T. 称为"虚假不接纳"。

这些"虚假"对父母来说都是消耗。而这种拧巴的状态也会让孩子感到迷惑,他们不知道父母真正的心意,进而产生怀疑,不敢信任;甚至有时候,孩子会觉得被欺骗,感到委屈或者愤怒。

戈登博士提醒我们,父母是人,不是神。我们做不到永远接纳孩子,对孩子的行为永远保持同一态度,或者跟伴侣永远保持相同的态度。事实上,我们也无须做到。与其强迫或者伪装自己表现出这种应该的"一致",不如真实表达。这正是P.E.T.的不一致原则:我们不需要强迫自己跟以前一致,也不需要假装自己跟别人一致。

相对于面目模糊、捉摸不透的父母,孩子更愿意跟面目清晰、内外一致的父母相处。孩子有权了解父母的真实心意,他们应该拥有机会去面对父母的"不同""不完美"以及"做不到"。P.E.T.讲师菁菁分享了自己破除"父母神话"的体验。

父母神话一:永远接纳孩子,表达爱

父母爱孩子吗?毫无疑问是爱的。那么父母是时时刻刻都在爱孩子吗?相信很多父母也会说:"是的。"曾经的我,不敢承认我不爱孩子,似乎那样就不是一个好妈妈。

记得儿子四岁的时候,我带他去上英语兴趣班,儿子不想进教室。

我:"快点儿进去上课吧,时间到了。"

儿子:"我不想上英语课。"

我:"咱们花钱了就得上啊!再说了,是你说要报英语班的!"

儿子:"妈妈,您退了吧,我不想学英语了。"

我:"你说不上就不上啦!要退也得等上完这次课啊!"

儿子:"反正我不去,我还要在外面玩。"

我:"现在已经开始上课了,再玩人家都下课啦,快点儿去!"

儿子:"不要!"

我开始动手拉儿子进教室,儿子用力推我,用脚踹我。我气得狠狠地把他推开。这时老师过来了,把孩子领到旁边安慰,对孩子说:"妈妈很爱你,妈妈生气也是爱你的。"

听到这话时,我又内疚又困惑。内疚的是,我刚才的行为不是一个好妈妈;同时我在困惑,刚才那个时刻我真的爱孩子吗?我狰狞的表情和严厉的语气难道是爱吗?"无论孩子做了什么,父母都要无条件地爱孩子。"这句话像枷锁一样一直套在我的身上。

2021年夏天,有一天半夜儿子被热醒了,要爸爸调低空调的温度。爸爸不肯,儿子和爸爸大吵了起来。儿子哭着来找我,这时我已经学了P.E.T.,知道现在儿子处在问题区,需要倾听。

于是我说:"你想让空调凉一些,爸爸不同意,你好伤心啊。"

儿子因为我的理解哭得更大声了,我就在旁边陪着他。哭了几分钟后,孩子情绪缓和了一些。

儿子:"爸爸太凶了。"

我:"爸爸刚才说话声音好大,让你有点儿害怕了。"

儿子(哭声小了):"嗯,我太热了,睡不着。"

我:"那我去把空调温度调低一些。"

调好空调温度,儿子这时已经不哭了。他说:卧室太热了,我睡不着,我去沙发上睡。这时我为了表现出妈妈对孩子的爱,就对儿子说:"妈妈永远爱你。"

没想到儿子很不满地跟我说:"妈妈,您别这样说!"

当时听到这句话我很震撼,那种感觉我现在还记得很清楚:虚假地向孩子表示爱意,被孩子识破。我心里明明因为半夜被吵醒,对孩子有怨气,却想向他证明我时时刻刻都在爱他。但孩子是最敏锐的观察家,他感受到那个时刻我对他没有爱意涌动。

从那天起我意识到,他是对的!

后来参加讲师班,安心老师说:"我们无法时时刻刻地爱孩子,我们可以在那个当下向孩子坦诚:'对于你刚才的行为,妈妈做不到爱你。'"

现在我接纳自己在某一刻做不到去爱孩子。卸下了那个套在身上的枷锁,我反而更放松了,跟孩子的关系更亲近了。

父母神话二:父母必须对待孩子前后一致

以前我们家有一个规定,气温达到35℃以上才可以吃冰淇淋。这个规定最难执行的时期是气温接近35℃又不到35℃时。孩子经常表示不满,对我说:"为什么别的小朋友都可以吃,我不可以?"通常我都会以"这是咱们家的规定"来回应他。

有一次,我接他放学的时候,儿子说:"妈妈,我好想吃雪糕啊!今天看到我们班有个小朋友都吃了。"

那天确实很热,但不到35℃。听到儿子这么说,我心里开始纠结,想到儿子看到别人吃自己却没有,有些心疼;可担心破例了一次,以后孩子会不会天天想要吃雪糕。

后来,我决定暂时放下规则,对孩子说:"好,妈妈带你去买。"孩子很意外,直到他拿到了雪糕还有点儿怀疑地问我:"今天没有到35℃呀?为什么我可以吃?"我说:"因为你说你非常想吃啊!偶尔破例一次也可以。"

然后我看到儿子的眼睛都亮了，吃着雪糕，满心满眼的都是开心。而我担心的事情也没有发生，后来很长的一段时间，儿子都没有再要雪糕吃。我也发现不敢破坏规则、担心孩子以后不再遵守，更多源于我自己的恐惧和对孩子的不信任。

父母神话三：父母必须在孩子面前保持战线统一

在《P.E.T. 父母效能训练》里看到关于"父母的三个神话"的内容，那一刻我醍醐灌顶。原来每个人都可以用自己的方式来爱孩子，育儿没有统一的标准，孩子也有权利去体会爸爸表达爱的方式。每次孩子发烧，夜里都是爸爸起来几次甚至十几次给孩子喂水、盖被，而这些对于起夜困难的我来说是绝对做不到的。爸爸没有那么多的育儿理念，但他却在用他的方式来爱孩子。

记得有一天早上，爸爸对儿子说："先去刷牙再来吃饭。"

儿子："我要先吃饭再刷牙。"

爸爸："先刷牙，刷完再吃！"

儿子："我就要先吃饭。"

爸爸："你忘了我昨天还给你拿好吃的了，你不听话，以后不给你拿好吃的了。"

儿子："这是两回事。"

如果在以前，我会介入，强行改变爸爸："孩子想要先吃饭就让他吃啊！孩子有权利决定自己先干什么后干什么，你怎么能用好吃的诱惑他达到你想要的结果呢？"

我一直以为孩子是"弱者"，我怕爸爸的不同养育方式会伤害到孩子。而当我"改造"不了爸爸时，我就和孩子站在一条战线上共同"对付"

爸爸。

但那一次，我选择了暂时沉默，没有试图建立统一战线。当听到孩子说"这是两回事"时，我既有欣慰，也有窃喜。我开始相信孩子有自己的判断能力，可以根据不同的对象调整不同的相处模式。

在一个家庭里，无论我们和谁站在一方，都会和另一方成为对立面。家庭不是战场，不需要统一战线，每个人都可以是唯一且独特的存在。

是的，P.E.T.鼓励父母们从"父母神话"的束缚中解放出来，做真实的自己，坦诚自己的感受，用无伤害的方式表达拒绝，用尊重的态度分享不同的价值观，跟孩子一起制定更有温度的规则来满足双方的需求，向孩子示范如何跟不同的人相处，并有效地解决冲突。

❺ 分清界限，做好问题归属

当我们可以真实面对自己的感受，清楚此刻自己是在可接纳区还是不可接纳区时，我们就可以根据对方的情绪状态，继续划分接纳线上下的行为。

在可接纳区域，我的感受是好的、平和的。如果此刻对方的感受也是好的，那么这个时候双方都好，处在"无问题区"；如果此刻对方的感受是不好的，比如是伤心的或者愤怒的，这个时候我OK，对方不OK，那就是"孩子/他人拥有问题"。

在不可接纳区域，我的感受是不好的，比如着急或难过。如果此刻对方的感受是好的，就是我不OK，对方OK，那么这个时候是"父母/我拥有问题"；如果此刻对方的感受也是不好的，双方都不OK，那么就是"双方拥有问题"。如下图所示。

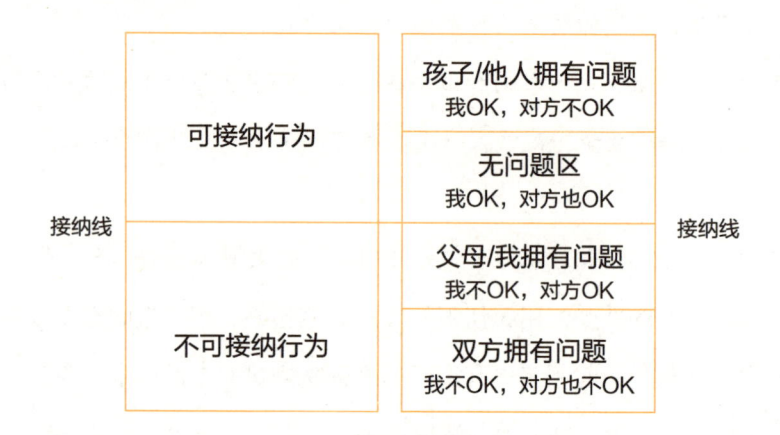

	孩子/他人拥有问题 我OK，对方不OK
可接纳行为	无问题区 我OK，对方也OK
不可接纳行为	父母/我拥有问题 我不OK，对方OK
	双方拥有问题 我不OK，对方也不OK

接纳线　　　　　　　　　　　　　　接纳线

这里的"拥有问题"，并不是说这个人有毛病、犯了错，而是指此刻这个人遇到了困扰。那么谁有问题，谁就是解决问题的主人。当孩子/他人拥有问题时，我们可以协助，做他们的顾问，但不能代替他们解决问题。当我们父母拥有问题时，需要主动沟通、坦诚表达，不能依赖别人替我们承担。当我们双方都拥有问题时，需要一起面对问题，寻找解决方法。

在不同的问题区用不同的沟通技巧，能够让我们有效地"处理问题"，从而更快回到无问题区。我们都希望在生活中可以不断扩大无问题区，这是我们的快乐时光，是滋养关系、实现影响力的有效区域。下图展示的是处在不同问题区应该使用的沟通技巧。我们会在后面的章节中逐一介绍。

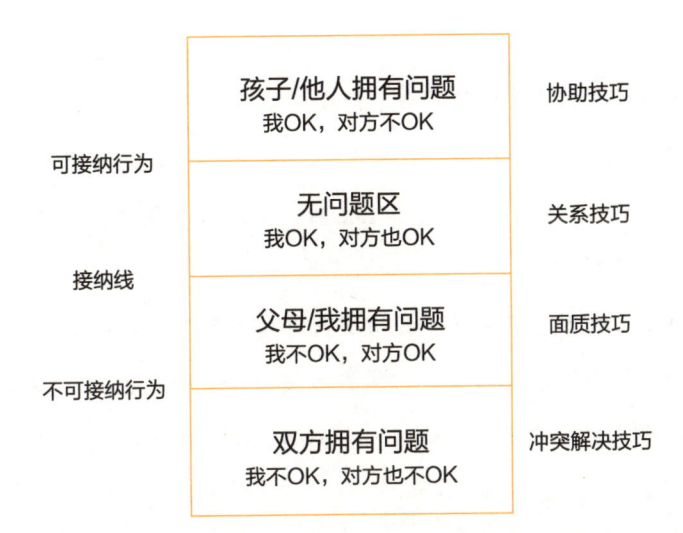

第二章 进入P.E.T.视角，从行为窗口开始

孩子/他人拥有问题 我OK，对方不OK	协助技巧
无问题区 我OK，对方也OK	关系技巧
父母/我拥有问题 我不OK，对方OK	面质技巧
双方拥有问题 我不OK，对方也不OK	冲突解决技巧

左侧标注：可接纳行为／接纳线／不可接纳行为

问题归属，让我们分清界限，明白自己的角色，调整好心态，选择不同的沟通技巧。这是P.E.T.的一项重要原则。当问题属于孩子时，允许孩子以他们的方式跟问题相处，用他们自己的节奏寻找解决方法。在他们需要时提供帮助，但不把自己的期待和想法强加给孩子。这就是爱，但不越界。P.E.T.学员王一玮跟我们描述了自己"不越界"的小故事。

有一次，我带着女儿在楼下玩。几个孩子在一起做游戏，其他的孩子都在跑来跑去，有一个小女孩（小A）站在旁边不说话，也不玩。

小A妈妈发现后，走过去问孩子："你怎么不玩啊？"小A说："我不想玩。"这时候，其他小朋友的家长就对自己的孩子说："你们快去邀请小A一起玩。"其他小朋友就跑到小A面前说："跟我们一起玩吧。"小A没回应，她妈妈就说："你看小朋友们都邀请你呢，你快跟他们一起玩吧。"

本来只是在旁边站着看其他小朋友玩的小A，突然间更不想加入了，一直不回应，还抓着妈妈的衣服，动都不肯动一下。

看着这一幕，我不禁想起了自己的一段经历。

也是在楼下，女儿和另外一个小女孩（小B）一起玩。刚开始两个人玩得还不错。过了一会儿，来了两个大一点儿的孩子。小 B 想跟两个大孩子一起玩。女儿追在小 B 身后问："我能跟你一起玩吗？"小 B 说："不行。"女儿继续追着，过一会儿还问："我能跟你一起玩吗？"大概问了五六次，小 B 的回答都是不行。最后一次被拒绝之后，女儿愣在原地，想了一会儿，然后自己跑去玩滑梯了。

我站在离女儿大概两米远的地方目睹了整个过程，很心疼和纠结，特别想上前"帮助"或者安抚孩子。但我在心里拼命告诉自己："这不是你的事，如果孩子觉得难过，来找你，你可以安慰她；如果她觉得无所谓，就让她自己去处理。"

2020 年，女儿开始上幼儿园。刚开始的那段时间，我在心里想过很多问题：孩子不适应怎么办？孩子交不到朋友怎么办？孩子被孤立怎么办？等等。

孩子去幼儿园的第三天，我实在忍不住去跟园长谈了心。在聊天过程中，园长问了我一句话："你这么担心，能帮孩子解决什么问题呢？"

这句话一下子点醒了我。是啊，怎么去适应，怎么交朋友，怎么融入，那些都是孩子的问题，我解决不了，也不该由我来解决。我能做的就是多陪伴，在她需要的时候安慰她、接纳她，其他的，允许她一个人去面对。

其实很多家长跟我一样，把所有孩子要面对的问题背到了自己身上。大到适应新环境，小到玩具掉了我们来捡。我们事无巨细，恨不得帮孩子解决一切问题。

可是，解决真的有用吗？就像小 A 一样，她妈妈那么积极地帮助她去解决问题，想让她更好地融入。可是为什么不但没有效果，还适得其反，让她更加抗拒呢？

这是因为认定孩子有问题并需要解决只是妈妈单方面的感受，并不是孩子的感受。当我们从自己的感受出发，被解决的只是家长自己的情绪，而不是孩子的问题。

回想当妈妈的这几年，从事无巨细去管，到学着慢慢不管，我终于明白了一个道理：管天管地没那么伟大，事不关己高高挂起才是老母亲应该具备的硬核品质！

当然，有时候对父母来说，要做到事不关己，不是容易的事情。因为我们容易受孩子的情绪影响，把他们的情绪当成自己的问题。

学习P.E.T.之前，每当我妈妈回老家休息，留下我们一家三口在家的时候，晚上经常上演以下桥段：

我在浴室洗澡，女儿跟爸爸在外边玩。前两分钟其乐融融，两分钟过后就矛盾爆发。女儿拍着浴室的门，边哭边喊妈妈。我在里边火冒三丈："老娘连个澡都洗不清净！"然后出来把爸爸呲一顿。一家人鸡飞狗跳。

学完P.E.T.之后，我开始有所察觉和变化。当孩子再来拍浴室门的时候，我首先在心里告诉自己："孩子有情绪了，不是我，这不是我的事。"这种心理建设使我能语气平和地告诉她："我需要洗澡，你要等等我。"

当然，有时候也会有情绪，这时候最好的解决办法不是赶紧收拾完，去看孩子。而是放缓收拾的速度，给自己一个平复情绪的时机。

出乎意料的是，当我心平气和地面对孩子拍门时，孩子拍门的次数反而少了，洗一个清净的澡再也不是奢望。

分清界限，是唤起孩子内驱力，实现家长影响力的前提。实践问题归属原则，父母固然要做到不越界，但守住自己的边界也很重要。P.E.T.讲师张宏分享了自己跟孩子外出度假过程中的一系列"碰撞"。虽然都是琐碎小事，却全是我们为人父母的真实日常。

暑假的时候，我和先生要带儿子到海边度假。出发前一天，因为外出培训回京时遇到台风，飞机延误，到家躺下睡的时候已经夜里2点多了。早上

7点多先生把我叫醒，问我什么时候出发，我要求再睡一会儿。等再起来的时候我的头就疼起来了。

那天张宝穿了一件白色的T恤，从早上吃豆腐脑儿开始，一路上巧克力、冰棍、麻酱各种沾到衣服上，我快被气死了。我向他表达了我的委屈："白色的衣服弄上这么多深色的污渍，我洗起来太费劲了。本来我还有不少工作，洗衣服要费这么多精力，我真的很累。"张宝向我表达了愧疚，虽然我知道过一会儿衣服上还是会继续增加新的污渍，但是好歹这一会儿他认了这是他的事。

到了酒店，我跟前台协调房间。张宝一直念叨要和爸爸直接去沙滩玩，让我自己去办手续。我跟他说："我一个人拿这么多东西上楼真的得跑好几趟。"他还继续念叨。我不得不再补一句："同样的话，我说了好几遍你还在问，我也不得不一遍一遍回答，我真的感到很烦。"然后张宝安静了。

等到把房间弄好，又是一通准备，采买、洗涮……我跟先生开始准备晚饭，这时张宝喊着要玩游戏。之前在路上他按照自己的安排玩过了游戏，可线上的作业还没有做完。于是我继续面质："你已经在自己安排的游戏时间玩过了，可是作业没做完，你还在跟我念叨要玩游戏，我一边准备饭，一边还要跟你沟通原本你自己安排好的事，我觉得很烦。"于是，张宝什么也没说就去做作业了。

终于吃完了饭，第二天早上海鲜粥的材料我也初步处理了。头还是很疼，我想先睡一觉。张宝说晚上要和我睡。我们之前约好了等张宝上小学开始分床，现在时间还没到，我和先生也没坚决不同意。于是商量好今天张宝我俩一起睡，明天他自己睡另一张床。他很得意。

可是接下来练琴又磨磨蹭蹭，练完一首发呆半天。先生一直拿着手机在儿子身后来回走，边散步边监督他练琴，两个人争吵不断。我也睡不着，看群里有人提出问题，我拿着手机去外面的露台用语音回复。等我回来发现：

琴练完了，孩子洗完了澡，可是半成品海鲜粥食材没收拾，孩子也没刷牙。我继续面质……

晚上躺在床上我问儿子："妈妈出差还能通过视频倾听、理解你，回来反而一个又一个面质让你看到我的需求，你有没有觉得不公平啊？"张宝说："妈妈出差回来没休息，还要开好几个小时车带我来海边，实现我的愿望，我睡了之后您还要工作，您很辛苦，我没关系的。"好吧，孩子能分清楚这是谁的事，老母亲十分欣慰。

我一直相信，保持良好的亲子沟通，并不是永远和声细语、好好说话，也不是无休无止地讲道理、提建议，而是要守住自己的界限，分清楚这是谁的事。在孩子需要的时候，我们要给予其充分的情感回应和支持，但在自己有需要的时候也要清楚、直接地表达自己，然后用互相尊重的态度相处，哪怕不能事事都按照自己的想法实现。分清界限，建立良好的亲子关系才是对父母的滋养。

问题归属原则帮助我们建立起沟通的"主心骨"，让我们知道如何进退有分寸。在工作坊中，许多伙伴也发现这个原则对自己意义重大。P.E.T.讲师欣格跟我们分享了她在工作坊教学中的发现：问题归属原则既是一个认知层面的认识论，也是一个非常有效的实践方法和工具。很多人因为学懂弄通了这一点，从此人生豁然开朗，活出了自己想要的样子。她跟我们分享了娜娜的故事：后半生，为自己活一回。

时间要回溯到2021年夏天，在我的P.E.T.公益工作坊里有一个叫娜娜的学员，她给我留下了非常深刻的印象。娜娜39岁，一眼望去，是那种在人群中不太引人注意的成年女性。起初，她和其他新学员一样，并没有引起我的特别注意，直到我们进行了"问题归属"练习。当时，我在现场出了一些"谁拥有问题"的模拟场景，并在地上画出了"父母/孩子拥有问题""我拥有问题""无问题"和"双方都拥有问题"四个备选区域，让学员们对号入座站在相应的区域里。这原本是一个相对简单的游戏，却难住了娜娜。我发现，我提出每一个问题后，娜娜都要犹豫很久，直到所有学员都选择好站定后，她才最后选出答案，而大多数答案都与其他学员的选择有着很大的差异。这引起了我的强烈好奇。

茶歇的时候，我用 P.E.T. 中的倾听技巧与娜娜进行了一次谈话。在谈话过程中，我发现娜娜口中很少有"我"，基本上都是"我爸妈说"，或者"我家孩子说"。于是，我很坦诚地对她说："在咱们这十几分钟的谈话中，我发现你很少用'我'这个词，我也没有听到你的态度和感受。"娜娜瞪大眼睛，好像发现新大陆一样，反问我："我的态度和感受重要吗？"我没有回答，只是微笑着静静地看着她。时间在那一刻好像停止了，我明显感到娜娜陷入了深深的沉思中，她好像在思考一件别人的事情。我不忍心打扰她，因为我知道这是她与自己内心的一次难得对视。于是，我就这样默默地站在她的身边，静静地等待着……直到娜娜的抽泣声打破了这份宁静。

娜娜看着我，哽咽道："老师，你知道吗？从小到大从来没有人问过我的态度和我的感受。结婚前，我的所有事情都是爸爸妈妈决定的。结婚后，我所有的事情都是我老公决定的。直到几年前，我和老公离婚了。从那以后，我的所有一切都以孩子为中心。我根本找不到我自己了……"娜娜越说越激动，哭得越来越厉害，像个无助的孩子。

我轻轻地拍了拍娜娜的肩膀，试图给她一些力量。于是，娜娜又接着说："今天做这个'问题归属'练习，我才发现，我活了快40年，但好像从来没有分清楚什么是界限。所以我的人生才这么拧巴，才这么痛苦。"我微笑地看着娜娜，感叹着一个小小的游戏却点醒了这个一直沉睡的女孩。或许，这就是 P.E.T. 的神奇之处吧。

在接下来几天的工作坊里，娜娜好像换了一个人一样，变得生机勃勃。她不再蜷缩在角落里，而是主动而勇敢地和大家分享自己的观点和感受。她也不再口口声声都是"爸爸、妈妈、孩子"，更多的是"我想、我以为、我希望"。

工作坊的最后一天，我给所有学员分享了一首纪伯伦的小诗《你的孩子其实不是你的孩子》，希望大家能够通过三天的工作坊，感受到生命的丰富、唯一和独特。我特意邀请娜娜作为领读者，与所有学员一同分享。读到最后，娜娜和在场的每一位学员都不禁泪流满面⋯⋯

你的孩子，其实不是你的孩子，

他们是生命对于自身渴望而诞生的孩子。

他们通过你来到这世界，

却非因你而来，

他们在你身边，却并不属于你。

你可以给予他们的是你的爱，

却不是你的想法，

因为他们自己有自己的思想。

你可以庇护的是他们的身体，

却不是他们的灵魂，

因为他们的灵魂属于明天，

属于你做梦也无法达到的明天。

你可以拼尽全力，变得像他们一样，

却不要让他们变得和你一样，

因为生命不会后退，也不在过去停留。

⋯⋯⋯⋯

这次工作坊顺利结束了，我们大家依依不舍地回到了各自的工作、生活和角色中。一切看似依旧，一切却已开始不同了……

一周后，娜娜给我发来一条短信，里面写道："欣格老师，您好。感谢您把 P.E.T. 带给了我。特别是那天您和我的谈话，让我知道了爱就是要创造空间，要有边界。'问题归属'这个认知真的会改变我的一生。这一周，我每天都在刻意练习着，在做每件事、面对每个人的时候，我都会先想一下'是谁拥有问题'，这让我有了更多的自由和弹性，也让我感受到了前所未有的轻松和释然。这种感觉真是太奇妙了。再次感谢您和 P.E.T.。最后，我也想送给您一首小诗，叫作《不想》。"

不想，再迷恋于成为一个解决问题的专家，
只想，当一个生命的陪伴者。
不想，再沉迷于扮演一个拯救生命的英雄，
只想，与你平起平坐，望着你，听你说故事。
不想，再去改变别人的生命，
只想，走入生命的最底层，深深地聆听……

是的，每一次"问题归属"都正在那个当下改变我们的生活。大家都知道大夫医治病人，首先需要辨症，找到哪里有"问题"，然后才能开方问药。而"问题归属"就像是关系互动中的"辨症"，让我们首先放下评判，跳出二元对立，关注真实感受，明确谁处在问题区，然后才能对应沟通技巧，采取相应的行动。行为窗口是我们的沟通路线图，遇到问题时，"戈登"一下，判断自己身在何处，然后弄清楚该往哪个方向努力。

第三章
"倾听",是最有效的协助

· 无效的协助方式 ·

· 有效的协助方式 ·

· P.E.T. 家庭的倾听故事 ·

在行为窗口中，当我们处在接纳线上的第一个区域时，即此刻孩子或他人拥有问题，我们可以使用协助技巧。

在工作坊中，我们会首先邀请大家回顾，在生活中如何判断孩子当下是有情绪的。大家都会提到，孩子的表情、神态、动作、语言会透露出他们此刻的心情，比如很明显的哭泣、吼叫、皱眉、撇嘴，还比如反常的安静、躲避、抗拒、重复某句话或某个动作等。这些就是孩子以不同的方式释放出的信号，告诉我们他们遇到了麻烦，他们需要帮助。而我们就可以启动协助程序。

可接纳行为	孩子/他人拥有问题 我OK，对方不OK	协助技巧
接纳线	无问题区 我OK，对方也OK	关系技巧
不可接纳行为	父母/我拥有问题 我不OK，对方OK	面质技巧
	双方拥有问题 我不OK，对方也不OK	冲突解决技巧

❶ 无效的协助方式

说到协助孩子，父母有很多经验。在工作坊中，我们会准备一些常见场景，让学员来进行角色扮演。比如，孩子考试考砸了，父母通常会怎么来帮忙？

我们注意到，父母角色的回应大概可以归纳成以下几种。

命令：给我练习口算去，做100道，不许再错。

威胁：你再考不到优，就别想玩手机啦！

说教：就是要认真、认真、再认真，粗心马虎是大毛病，要改。

建议：我觉得你还是要学会快速准确审题，同时每天进行口算练习。

争论：你还说你复习了，好好复习能错成这样？

批评：你怎么这么粗心呢！这样成绩怎么可能提高！

夸奖：你一直都很棒，这次是不小心，不算什么。

谩骂：你就这么马大哈吧，以后被卖了还帮人数钱！

分析：你看看这次，错题都是算数不认真，其实还是基础不够扎实。

安慰：没关系，不就是一次单元考试吗，下次继续努力。

追问：你这次为什么考砸啦？是不是没有好好复习？还是审题不认真？

回避：先别想了，咱们先填饱肚子，好好吃饭。

....

体验孩子角色的学员会反馈说，他们在以上回应中感受到的是被否定、评判、指责甚至羞辱；觉得自己很差劲，不被理解，不被信任。这些回应方式有的会让他们情绪加剧，心生反抗，想反驳、回击父母；有的回应方式让他们觉得更加伤心、无助，不想继续谈话。

父母的本意是希望孩子尽快从挫折中走出来，找到合适的解决方法，有所成长。但事实证明，以上这些回应并不能有效地达成父母协助的愿望。在 P.E.T. 里这些回应方式被称为"沟通绊脚石"，是无效的协助方式。

初学 P.E.T. 的伙伴往往对此感到震惊，因为这些绊脚石我们非常熟悉，就是生活中司空见惯的说话方式。现在我们这么对孩子说，曾经我们的父母也这么对我们说。我们习惯了在这样的模式里沟通，却不知道也从没想过还有其他的方式。

❷ 有效的协助方式

P.E.T. 推荐的协助技巧是倾听，包括基本倾听和积极倾听。

基本倾听，可以是沉默、安静地陪伴孩子，不干涉他们；可以是关注孩子，跟他们保持眼神交流，用适当的表情回应，或者使用肢体语言回应，比如拥抱、抚摸、握手等；可以是简单的应答，比如"嗯""哦""好的""这样啊"等等，表示"我在听，你继续"；还可以是发出邀请，比如"还有呢""接下来呢""你能多说说吗"等等，像给出一个门把手，请对方继续敞开心扉。

积极倾听，相较基本倾听而言，需要给出更多回应。比如，孩子考试考砸了，他很沮丧。回家后，他问父母："为什么要考试？"但这并不是个真问题，而是一条被编了码的信息。父母需要解码，需要听见孩子话里说的事实以及同理孩子此刻的感受，然后把自己感受到的这些信息反馈给孩子。比如："考试让你感到很沮丧。"过程如下所示。

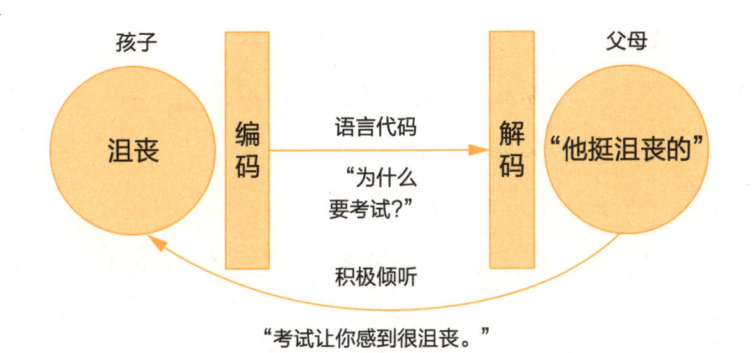

```
            孩子                              父母
          ┌─────┐  ┌──┐   语言代码    ┌──┐  ┌──────────┐
          │ 沮丧 │  │编│  "为什么     │解│  │"他挺沮丧的"│
          │     │  │码│   要考试?"   │码│  │          │
          └─────┘  └──┘              └──┘  └──────────┘
                        积极倾听
                  "考试让你感到很沮丧。"
```

这个过程可以重复循环进行。如果解码正确，孩子会愿意继续表达更多自己的想法和感受，就像剥洋葱一样，一层一层梳理，直达内心深处，发现自己的症结问题，尝试寻找适合自己的解决方案。即便在这个过程中父母解码不够准确，孩子也会愿意纠正，并继续沟通，因为他们体会到的是允许和信任，无论说什么都不会被否定和评判。

在工作坊的角色扮演练习中，伙伴们清晰地体验到了"倾听"和"绊脚石"这两种不同沟通方式带来的不同感受。倾听的好处和效果也在大家的实践中得到了充分证明。

❸ P.E.T. 家庭的倾听故事

学完 P.E.T. 课程后，许多伙伴都对倾听的效果感到神奇。P.E.T. 讲师亢翠说，学完 P.E.T. 之后，她最有成就感的就是帮助孩子梳理情绪。当孩子处在问题区时，她学会了不扔绊脚石，使用积极倾听，帮助他们走出情绪困扰。下面是她和她家兄妹俩的小故事。

我家妹妹做手工时，其中的一个纸制零件断了，她哇的一下就哭了。哥哥马上过来安慰她："断了呀？没事，哥哥给你粘一下。"

妹妹还是哭："我不要粘的，我就要好的……"

哥哥接着说："让妈妈给你买个新的吧……"

然后妹妹还是大哭，甚至更生气了："不要新的，我就要这一个……"

哥哥没辙了，开始使出转移注意力大法："悠悠，你做做这个呗，你看这个多好玩……"

可是不管他怎么安慰，妹妹还是不理，哇哇大哭。哥哥真的非常用心地给妹妹提了很多建议，就像我在学习 P.E.T. 之前做的那样。但是这并没有缓解妹妹的难受情绪，有的话说出来甚至是火上浇油，让她更生气了。因为对于妹妹来说，这个零件坏了，真的是天大的事情。提建议并没有关照到她的感受。

那怎样能真正协助到她？我把她抱起来，跟她说："你这个零件断了，你很难过。"妹妹边哭边"嗯"了一声，她觉得自己的感受被理解了，能明显感觉到她整个人软下来了。可她还继续哭着，把她的难过情绪哭出来。

我就一直陪着她，很快她就缓过来了，主动说："妈妈，您给我粘一下吧。"她的内在感受被理解了，就开始自己主动去思考怎样解决。

女儿在生活中很多次地被理解、被倾听，我慢慢发现她开始不"作"了，整个人的状态越来越舒展。

又有一次，女儿拿着她刚做的彩泥作品气呼呼地过来找我："妈妈，哥哥说我做得不好……"我一看，她做了一个翅膀长长的小企鹅。

"哥哥这样说你，你觉得很难过。"我赶紧抱起她，她哇的一下就哭了。

哥哥赶紧过来解释："妈妈，她的两个翅膀做得不一样长，而且那个企鹅的翅膀做得太长了，都拖到地上了……"哥哥想解释自己只是在描述客观事实。可是这样的解释无异于火上浇油，妹妹哭得更大声了。我赶紧用眼神

第三章 "倾听",是最有效的协助

示意哥哥别说了,让我和她待一会儿。

我抱着妹妹,听着她慢慢地停止哭泣。安静下来以后,我们一起看她的小企鹅。"看你的小企鹅,脑袋圆圆的,萌萌的。我很喜欢它脸上这个小腮红,好像有一点点害羞,特别可爱。"

妹妹也有一点点害羞:"哥哥说小企鹅的翅膀太长了,做得不好。"她还是念念不忘这一点。

"哥哥的意见,对你很重要,他这么说你觉得很伤心。不过,我觉得翅膀做得长长的,也有好处,小企鹅能站得特别稳……"这样的安慰在她伤心难过、处于问题区的时候是听不进去的。只有当她真正平静下来,才能理解并接受。妹妹这才有点儿释怀了。

我又跟妹妹讲了"父子抬驴"的故事:"不管是父亲让儿子骑着驴,儿子让父亲骑着驴,两人共骑一头驴,还是两人走着牵着驴,都会有人指指点点……别人的评判我们可以听,但重要的是我们自己怎么看待自己。"

故事让妹妹哈哈大笑,但其中的道理她似懂非懂。没关系,我们还有很长的时间慢慢地体会。

还有一次,起因是妹妹在坚持英语打卡,每次平均分在85分以上就会得3颗星。到她读到D级后,每页的句子多了,她已经很难得到3颗星了。

"妈妈,我总是得不到3颗星……"在一次得了84分时,她终于崩溃得大哭。

"差一点点就得到3颗星了,你觉得好可惜。"首先还是要倾听她。妹妹点点头,感觉很委屈,被说中了的她又开始哭出来。我克制住自己安慰她没关系、表扬她已经很不错了的心思,静静地陪她哭到平静下来。多次使用P.E.T.的成功经验,让我已经能够很坚定地不扔绊脚石。

当她终于安静下来后,我说:"妈妈来帮你。"我和她讲了平均分的概

055

念，显然这个概念超出了她的理解能力。我们重新读了一遍，某些得分略低的部分陪她多尝试几次，终于在平均分超过 85 分以后才提交。

妹妹乐得跳起来，开心地和我击掌庆祝。

"只要多努力几次，就可以做到，是不是？"

"是！"妹妹响亮地回答我。

倾听，是我们放下评判、给出耐心，然后收获惊喜的过程。P.E.T. 讲师素宁分享了一段"长达三天"的倾听，关于儿子的"小老虎"。她说，父母与孩子相处时难免会有磕磕绊绊，在孩子有情绪时切不可扔绊脚石，给他递个门把手，用积极倾听的方式走进他的心里，看到他的需求，让他的情绪得到有效的释放才是我们应该关注的。

每个小孩都要经历分床的时刻，欧文也一样。为了消除他心中的不安，我们拿来他最喜欢的毛绒小狗伴他入眠。最近欧文有了新的想法，想再找一只小老虎（因为我属虎）陪他，他说这样他能更好地入睡。为了能让他早日养成独立睡觉的习惯，我和爸爸答应带他去买一只"小老虎"。

故事拉开帷幕：

一顿饱餐过后，我们便一头扎进了书店。（鉴于不想破坏他的专注力，时间不经意间过去了大半，同时一场没有硝烟的战争也正在悄悄酝酿）一晃已是下午三点，欧文几经催促恋恋不舍地放下绘本。正当我们兴高采烈地准备向玩具店进发时，一枚炸弹出其不意地被扔了过来……

"哎呀，刚接到信息，晚上临时有个应酬，来不及去买小老虎了。"爸爸一脸的无奈。

"可是我想去买小老虎，今天必须得去。"此刻的欧文脸上满是失望……

"嗯，去不了玩具店，让欧文感到很失望。"我蹲下来平视他的目光。（尝试第一轮倾听，来验证它的魔力）

第三章 "倾听",是最有效的协助

"是啊,说好的去买小老虎,你们得说话算话啊!妈妈,我就是想去买小老虎。"此时欧文的话语里已经带着哭腔,他拉着我的衣角一动不动。

"看来你很喜欢小老虎啊,你希望它今天晚上就能陪着你,是吗?"(继续倾听,尽可能地去体会他的感受)

"是的妈妈,今天要独立睡觉,小老虎和小狗都陪着我,我才能睡得香啊。"(此刻,明显感到他的情绪已经没有刚才那么激烈了)

"你希望它俩都在你身边,你才会觉得有安全感。"(第三轮的倾听,一层层地剥开洋葱,看到本质)

"是啊妈妈,如果没有小老虎,那今晚只能您陪着我睡了。"他抹抹眼泪,眼巴巴地看着我,期待我的回复。(积极倾听,引导孩子自己想办法解决问题)

"可以啊,既然小老虎不在,那今天大老虎陪你。"(本以为倾听到此结束……)

"可我还是想要小老虎,我就想今天晚上看到它。"(欧文依旧是满脸的不情愿,看起来情绪还没有完全消减)

"嗯,妈妈发现你真的好喜欢小老虎啊,可今天实在没时间去玩具店了,那怎么才能尽快见到它呢?"(引导他自己思考解决问题的办法)

"妈妈,您快给我搜一下,看看网上有没有。"(欧文的表情一瞬间由失望转为期待)

"嗯,不错,真是个好办法。"(于是,在网上搜索、下单,一切进行得都很顺利,矛盾似乎也得到了解决)

晚上洗漱完毕,准备陪他休息。

"妈妈,我好想要小老虎啊,它今晚就得到。"(情绪的小火苗不经意间又蹿了上来)

"是啊,你说得妈妈也好难过,其实妈妈也好喜欢小老虎啊。呜呜……"(此时,解释是没用的,最有效的莫过于一顿假哭,把同理的感受演绎得惟妙惟肖)

"妈妈,原来您也喜欢小老虎啊,别伤心了,那我们睁着眼睛等小老虎好不好啊?"(一阵窃喜,没想到此时的我竟然被他给倾听了)

大概过了十分钟……

"妈妈,我好困,我闭一会儿睁一会儿啊。"(此刻他的情绪已经基本没有了,话语里带有一丝丝不好意思,怕自己先睡着)

又过了一会儿,欧文抱着小狗安静地睡着了……

第二天早上,欧文一睁眼便问道:"妈妈,小老虎到了吗?"(很急切的心情)

"嗯,小老虎正在快马加鞭地往这儿赶,它肯定也很想它的小主人,妈妈也盼着它早点儿到。可是估计有点儿堵车,等你从幼儿园回来,它肯定就到了。"(继续同理他的感受,同时表达我的想法和需求,让他看到并同理到)

"嗯,好吧。"(蹦蹦跳跳地去了幼儿园)

谢天谢地,晚上下班回来,发现小老虎被送到了,我这颗悬着的心终于放下了……欧文放学后的第一件事便是找小老虎,当他看到小老虎的那一瞬间手舞足蹈。"谢谢妈妈!"(毫不掩饰的兴奋,拿着小老虎抱着我哈哈大笑)

"首先,妈妈为爸爸妈妈的食言跟你道歉;另外,妈妈为你的耐心点赞。"(对孩子的适时肯定很重要)我突然感觉,孩子的心真的好单纯、好透明。

故事到这里好像应该有了一个圆满的结局,整个过程倾听很到位,孩子的情绪也有了很好的释放。然而……

第三章 "倾听",是最有效的协助

第二天早上,欧文睁眼后第一句话就是:"妈妈,我不想去幼儿园,我不想跟小老虎分开。"(又来了……)

早上的时间本就紧张,担心倾听不顺畅又要耽误上学的时间,我回过头缓了一会儿,调整了一下呼吸……

"嗯,你觉得离开小老虎会很难过,是吗?"(新一轮的倾听又开始了,继续去同理他)

"是啊,去了幼儿园我就看不到它了。"

"嗯,你是想尽快再看到他啊。那放学回来我们争取第一眼就看到它好不好。"(想办法引导他使用"第三法")

"好吧,那我把它挂在衣柜门闩上吧,这样我回来一进门就能看到它啦。"(说完开心地转身离开,此刻他的情绪终于得到了彻底的释放)

长达三天的倾听终于有了一个比较圆满的结局。P.E.T.让我学会了在不同的问题区采用不同的技巧,实现完美的沟通。在不吼不叫、不慌不忙中做到有效能的养育,我会在育儿之路上继续践行下去,感恩相遇。

倾听,把解决问题的机会和空间留给孩子。同时,倾听也会帮助我们更了解孩子,明白他们行为背后的意义。P.E.T.讲师芳芳讲述了女儿从不得安睡到安然入睡的故事。

在学习P.E.T.之前我觉得自己是个特别温柔的妈妈。但是有一段时间,我女儿晚上总是很难入睡,临近睡觉不是喝水就是上厕所。有一天晚上,故事也讲了,水也让她喝了好几次,厕所也去了好几次,但她就是不睡觉。我已经精疲力竭了,又困又累的我一下就狂躁了,对女儿大喊:"不睡就给我出去,滚出去,立刻马上!"

女儿号啕大哭,哭着跑到客厅寻求奶奶的帮助。奶奶安抚了一阵后,把她送回房间,过了很久她才睡着。那天,挫败感让我久久不能入睡。我被自己的狂怒吓到了，难道我一直在扮演一个好妈妈吗？这个想法让我大受震动。从那之后我开始了学习育儿理念的旅程，一直到遇见P.E.T.。

上完P.E.T.工作坊没几天的一个晚上，女儿在进行完喝水、听故事、上厕所的整套流程后，还不睡。这时候，我已经学习了技巧。于是发生了下面这样的对话。

我："宝贝，妈妈好困啊，明天还要早起做早饭，睡不够好累啊。"

她："妈妈，我害怕。"

我："哦，你害怕睡着了做噩梦。"

她："不是。我是怕您睡着了。"

我："怕我睡着了有怪兽来，不能保护你啦？"

她："不是。您睡着了，我会特别想您。我想把您叫醒，但是我不敢把您叫醒。"

女儿说着就要哭。

我："哦，妈妈睡着了，不理你了，你就特别想妈妈。"

她："是呀，妈妈可不可以让我先睡着。"

我："可以呀。但我们不能说话了。"

她："可是，妈妈，那我怎么知道您睡着了没有？万一您睡着了呢？"

我："那妈妈就这样摸着你的小手，你就知道我没睡着了。"

她："妈妈您轻轻地拍我吧，这样我就知道您没睡着了。"

我："好呀。那我们安静，不说话了。我轻轻地拍你。"

过了一会儿女儿就睡着了。

从那以后，她就容易入睡了。

几年过去了。现在，每天晚上，我轻轻地拍着她，她很快就睡着了。有时，还没来得及拍，她就睡着了。

第三章 "倾听",是最有效的协助

如果不倾听,我们无法知道孩子"不睡"是因为"想念"。倾听,让我们看见孩子满满的心意。当孩子遇到困难和挑战时,倾听能给孩子空间,让他们有机会尝试、探索,拓展自己的能力边界。P.E.T. 讲师王乐分享了她跟孩子之间关于"勇敢的故事"。

女儿:"妈妈,我想上去玩,可是又上不去……"
我:"哦……"

女儿:"有了,我可以从这儿上。"(说完她从低处开始爬)

女儿:"我得慢点儿。"

我:"哦……"

女儿:"我想下去,可是我不敢。"

我:"哦……"(我一转身发现她又跑远了)

确实有点儿不放心她,我走了过来。

女儿:"您过来干吗?"

我:"我来保护你。"

女儿:"我很勇敢的。"

女儿:"我爬上来啦!耶!"

我:"好开心啊。"

女儿:"我要下来,可是我不敢。"

女儿说完,还是自己跳了下来,就是落地的时候跪在了地上,哭了。

后来,我告诉她我写了一个关于"勇敢"的故事。她说:"可是我哭了,不勇敢。"

我说:"哦。你是这样想的啊。妈妈觉得,虽然哭了,可是你自己敢跳,就很勇敢了。"

她说:"哦。"

此后每次到那个地方,女儿都会说:"妈妈,您还记得那个关于'勇敢'的故事吗?"

勇敢的故事,属于孩子,也属于妈妈,因为她敢于让孩子拥有勇敢的机会。以上全程妈妈都没有过多地干涉,只是真诚地跟随。而我们也能清晰地看到孩子在这个过程中一点一点积攒力量。陪伴孩子迎接挑战,做到倾听而不评价并不是容易的事情。P.E.T. 讲师孙庆军的爱人作为一名 P.E.T. 践行者,她也分享了和孩子的几轮对话，从中我们可以看见倾听的不同效果。

"今天升旗仪式顺利吗？"放学回来的路上，我问道。

"还是有点儿紧张，中间有段小插曲，我灵活处理了，然后顺利完成了。"YY高兴地说。

"真是太好了！"我心里的一块石头总算是放下了。

时间回到上个学期的一天晚上。

YY在写作业过程中突然有点儿不高兴，我忙问："怎么了，YY？"

YY一脸不快地说："下周我们班升旗，老师让我在国旗下讲话，用英文！"

"这不是好事吗？"我有点儿诧异，脱口而出。

没想到YY立马激动起来："什么好事啊？"

我马上反应过来，这对YY来说是个困扰。

"你以前也参加过升旗仪式啊，还当过主持人，做得很好啊。"我进入了劝说模式。

"那时候我小啊，不知者无畏。"YY情绪更激动了："干吗要选我来讲？"

我感受到了YY的抗拒。

"听起来，你不太喜欢这个安排。"

YY依然很激动："当然不喜欢，我不喜欢上台。"

"哦，你不喜欢上台演讲。"

"是啊，下面那么多人呢！"

"下面很多人听你讲话，你感觉有点儿紧张。"

"有些调皮的孩子会揪我犯下的任何一点点错。"

"哦，你担心有人会挑你的错，嘲笑你。"

第三章 "倾听",是最有效的协助

"是啊。"YY声音低了下来。

"我们可以在家里练习一下,你来讲话,爸爸妈妈当听众,感受一下。"我开始提建议。

"这能一样吗?你们才两个人,也不是那些淘孩子。"YY声音又高了起来。

感觉到YY的不认同,我再次转到了倾听状态,"你担心如果你出了错,那些淘孩子会笑话你。"

"对啊,像×××就喜欢嘲笑别人。"

"是吧,×××喜欢嘲笑别人。"

"还有那些高年级的孩子,也喜欢嘲笑别人。"

"你也担心那些高年级的孩子嘲笑你。"

"就是,干吗让我来讲。"问题又绕回去了,但是YY的情绪稍有缓和。

"想不想听听妈妈猜猜老师的想法?"我见机征询YY的意见。

儿子没吱声,我当他默许了。

"我猜啊,老师肯定听过你的英语配音。"为了练习英语,YY坚持每天练习用英语配音,感觉有趣的作品就会发到朋友圈。

"嗯,昨天老师还给我点赞了。"YY有点儿开心地说。

"是啊,老师肯定觉得你的英语发音很地道,适合在国旗下进行英文讲话,才选了你。"

"可是,我真的不喜欢在那么多人面前讲话。"感觉YY慢慢地接受了这个事实。

"你在那么多人面前讲话,担心会出错让别人笑话你,没面子。"再次去同理他的感受。

"是啊。"YY情绪还是有一点儿低落,但是不再抗拒了。

"那有没有什么办法能尽量避免出错呢,我们来头脑风暴一下?"我问道。

YY 的情绪逐渐平复下来，并开始跟我和爸爸一起商量怎么提前进行讲话练习。

后来，因为天气原因，那次升旗仪式上的讲话改成在广播室了。YY 反倒是松了一口气。

时间过得真快，这个学期，YY 所在的班级又一次轮值升旗，YY 再次被选上参加升旗仪式，并作为代表在国旗下讲话。在知道这件事的时候，YY 跟我也表达了他有些紧张，我依然跟随他的感觉，去倾听他的情绪，与他一起感受他的紧张，然后他自己去练习。直到今天顺利完成升旗仪式的任务回家，YY 跟我表达了他收获的新认识：其实紧张也是正常的，自己能克服，以后再也不怕在众人面前讲话了。

我很庆幸，上一次他极度焦虑时，我作为家长给了他很好的倾听，与他一起感受他的感受，而不是一味地要求他去改变自己的感觉。这一次，他能主动跟我讲他的情绪，很明显他已经能够自己处理了。我没有刻意让他改变，只是跟随他的感觉，理解他的情绪，同理他的心情。在这个过程中，他自己获得了成长。而作为大人，在这个过程中我也获得了新的思考和认识。

对孩子保持同理心，当孩子遇到困扰时，稳住自己，倾听孩子，是我们家保持亲子关系和睦的法宝。

其实生活中的对话大多不能像教科书一般，每个回合的倾听都精准无误，实现"零绊脚石"。学习过 P.E.T. 的父母也是人，不是神。重要的是我们可以时刻"戈登"一下，捕捉到沟通中的情绪变化，及时调整自己。让我们跟孩子之间持续保持联结的，往往不是完美的技巧，而是一颗不评判的心。P.E.T. 讲师杨慧分享了一个倾听双胞胎儿子的故事，那是一桩被积压了两年的旧案。因为倾听带来的真相,让她不禁感慨:终于等到我,还好你没放弃。

我有一对双胞胎儿子。弟弟佑佑从不到三岁开始,只要身体不舒服,就会跟我说:"妈妈,您带我去医院,只带我一个人去医院。"

通常我都能够根据经验判断这些"不舒服"的严重性。大多时候,通过"多喝热水"基本都能搞定,完全不用去医院。

所以我几乎每次都会这样回应他:"宝贝,你的病不严重,不用去医院,我们请假在家休息两天就会好的。"

这种对话每年都会有一两次。有时候我会耐心解释,有时候我也会不耐烦。直到快五岁的一天晚上,睡觉前,佐佐、佑佑都躺在自己的小床上了。

佑佑再一次开启了这段对话:"妈妈,您带我去医院,只带我一个人去医院。"

我:"宝贝,不用去医院,你的病不严重,过两天就好了。"

佑佑:"可是为什么那次您只带佐佐去医院?不带我!"

我疑惑了,是哪一次我只带了佐佐去医院而没有带他?我开始回忆之前几次去医院的情形。突然,我的脑中闪现了一幅画面,心也紧跟着缩了一下。

那是在佐佐、佑佑两岁半时的夏天,我们从博物馆广场玩完了回家。我跟姥姥分别去放置他们的小推车。就在这时,他们玩起了楼道里的电动车,结果佐佐的大拇指被挤到了车链子里。

佐佐开始号啕大哭,我跟姥姥姥爷慌乱到根本不能解救他。无论往哪个方向稍微一转脚蹬子,佐佐都会更加大声地哭喊。我赶紧打了119。

几分钟后消防员来了。我从小区门口一路跑着给消防员带路。我记得当我终于跑到楼道口,看到了这样一幕:佐佐被关切的邻居们团团围住,已经哭到没有力气;而佑佑正贴着斑驳的楼道墙壁,一个人孤单地站在那里,呆呆地注视着眼前的一切。

消防员迅速地剪开了车链子，我一下子抱起了佑佑，飞奔出小区打车去医院。姥姥随后也跟来医院。在这个过程中，我们谁都没有对佑佑说一句话，完全忽视了还有另一个小人儿也在期盼着妈妈和姥姥的安慰和陪伴。最后是姥爷带着佑佑回家了。想到这儿，我明白佑佑想向我表达的了。

思绪回来，我看着佑佑，说："宝贝，那次佐佐受伤的时候，妈妈抱着佐佐就跑了没管你，是吗？"佑佑哇的一下大哭起来，好像有一大团委屈、不解、伤心从胸口涌了出来。

我继续说道："佐佐的手夹住了，你当时也害怕极了。但是妈妈和姥姥只顾着带佐佐去医院了，把你忽视了，都不知道你当时也很害怕、很孤单。"

佑佑还在哭，边哭边说："姥爷也不会放巧虎。"哦，原来那天从博物馆回家的路上，我们还拿回了快递，是巧虎的 DVD。他们都期待着快点儿回家看。

我："嗯，姥爷不会放巧虎，你也看不了。"

佑佑逐渐停止了哭声。语气也从一开始的埋怨变得有些撒娇的感觉了。我知道了，原来那时那个小小的人儿，已经被哥哥的遭遇吓到不行，周围大人的慌乱更加重了他的感受。结果妈妈跟姥姥都抛下他去照顾哥哥，他只能跟姥爷回家。我们以为佐佐没事了，这件事情就过去了。可其实在佑佑心里，这件事情带来的感受从未过去，一直都在！当时两岁半的他，没有办法表达："妈妈，佐佐受伤的时候我也好害怕啊，我希望你也可以了解我的感受！"而是只能一次次地编码，向我发送信号："妈妈，您带我去医院，只带我一个人去医院。"

等佑佑情绪平复之后，我向他表达："对不起，佑佑，妈妈当时也太害怕了，太慌张了，我当时还不知道怎么照顾你的感受。"

佑佑说："好了，妈妈，睡觉了。"

这一场倾听就这样结束了。没有很多轮来来回回的对话，但是孩子积压了两年的情绪被看见后，流淌了出来。他被了解了。

此后，佑佑再也没说过"您只带我一个人去医院"这句话。我知道，这件事到这里才算是真的过去了。

我有些懊恼，自己为什么不能在佑佑第一次这样对我表达的时候就能够敏锐地捕捉到这个编码，然后去解码，协助他走出问题区，而是需要他表达那么多遍才突然意识到。可同时又有一丝欣慰和庆幸，好在孩子没有放弃向我求助，我终于解码成功了。既看见了孩子，也有机会向孩子表达自己当时的状态。

所以倾听真的是我们能给孩子最好的礼物了。好庆幸我把这个礼物送给了孩子，恰好在他还需要的时候。

其实生活中，确实有很多这样的情绪"编码"，我们听不懂，就可能错过一些真相，错过彼此了解的机会。倾听、解码，能让我们真正地了解孩子，读懂孩子的心声。其实，不仅仅是孩子，成人也一样。我们难过的时候，陷入困扰的时候，都需要，也值得被倾听。P.E.T.讲师萌萌分享了她倾听先生的经历。

2021年国庆节假期第一天，女儿跟同学们约了去游乐园玩。我们玩了一天回到家里，老公却生气了！

说实话当时我有些不理解。因为这件事情女儿在假期前就跟家里人沟通了，当时还问他，要不要一起去。他说跟妈妈们相处会有负担就不去了。我跟女儿两个人就去赴约了。

临近中午我给老公打电话："孩子们玩得很开心，不舍得分开，中午想一起吃饭，下午再去蹦床工厂。"他说："那我自己安排吧。"

于是我带着女儿和同学们进行了接下来的行程。

下午我又找时间给老公打了两个电话，问他中午吃了什么，是不是都挺好？感觉到他有一些不开心了，我有点儿担心回家后面对的状况。

平时生活中，老公极少生气，好像没什么事能影响他。我出门屡次忘带钥匙，他也只是淡定地想办法找备用钥匙或开锁公司；我煮肉忘记放盐，他会说："那就蘸点儿辣酱吃吧。"

果然等我和女儿回到家里，看见老公一个人坐在躺椅上，说话也不怎么回应，脸上也没什么表情。我感觉自己的情绪也噌的一下上来了，心想："问你，你说不去；我们去了，你又不开心。再说这又不是一件轻松的事，陪孩子玩一天有多累，大家都知道。回了家没有晚饭，还给我脸色看……"

突然，我的心里"戈登"了一下，我在做什么！我在争论对错。他现在的状态是个信号，在告诉我他需要帮助了，即便他已经是30多岁的大人了。内心戏仍在上演，但我跟自己说，需要解码，放下对错，试着关注他的感受。

我："我们出去一天，你有些不开心了。"

他不说话。

我："感觉被忽视了。"

他："不是说好就玩半天吗？"

我："嗯，如果玩半天回来，我们还可以有其他的安排。"（这时想起昨天女儿明确表达只玩半天，中午接上姥姥姥爷吃饭，下午带他们去汗蒸）

他："是啊，咱们不是说好，中午跟爸妈吃饭，下午去汗蒸吗？"

我："孩子玩到中午，还想玩，我就想尽量满足她。"（在这里我明显扔了一块绊脚石，解释了起来）

他："那孩子什么时候能玩够呢，我跟爸妈就不重要了吗？"

我："是我疏忽了，忽略了你的感受。"（关于跟姥姥姥爷的计划并没有提前跟他们沟通，所以并没有对他们造成具体的影响。主要还是老公感觉被

第三章 "倾听"，是最有效的协助

忽视了）

他："这么难得的假期，不应该是全家人的日子吗？你们一出门就一天，留我一个人在家。"

我："会觉得有些孤独。"（也会有另一种声音——大哥，你又不是三岁小孩，还得专门留人陪你啊。当然，只是心里想了一下，没这么说）

他："媳妇，你知道吗？我感觉像回到了小时候，家里人都忙着生意，没有人管我。"

我："这感觉特别不好受吧，挺无助的。"（意识到他不是因为今天的事情，而是类似的感觉将他带回了到小时候，他感到很无助）

他："特别不好，我也需要陪伴，跟孩子一比我就变得不重要了。"

我："会很失落。"（我过去抱着他）

就这样待着，没有说话，只是陪着他……感觉过了十几分钟后，他非常释然地说："媳妇，我好了，这感觉太奇妙了！"接着跟我说了很多他小时候发生的事。

一开始我情绪上来时脑补了诸多剧情。现在看来，在那个时刻"戈登"一下，没有评判争论，逐层倾听下来，才让我们接近真相，看到老公并不是因为今天发生的事发脾气。如果当时我只跟他在今天发生的事的层面上争论博弈，最后只能是两败俱伤。通过倾听，让老公自己有机会靠近自己，了解自己情绪的来源。那些遗留下来的感受，就不会像过去那样在潜意识层面影响我们那么深，我跟老公的关系才是真实的、当下的、属于我们两个人的，而不是受其他关系投射影响的。

后来，我们一块儿去姥姥姥爷家吃了晚饭。此时大家的情绪都很好，一家人也变得其乐融融。如果当时我没有接住老公的情绪，而是直接给出解决方案，诸如：那我们晚上去爸妈家吃饭吧，晚上咱们出去逛街，明天好好陪你，等等，大概都解决不了真正的问题。

一个人的年龄只是数字的累积，他的心智以及童年遗留的感受都影响着此刻的他。这需要我们只是把他视为一个没有年龄、职务、角色身份、任何标签的单纯的人，去感受他。而最终我们也会成为这份关系里的受益者。

倾听帮助孩子以及家人舒缓情绪，并帮助他们在这个过程中学习如何跟自己的情绪相处；他们会得到机会独立思考，为自己的问题负责任；同时他们也会感受到我们的关爱，因为被倾听过，所以也更愿意倾听我们的心声。

倾听是礼物，不仅可以送给孩子、家人，也可以送给自己，送给每一个我们在乎的人。

第四章
开放自我,"经营"好关系

· 表白性我—信息 ·

· 预防性我—信息 ·

· 肯定性我—信息 ·

· 我—信息的力量 ·

· 三种时间 ·

行为窗口中的无问题区，应该是我们都喜欢的区域。P.E.T. 的目标也是通过有效沟通减少我们在问题区停留、纠缠的时间，尽快回到无问题区。其实，无问题区本身也留给我们很多机会来增进感情，预防冲突。我们可以应用关系技巧"经营"好我们和家人的关系。而"经营"的前提是我们愿意开放自我。

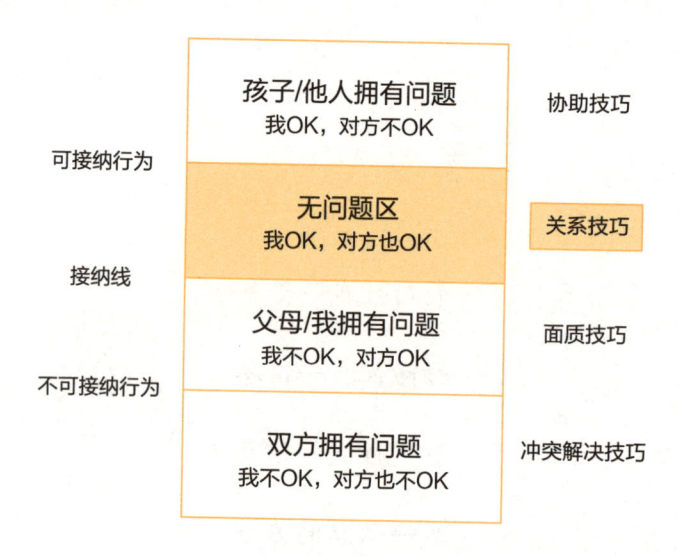

可接纳行为	孩子/他人拥有问题 我OK，对方不OK	协助技巧
	无问题区 我OK，对方也OK	**关系技巧**
接纳线	父母/我拥有问题 我不OK，对方OK	面质技巧
不可接纳行为	双方拥有问题 我不OK，对方也不OK	冲突解决技巧

在工作坊中，我们会请学员们一起读学员手册上的一段文字，了解什么是开放自我。每次共读，学员们都有所触动。

他们有的说，之前从未想过要主动表达自己的需求和感受，以为对方应该都知道；但当对方没有像自己期待的那样"知道"的时候，他们又很生气、懊恼或者伤心。

"只有当父母的需求得到满足，即父母的'杯子装满'后，才可能真正为孩子奉献……"有的学员读到这句时，眼中隐隐有泪光。他们说突然明白了自己内心深处为什么总有挥之不去的委屈感。

有的学员说自己被问住了，他们不知道，如果把自己对某些事情的感受告诉先生或者家人，会有什么样的结果；而那个结果自己是否有信心承担。

确实，能否开放自我在很大程度上取决于我们是否信任眼前的人。而信任是双向的，需要有人迈出第一步。P.E.T.鼓励大家为自己的需求负责任，用"我—信息"清晰、内外一致地表达自己的内在感受和想法，并跟对方保持联结。在无问题区，P.E.T.推荐了三种"我—信息"技巧：表白性我—信息、预防性我—信息、表达感激的肯定性我—信息。

❶ 表白性我—信息

"表白性我—信息"是开放自我的基本形式，就是向他人表达我们的信念、观点、喜恶、感觉、体验、期待等。比如：

我相信人性至善。

我认为情绪对身体健康很重要。

我喜欢到风景优美的山里徒步。

我不能吃辣，容易嗓子发炎。

我热爱有挑战的工作，感觉很满足。

我不喜欢人多的场合，各种应酬感觉被掏空。

我希望每天都有一段完全属于自己的放空时间。

在工作坊中，我们会邀请学员们分享自己的"表白性我—信息"，有时候我们会组织小组成员相互寻找相同点和不同点来完成这个练习。这个过程让许多学员感到惊喜。他们发现，向别人表达自己的时候，更多的功课是跟自己的内心对话，跟自己的感受、需求、价值观保持联结。有的学员回顾起自己的成长经历，曾经的骄傲与荣耀，深情和挚爱，会引起很多共鸣和感动。这样的对话，不仅让别人更了解我们，也让我们更靠近自己，更懂得珍惜自己。

P.E.T.讲师孙庆军分享了一段跟儿子的日常对话，其间的开放和坦诚有一种真实的力量。通过文字我们能体会到父子之间关系的靠近。

晚上睡前和儿子谈话，聊了一会儿他白天的开心时刻，主要是他与小伙伴游戏和一些视频中的搞笑场景（我们约定了适当的游戏和看视频时间）。

聊了一会儿，儿子说："是不是很少有家长能够听孩子讲这些游戏之类的？"

我稍微愣了一下，回答说："据我了解，好像不太多。"

"谢谢你们的理解。"他说道。我暗自高兴，随口就问他："你觉得是什么原因呢？"

"你们理解我呀。"

"有没有其他原因？"我又继续问。

他想了一下说："啊，我知道了，是因为P.E.T.。"

这个回答让我很惊讶。没想到他对P.E.T.还有深刻印象，一直记着这个。

我心里窃喜，本来想着说，我是原生的P.E.T.，后来改了，说："你看到了爸爸妈妈学习P.E.T.后的明显变化。"

"嗯，是的，连我朋友都说你们变得更加温和了。但是P.E.T.也有副作用。"

我很惊讶，忙问："有啥副作用呢？"

"那就是对我更加'放纵'吧。"

"具体说说？"我接着问。

"比如说，对于安全呀，学习呀，还是要继续有要求的。"

我说："是呀，爸爸妈妈也要继续对你的安全和成长负责，因此在一些方面会继续有要求和期望。"

"嗯，这个是需要的。"

谈话结束之后，我自己想了想，我到底是不是原生P.E.T.呢？现在看来，可能每个人都是原生P.E.T.。只不过，各种各样的成长经历让我们披上了一层层外衣，而P.E.T.又让我们褪去这些外衣，尽量做到内外一致，这就是P.E.T.带来的奇妙变化吧。

父母的开放和坦诚会在家庭中营造一种安全的谈话氛围，从而让每一个家庭成员都愿意表达自己的真实想法，而不用担心是否会招致别人的评判和否定，家人之间的信任让彼此之间的关系更加亲密。

❷ 预防性我—信息

"预防性我—信息"是提前告知孩子或他人我们未来的一些安排或者计划，这样他们可以有机会调整自己的行为，有助于满足我们的需求，或者避免可能的冲突。比如：

我今晚要加班，大概9点到家，不用等我吃饭。

下周末我想带全家一起去故宫看展览。

我中午有个视频会，需要安静的环境，大概1小时。

P.E.T.讲师赵薇也分享了她生活中的几个例子：

果果跑到邻居家的院子里，和邻居家的两个孩子玩。过了一会儿，他们决定来我家玩，大家开始往我家走。家里的鞋套用完了，我担心孩子们会穿着鞋跑进屋，把我昨天刚擦干净的地板踩脏，于是我对他们说："等一下你们可以把鞋子脱掉吗？因为昨天我刚擦干净了地板，我很担心穿鞋进屋会把地板踩脏。"孩子们爽快地说："可以！"然后进门前大家都把鞋子脱掉了。

还有一次，我带果果出去玩。出门前他要带着他的棒球棒。棒球棒是合金的，又长又重，我对他说："我看见你拿着棒球棒，等一下我们出门了，我可不想帮你拿。"果果："那我不拿这个了，我拿这两个木槌吧。"我："嗯，这两个可以，等一下如果你不想拿了还可以放进我的手提袋里。"

其实这类预防在工作生活中很常见。简单的一句话，提前说了，可能会省去之后几十句的麻烦。同时，适合的时候发送"预防性我—信息"也可以让孩子或他人通过自己的努力来表达对我们的关爱和照顾。

❸ 肯定性我—信息

"肯定性我—信息"的核心是表达感激之情，是有感而发的。孩子或家人做了一件事情，给我们带来了好处，让我们感觉很愉快，我们就可以向他们表达感谢。描述他们的行为、带给我们的正面影响以及我们此刻的积极感受。比如：

晚上9点到家，看见先生热好的饭菜，很感动。这时可以说：下班回来，真挺饿的，看到热乎的饭菜都备好了，我马上就能吃上，谢谢你。

中午开视频会的时候，孩子全程自己在客厅玩，没有进来打扰，视频会进展得很顺利。这时可以说：宝贝，刚才你自己在客厅玩，没有进屋来，让我可以专心开会，我很开心。要特别谢谢你。

再来看一下 P.E.T. 讲师赵薇分享的生活中的小例子：

有一天放学以后，孩子要在外面玩一会儿。玩着玩着，他对我说："妈妈您过来，我给您唱首歌，很好玩的一首歌，我今天新学的。"我过去以后，孩子开始唱歌。我没怎么听懂唱的是啥，不过感觉确实有点儿好玩。孩子唱了很久，越唱越高兴，还边扭边唱，后来停下来了。我说："听你唱了这么好玩的歌，我的心情也跟着好了起来！"

周末，我去参加工作坊，老公在家照顾孩子。我给老公发消息说："老公，谢谢你今天在家照顾孩子，这样我就可以安心地来上课了。"他没有回复。但我回到家，发现他不仅把家里打扫得干干净净，还做了一桌子菜。

大多数时候，我们比较关注那些让我们不高兴的事情，却忽视了很多让我们开心的事情。家人们为我们做的事，对我们的好，给我们带来的快乐，因为太日常，反而容易被我们忽视。"肯定性我—信息"帮助我们看见这些爱的小事。P.E.T. 讲师菁菁对这种"人与人之间的看见"有着很真实的体验。

初学 P.E.T. 时，对行为窗口的概念懵懵懂懂，只明白了其中一个技巧：肯定性我—信息。于是我把对孩子的称赞"你真好！""你真棒！"改成"行为＋感受＋影响"的方式来表达。

晚饭后，孩子洗了碗，我就想：孩子的行为是洗碗，我感到很开心、轻松，对我的影响是什么呢？好像能让我多休息一会儿。于是我在脑海中把语言组织好，然后对孩子说："看到你把碗都洗了，妈妈感到好开心、好轻松呀！这样我就可以在沙发上多休息一会儿了。"

听到我这么说，孩子也很开心，他说："妈妈，我还能扫地呢！"然后孩子又把地板扫干净了。当时我感觉好神奇、好意外呀！我只是换了一种表达方式，孩子的反应就完全不同。我能感觉出孩子体验到了被肯定的感觉，有了成就感，想要去做得更好。

当我准备晚饭时，孩子端来一杯温水，我不再简单地说一声"谢谢"，而是对他说："你给妈妈端来一杯温水，我好感动呀！这样妈妈做饭的时候也能喝到水啦！"孩子脸上露出了灿烂的笑容。

践行一段时间后，我发现孩子能被肯定的点越来越多，而曾经在孩子身上出现的"问题"越来越少。于是我就想："肯定性我—信息"适不适合老公呢？

我决定试试，在老公做完晚饭后对他说："谢谢你做好了晚餐，让我可以有时间忙一些自己的事情，我好开心呀！"老公第一次听到我这样说，当时没说话，但我能看出来他是开心的。

当我在外学习时，我会向老公表达感谢，感谢他照顾孩子，让我可以安心地学习；当老公做的饭菜不合我的口味时，我不再对他抱怨菜炒得不好吃，而是表达对他做饭的感谢，如果哪一道菜我觉得不合口味，我就多吃一些其他的菜。随着我越来越多地向家人表达肯定性我—信息，老公由一开始的不习惯，到简单地回应"没关系，不客气"，再到现在会在我准备好晚餐后对我说"辛苦啦"。我们之间的关系也变得更加亲密。

渐渐地，我的肯定性我—信息用得越来越顺畅，我能感受到每个人身上的"闪光点"。

2021年11月，我从深圳参加完E.T.60周年年会回来坐出租车，师傅帮我把行李箱放到后备箱。以往我会习惯性地说一声"谢谢"，但那一次好像

第四章 开放自我，"经营"好关系

是在年会中得到了太多的能量与肯定，于是一向不擅长跟陌生人表达的我，对出租车师傅说："您帮我放行李箱，让我能很快地进到车里暖和，真是太感谢了！"

出租车师傅听到我这么说很开心，下车的时候又主动帮我把行李箱拿下来。我说："您帮我拿下来行李箱，我轻松多了，谢谢！"出租车师傅说："不用客气，回家好好休息吧。"多么简单朴实的语言，却让我感到贴心和温暖。这样的待遇是以往从未有过的。

还有一次，我到北京参加 P.E.T. 讲师督导班，在酒店入住，感觉服务员把房间打扫得很干净。于是我给对方留了一张纸条，上面写了："你的贴心服务给我带来愉快的入住体验，非常感谢！"

晚上课程结束回到酒店时，我看到房间比之前打扫得更干净了。桌上还有一张纸条，是那位服务员写的。她说谢谢我的鼓励和认可，她非常感动！看到这张纸条，我有些意外，自己的一条肯定性我—信息给对方带来的能量这么大。我也很感动，并真切地感受到，E.T. 沟通模式能让人与人之间的关系真正流动起来。

现在对于 P.E.T. 的沟通技巧我已然更加清晰了，却始终对"肯定性我—信息"有着特殊的感情。在我看来，肯定对方是一种看见，我们每一个人都需要被看见。以往我们总是对于亲人、爱人的付出感到习以为常，却常常抓住对方做的令自己不满意的地方不放手。当我们把更多的关注点放到对方值得肯定的地方，我们也会接收到来自其他人的肯定。当我们抱怨生活中对家庭、事业、孩子的付出无人理解时，或许我们可以先从看到别人开始，从一条"肯定性我—信息"开始。

有句话说："痛苦使人改变，幸福让人持续。"或许就是这种幸福的力量让我可以有信心在这条路上一直前行。

4 我—信息的力量

在工作坊中，我们会邀请学员们回顾生活中最不经常肯定或者表白的人是谁。有人回答是自己的母亲。大家说很明白母亲对自己的好，可就是"爱你在心，口难开"。P.E.T. 讲师欣格跟我们分享了她自己的心路历程。

作为一名 P.E.T. 讲师，我深知"我—信息"的表达在人际沟通中是多么的重要。我的学员都说："老师教得太好了，用了这个技术，我和家人、同事、朋友的关系越来越好。"但我知道，我也有我的局限。特别是在"表白性我—信息"和"肯定性我—信息"的表达上，对于心里最深处藏着的那个人，始终还是无法开口。

学过心理学的朋友们可能都知道，"原生家庭"对一个人的影响是潜移默化的。在中国，受传统观念的熏陶，父母和孩子们很少发自内心地表达对彼此的真实感受。要做到"内外一致"的表达更是难上加难。我和我的父母也不例外。

在我前半生的 40 年里，我和我的妈妈是很多人说的那种"相爱相杀"的母女相处模式。前一秒，两个人好得还像姐妹一样，可下一秒，有可能因为一句话，又变成了火星撞地球。当然，每次吵完之后，没有解决任何问题，只是让自己陷入了无限的内疚和自责中……我比任何人都想改变我们母女的相处模式，因为我知道，如果这个世界上只有一个人对我的爱是无条件的，那一定是我的妈妈。

或许是 P.E.T. 的魔力，让我鼓起勇气重新审视我和妈妈的关系，也让我带着期待，悄悄地靠近了这扇尘封已久的心门……

还记得我的第一次工作坊时，在教完了"我—信息"的三种方式后，我鼓励学员利用茶歇和午休的时间，试着用 P.E.T. 的技巧给自己关心和在意的人发一条"我—信息"。看着每一位学员发出信息后那份满足的样子和收到信息后脸上流淌的幸福的笑容，我深深地被感动了。我想，或许我也该试着走出这一步了。

下课后，所有学员都回家了。我坐在空无一人的教室里，看着投影仪定格在"我—信息"这三个字上。我深深地吸了一口气，拿起手机，给妈妈发了一条"表白性我—信息"——"老妈，我知道，我们对很多人和事上的认识是不同的。我也知道，您对我的很多决定和想法是不能理解的。但，我始终相信，您比世上任何一个人都要爱我。很多时候，我说的话就是想跟您对着干，其实说完我都很后悔。我也从来没有跟您表达过我对您的真实感受。有句话在我的心里埋藏了很久，我不想说，也开不了口。但今天，我想告诉您：妈，我爱您！"

信息发完了，心里的一块大石头落了地，我感到了从未有过的轻松。我甚至没有想老妈会不会回复，也不期待信息发出后会有什么改变。我只是想单纯地表达我此时此刻的感受。这就足够了……

"叮叮"，一条信息提醒音打断了我的沉思。妈妈回了信息，只有一行字——"孩子，我也爱你，永远！"此时，我再也绷不住了，眼泪夺眶而出，哭得肆无忌惮，哭得不想停止。对，这就是我此时的状态和感受，这才是真实的我，没有伪装，没有面具，没有压抑，也没有理由。我只是全然地接受此刻的我，也接纳当下所发生的一切……

从那天起，我清楚地感觉到自己变了，每次看到妈妈，就连看她的眼神好像都温柔了很多。每次妈妈做了什么让我感动的事情，我都会毫不吝啬地给她发一条"肯定性我—信息"。当然，生活中矛盾是避免不了的，但是，我们再也不回避矛盾，也不再激化矛盾。我学会了倾听她、同理她，也学会了用"表白性我—信息"勇敢地表达我的喜恶、信念、想法和价值观。同样，为了避免问题的发生，我也会及时地向妈妈发出一些"预防性我—信息"，让她了解我的计划、安排以及理由，从而避免一些不必要的矛盾和分歧。就这样，在我的一系列"攻势"下，我和妈妈的心变得越来越柔软，我们的"关系银行"里存了越来越多的"钱"，我们母女之间的联结越来越紧密，我们的内心也越来越丰盈。

或许，未来我们之间还会出现很多差异和分歧，但，我们不怕！因为我们学会了如何爱自己、如何爱他人！

P.E.T. 讲师李清朱是一位幼儿园老师，她在幼儿园也会通过"我—信息"和小朋友沟通。从她的分享中，我们能看到一位老师如何用尊重和理解支持孩子的成长。

养孩子是个怎样的历程呢？度过了孩子总是说"不"的两岁时光，还要面对六岁的小青春期，小青春期后面还有正儿八经的青春期……

那么六岁的小青春期有什么特点呢？看看下面这一对就知道了。

小土豆：沉稳能干，超级利落，即将六岁。最近总爱说"不"，说的时候，干脆利落，铿锵有力："不！""不行！"

小葫芦：温柔细心，超级体贴，即将六岁。最近也总爱说"不"，说的时候，温温柔柔，拖着长腔："不嘛……""不要……"

作为老师，我的认知是：哇，这俩娃终于长大了，这么有主意了！

但是，这种不一致的步调确实会对集体的活动有影响。于是我采取了第一个行动：提前告知。比如，以前要收玩具了，我会先准备收拾，同时唱起收玩具的歌曲，孩子们会自然地跟随。但现在，我会提前走到大孩子身边，悄悄地说："再过5分钟，我们就要收拾了。"我的行动里面有理解，有尊重。

但这一步有时管用，有时不管用，两个孩子还会时不时地说"不"。于是，我采取了第二个行动：当孩子再一次说"不"的时候，单独跟他聊。

我："刚才我们要收玩具了，老师听到你说'不'，是还没有玩够吗？"

孩子："是。"

我："老师也想让你多玩一会儿，但老师又不想今天的午饭吃得太晚了。另外，别的小朋友听到你说'不'的时候，他们也不想收拾了。老师觉得很为难，你有什么办法吗？"

孩子："我说'不'的时候，您就提醒我呗。"

我："这个办法不错。你觉得怎么提醒你比较好呢？"

孩子："您可以跟我说'停'。"

我："好的，谢谢你帮我想到一个好办法。"

这个办法管用吗？管用。

管用的过程是这样的：孩子还是会时不常地说"不"，有时我叹口气想问孩子：你咋又说不了呢？其实这时我也处于遗忘当中了。当我想起孩子说的办法时，就走到孩子身边，悄悄地在他耳边说"停"。那么孩子就记起了他自己说过的话，回归到了正常的节奏当中。通常只要我们记得，孩子都记得。

但孩子还是需要提醒，并且是用他们认可的方式。什么时候是个头呢？

有一天午饭后，孩子们先是玩了一会儿，然后我唱起了回卧室的歌，大多数孩子陆续地回卧室去了，小土豆和小葫芦却跑到了喝水的地方，慢悠悠地喝着水。我提醒说："我们要去睡觉喽。"

小土豆："不行！"

小葫芦："不要嘛……"

我看着这两个眼睛一眨一眨的孩子，忍着心中的笑，走到小葫芦身边，一边轻轻地摇着小葫芦的肩膀，一边学着小葫芦的腔调："不要嘛……，不行……"

旁边的小土豆乐坏了，哈哈笑着跑到了卧室门口，小葫芦也笑嘻嘻地跟着我走进了卧室。

从那之后，小土豆和小葫芦突然不再说"不"了。

最后那个玩笑，就当作第三步吧。

那么可不可以直接进行第三步呢？这就像吃三个烧饼就饱了，能不能只吃第三个呢？

尊重和理解是基础，然后，要给孩子足够的时间去经历成长的过程。

成长是一个漫长的过程，光有爱是不够的，还要爱到"点儿"上，也就是理解和尊重。

自从开始在生活中践行P.E.T.，我也把P.E.T.的内容搬到了教室里。比如，我们多了一些环节，早上做晨圈活动之前，大家会围一个圈分享一些信息。我会有意识地说一些预防性我—信息，报告一下近期可能的安排或变动；孩子们会比较随意，只要说的是我—信息就可以。下午放学再见圈之前也是分享信息，我会有意识地说一些肯定性我—信息，比如："我看到贝贝刚才帮小朋友把水壶拿过来了，谢谢贝贝！""今天跳大绳的时候，我看到希希跳了50个，比起上周进步特别大！"当一些行为被我们看到，并说出来时，孩子的脸上露出了开心满足的表情。

在平时与孩子们相处的过程中，我也有意识地去说表白性我—信息，比如：我喜欢你这样抱我，我不喜欢被打断，我感觉这样混出来的颜色很漂亮……

当孩子们生活在一个"我—信息"的环境里，没有批评和指责，孩子们便全身心地信赖了这样的环境，并在这样的环境中一点点去呈现自己的样子。有的孩子刚入园的时候极度内向和沉默，在这样的环境中，像蜗牛一样慢慢伸出了触角开始去探索。我们也慢慢看到并肯定了孩子身上那些可贵的品质。

P.E.T.将尊重和理解刻进了生活中的每一个细节。在这样的环境中，孩子的天赋会自然地呈现，能力会得到极大地发展，一定会自然平和，内心充满力量。即使暴风雨般的青春期来了，又有什么可担心的呢？

在人际关系中，有时候两个人的互动陷入某种停滞的状态，需要有人先打破这个僵局。P.E.T. 讲师王乐分享了如何用"我—信息"来打破僵局，跟先生"战后重建"。

记得在我刚当讲师后不久，有一次和孩子爸爸起了争执。那时候他在开车，我在后面抱着孩子，车里的气氛不太融洽。我一想："我都是讲师了，总要做点儿什么来打破僵局。"于是，我脑海里浮现了几幅画面：

——画面一

我："你怎么不说话？"

他："嗯？我没什么可说的。"

——画面二

我："你现在什么感觉？"

他："啊？我没有。"

不行，沟通讲师不能让画面如此尴尬。于是，我决定试试"我—信息"。

接下来是这样的：

我："我想知道你此刻的感受。"

他："啊？我没什么。"

果不其然，我的白眼都翻出来了。可是我压着以往一泄而出的怒火，等待了零点几秒。结果，奇迹真的出现了。

他开始补充说："你要是这么问的话，我其实是有点儿失望和懊恼。因为我已经答应了孩子……可是没能准时到，我心里很难受……"然后他说了好多。我印象里，在我们的争执历史中，那是他说的最多的一次了。

很多年过去了，这件事令我久久不能忘怀。因为"我—信息"的力量深深地震荡了我的心魂。一种从我出发的表达，看似再平常不过了，然而带来了如此大的改变。惊喜和意外来得太突然，我一时不敢相信。我把这段经历珍藏在心里，并且越来越坚定地给更多人分享"我—信息"的影响力。当我们每个人都从"我"出发，放下对他人的指责和压迫，"关系"就真的发生了——"关"乎你我，"系"在心间。

5 三种时间

　　无问题区的三种时间，是 P.E.T. 关系技巧中另一个关键概念。它包括单独时间、一对一时间和活动时间。单独时间指我们独处的时候，一对一时间指的是我们跟其中一位家人相处的时间，活动时间是三人以上共度的时光。有效地利用三种时间能增进我们和家人之间的感情，平衡三种时间能让我们从中获取能量，得到滋养。

　　在工作坊中，我们采访学员平时都是如何分配三种时间的，有没觉得哪种时间特别缺。大多数妈妈都会说单独时间太少，大多数时间都花在别人身上。一对一的时间里边，也是陪孩子比较多，陪先生或者其他家人的少。而多子女家庭，更多的都是活动时间，分身乏术，一对一很难得。有的时候，感觉是不得不陪，结果时间花了，人是在一起的，可是心却不在。说起这些，大家都很唏嘘，也颇感无奈。与家人在一起的时光，本该是彼此赋能的，但很多时候却变成了内耗。我们需要关注三种时间的平衡，珍惜高质量陪伴的机会。几位 P.E.T. 讲师分享了他们的经历。

P.E.T. 讲师亢翠：两娃一妈怎么分

家有悠悠和球球。球球是哥哥，12 岁；悠悠是妹妹，6 岁。从最初很得意两个孩子的愉快相处，被戏称为"二胎推广员"，到后来很长一段时间的鸡飞狗跳，我自己也在陪伴孩子的过程中挣扎。现在，我终于找到了让自己有些平衡的状态，和你分享。

1. 曾经的"二胎推广员"——为了和谐相处，我做了很多准备

我有一个哥哥。我父母秉承着老式的思想"大的必须让着小的"，这让我一直觉得有个哥哥是件特别幸福的事情，也坚定地想生两个小孩。所以，球球出生后，他就一直知道他会有一个弟弟或者妹妹，就像吃饭、喝水一样自然。因为他很喜欢的巧虎有个妹妹叫小花，他曾经给还没出生的妹妹起名叫小花。"如果是个弟弟，那就叫小树。"对此，他很豁达。

对于他来说，妹妹的出生过程就是一个真人版的"宝宝从哪里来"：陪着我拍肚子逐渐长大的纪念照；看妹妹在我的肚子里拳打脚踢，鼓出小波浪；等到妹妹出生，他又多了一个会哭会笑的大玩具和一个超级迷妹。

悠悠出生后，我尽量不忽略球球。那时候我经常一边抱着悠悠喂奶，一边给球球讲故事。甚至朋友们来看望刚出生的悠悠，我都特意提醒到：可以不带礼物；如果想送，请送球球礼物。能想到的地方，我都尽量去做。可喜的是，两个孩子相处得很愉快。

在悠悠两岁之前，我经常在朋友圈晒两个孩子和谐相处的美好时光：大多是一个崇拜，一个宠溺，有时连球球写作业，悠悠都要趴在他的背上默默地陪着。我被朋友们戏称为"二胎推广员"。

2. 天然的竞争性——分身乏术的鸡飞狗跳

我曾经一度认为，兄友妹恭的时光会一直持续下去。事实证明，我太天真了。从悠悠两岁左右有自我意识开始，"和谐"的时光就开始减少了，更多的是鸡飞狗跳。悠悠很在乎妈妈是"她的"，很想要争第一。

球球想找我要个抱抱时，不管悠悠在旁边玩什么，都会冲过来，要求"先抱我"。于是我只能开发各种三明治抱、叠叠乐抱、左拥右抱、前抱后背……尽量两个孩子都不冷落。

我和球球多说几句话，悠悠就会插话进来，吸引我的注意力。不关注到她，她就开始委屈得掉眼泪；我和悠悠说话，如果球球插话进来，悠悠就会抗议："哥哥，我还没说完呢！"

和球球玩游戏，悠悠会时不时要求自己主导，而且还要求自己得第一，输了就生气。看着她跺着脚宣称"我很生气，哄不好的那种"，真是又可爱又可气。这个时候我必须赶紧去抱抱哄哄，不然她就会让我见识什么叫作"哄不好的生气"。

悠悠很霸道吗？其实也不是……

虽然妈妈陪她时间长，但她的时间优先级是靠后的。因为球球时间很紧张，所有的时间安排都得就着球球来。

做手工做到一半，球球要去上课了，只能把悠悠放到一边，送球球上课；故事还没有讲完，球球上课需要帮助了，也只能暂时跟悠悠说抱歉……

假期的安排更得就着球球，很多时候都是悠悠跟着球球的同学一起玩不适合她年龄的活动，她也只能在旁边打酱油……

我一度觉得非常困扰：对球球很抱歉，陪伴时间太少，大多数时候只能让其自然生长；对悠悠，我也很抱歉，只能穿插在陪伴球球的间隙里，做了很多打断她专注力的事情……

3. 一对一特殊时间——给每个孩子的专属礼物

当然，即便有这样那样的困扰，我也从来没有后悔生悠悠。球球是个很温和的哥哥，他对妹妹很友爱，哪怕是经常陪着妹妹做四五岁孩子的手工，也非常有耐心。但他也会有委屈，也需要妈妈陪，只是他体谅着妈妈的为难，很少提要求，这让我很心疼。妈妈分身乏术，对两个孩子都有愧疚感。怎么办？

——给每个孩子一对一的特殊时间！

这是我经过了很长一段时间的鸡飞狗跳才体会到的。哪怕时间短，每个孩子也都需要有和妈妈一对一的亲子时间。这也是 P.E.T. 中非常强调的增强关系的方式。

具体来说，需要注意以下几点：

对于一对一来说，最重要的不是数量，而是品质。

拿着手机陪孩子讲故事，手机震动一下就赶紧查看，这显然不是好的陪伴。我也曾经在陪同孩子画画、做手工的间隙拿着手机。看上去好像是利用了碎片时间，但显然孩子的感受是，自己没有妈妈的手机重要。

这个时间不用很长，每天 10 分钟就够，当然长一些更好。如果一对一陪伴的时间短，就更要注重质量。

对于大孩子来说，可以是一些触及感受的深入谈话。听孩子谈谈令他兴奋的事情，赞叹他："哇哦，你是怎么做到的？"让他感受到我们对他的认同和欣赏；在孩子难过或者低落的时候，放下手头的事情，关注地问他："你愿意说说吗？"安静地听着，给他一个大大的拥抱，问问他："有什么我可以帮你的？"

一对一时间做什么，不要"我觉得"，而要"孩子觉得"。这是孩子的一对一时间，做什么由孩子来决定。

坦白地说，现在孩子邀请我参加他们设计的游戏时，我也经常拒绝。上了一天班，没有那么多的耐心和精力去参与。不过在约定的"十分钟"一对一时间里，我会尽量地打起精神，投入参加。需要特别说明的是，陪学时间不能算"一对一的亲子时间"。

有一段时间我很困扰，每天陪伴球球学习的时间也不短，但和他的关系并不好。陪伴学习，更多的是看他作业的完成情况，给他讲题……这些陪伴都没有办法给亲子关系加分，完全是减分项。

后来，由球球自己选择，他选择了玩体感游戏或者玩枕头大战，再后来干脆又换成了直接和爸爸打对战游戏，两个人玩得挺开心的。日常对电子游戏有限制的我，在这段一对一的时间里也会给他们充分的自由。

一对一的陪伴时间，以孩子的感受为准。

陪伴时间短的时候，我就很焦躁，迫不及待地想把我的人生经验分享给孩子，让他们少走弯路。看到孩子哪里做得不好，就想指出来，让他改正。我以为这样是在表达我的关爱。但其实，孩子感受到的是被评判、被指责，感受并不好。

至少在和孩子的一对一特殊时间里，我提醒自己：不要批评，不要"指导"。实在遏制不住想"指导"的冲动时，至少我要求自己闭上嘴，只是倾听。我们给每个孩子一对一的亲子陪伴时间，是为了让我们和孩子之间有更好的关系、更强的情感连接，让孩子的感受更好。所以一切让孩子感受到压力的活动，都不能算一对一的特殊时间。

疫情期间，我天天在家工作，又要做饭做家务，陪悠悠的时间很少。为了不让她的时间太过荒废，陪伴时间我都拿来教她读英语、学认字了，还希望教的她都能学会。结果悠悠对读英语和认字的热情大大降低。这提醒了我，赶紧刹车。孩子还是喜欢轻松、愉快的学习氛围。目标性太强的话，就给孩子压力了。等我调整回佛系的边玩边学的状态，孩子学习的效果反而更好了。

如果可以固定下来，让孩子对这个特殊时间有所期待，效果就更好啦。这个陪伴的过程会给我和孩子都充上电。我也没有那么愧疚了，孩子也会感觉很满足。

P.E.T. 讲师王乐：跟婆婆的一对一时光

通常我们认为每个行为背后都有它的诉求。在我们家，婆婆是大家公认的"絮叨"。她的沟通方式常常让大家都想远离，我也不例外。可是，有一次上P.E.T.课，我突然灵光一闪，想到其实婆婆的行为也一样是在诉求爱和关注啊。只是这个"絮叨"的方式更容易适得其反，大家都是本能的应激反应就逃走了。可是这会让婆婆更难受，于是就形成了恶性循环。

了解了这个，我回来跟爱人商量，如何给婆婆关注，满足她的"一对一"需求。因为婆婆在另一个城市，驾车需要一个半小时的路程。所以有一天，我送孩子入园后，就驾车回老家，专程回去陪伴婆婆。路上给婆婆打电话，她也很意外，没想到我会专程回去看望她。回去后我们一起包饺子，煮饺子吃。婆婆平日里是个极其不爱做饭的人，包饺子这种项目大概只有过年才有动力做。然而那天只有我们两个人，她也愿意花时间来包饺子，我真的很感动。一对一的陪伴，情感的建立是双向的，彼此滋养。

吃完饭我们聊聊天，有时候话题会聊到问题区。比如，有些话题我也不晓得该如何回应，那我也试着用"面质性我—信息"来坦诚我的感受和困扰。没想到婆婆聊天的内容和方式也在一点点调整着。晚上，我又驾车回到家，接孩子放学。

其实仅仅就是一天的时间，但我觉得那一天过得好充实、好丰满，就像我女儿说的"今天真是最大的一天"！那一天，一对一的陪伴，不仅给我和婆婆的关系电池充满了电，而且还超长续航。

P.E.T. 讲师曼丽：周六晚的亲子时光

失落的大鳄鱼

主人的黑心秤

愤怒到自燃的汉堡包

失控的马桶

百变的便便

————姐姐

开心的薯条　跳跳跳

快乐的棒棒糖

生气的可乐

失落的鸡腿

————妹妹

愤怒的泡泡　飘呀飘

焦急的洗澡盆

忙碌的毛巾

————妈妈

周六晚上，我带着两个女儿洗澡，在不知道进行了多少轮词语（成语、古诗）接龙和"正话反说、真心话大冒险"后，我提议玩一个"感受词＋物品（动物、植物、物品）"的文字游戏。然后就有了上面那些独特、好玩、有趣的词语组合。

我很欣喜，越欣喜越肯定也越鼓励，气氛像洗澡时的水蒸气一样，热烈愉快。我鼓励她们尽情打开想象力，用到作文里。

妹妹洗好先去睡觉了，剩下的时间就是我和姐姐的一对一特殊时光了。12岁的姐姐很快展现出青春期的好奇、疑惑、担忧、探索……她说了一些社会新闻、聊朋友、探求某件事情的观点……

我静静地倾听，也和她分享我的看法和观点……

时光浓稠，夜已深。

晚安。姑娘们。晚安，世界。

在无问题区，经常开放自我，使用三种"我—信息"，加深彼此的了解和联结。平衡三种时间，为大家赋能。"经营"好我们的关系很重要，因为关系是影响力的基础，是我们获得幸福感的源泉。

P.E.T.

**PARENT
EFFECTIVENESS
TRAINING**

第五章
有效面质，表达自己的需求

·无效的面质·

·面质性我—信息·

·有效的面质技巧，需要适时换挡·

开放自我，在无问题区用三种"我—信息"来提前告知家人自己的喜恶、习惯、倾向、计划、价值观等，可以有效避免或减少未来的冲突。那么当孩子或他人的行为已经让我们感到不舒服的时候，我们也可以坦诚表达。

在行为窗口的接纳线下方，第一个区域是父母/我拥有问题，P.E.T. 推荐使用"面质技巧"。

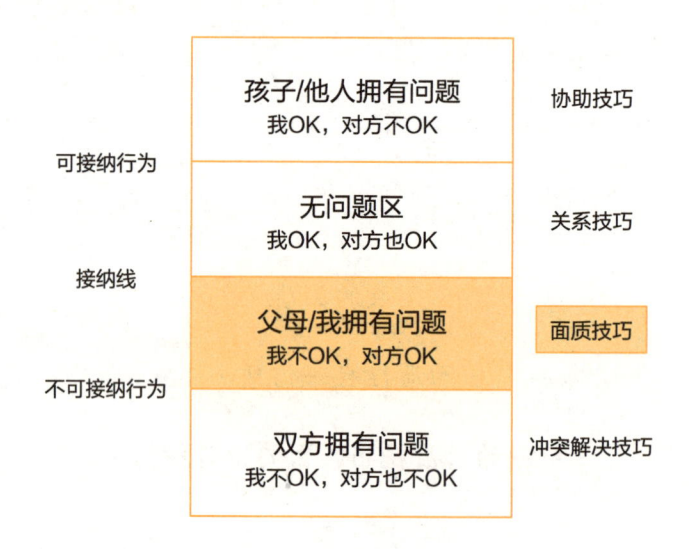

可接纳行为	孩子/他人拥有问题 我OK，对方不OK	协助技巧
	无问题区 我OK，对方也OK	关系技巧
接纳线	**父母/我拥有问题** **我不OK，对方OK**	**面质技巧**
不可接纳行为	双方拥有问题 我不OK，对方也不OK	冲突解决技巧

❶ 无效的面质

在工作坊中，我们会邀请学员来回顾：当孩子做了一件事情让我们感到不高兴的时候，比如，玩具散落了一地，进屋根本无从下脚。此时我们通常会怎么说？

大多数家长的说法大致如下：

命令：快把玩具都收起来！

威胁：我数三下，再不收，我全扔出去！

说教：小朋友要懂得整理好自己的东西，玩具玩好了就要归位。

建议：你再玩两分钟，之后就收拾。乐高放回盒子里，毛绒玩具放到架子上。

争论：这不是乱七八糟是什么？哪里还像个家的样子！

批评：你怎么就不能随手收拾呀，一点儿都不知道体贴妈妈！

夸奖：好孩子，听话啊。你最懂事了，肯定会帮妈妈都收拾好的。

谩骂：你就是懒，搞得家里像猪窝似的！

分析：你看看这么多玩具，你要是不一次性都拿出来，也没这么乱。

安慰：这么乱，不要紧，一点儿一点儿慢慢收就好啦。

追问：你为什么搞这么多东西在地上？还记得我跟你说过的话吗？

回避：你就这样乱着吧，我不管了。

在练习中，我们会邀请学员来扮演孩子，体验当父母这么跟他们说话的时候，他们是否愿意听，感觉如何。不难发现，这些说法都是指向"你"的。体验的学员大多都会拒绝配合，他们感到被指责、被贬低、被强迫、不被尊重，感觉自尊心受到了伤害。有的学员表示可能会听从，因为感到压力和恐惧，但是心里会有委屈或者不忿，盘算着有朝一日要有所回击。

在 P.E.T. 中，这些回应被称为"你—信息"，在我们拥有问题时也是沟通绊脚石。P.E.T. 认为有效的回应应该带来以下效果：事情结果有好的转变，不伤害尊严，彼此感受良好，关系更靠近，同时能促进成长。而以上"你—信息"的回应方式并不能实现这些目标。

❷ 面质性我—信息

P.E.T. 推荐的有效表达方式是"面质性我—信息"。它由三个部分组成：行为＋影响＋感受。即客观描述孩子让我们不高兴的具体行为，说明该行为给我们带来的明确具体的负面影响，表达因为这个影响我们产生的负面感受。

比如，孩子的玩具散落了一地，我们下班回来后根本无处下脚，得花时间、精力收拾，感觉很累。这条"面质性我—信息"可以这么发："宝贝，现在地上有这些玩具，我很难走进来，一不小心就会踩到，我不得不花时间收拾，真的挺麻烦的，感觉好累。"

这样的回应，不带评判，只是客观描述现状，影响也是具体的、明确的，"会踩到""花时间收拾"，感受也是真实的。这就像给孩子发出了一条求助信息，邀请孩子来帮助我们满足需求。当孩子清楚自己的行为是如何妨碍到父母的，他们往往会因为在乎父母的感受，而愿意主动调整自己的行为。戈登博士提醒我们，永远不要低估孩子愿意为了爱的人而主动改变的意愿。所以，发送有效面质，不仅能"解决问题"，还能体会到孩子的爱，看见孩子的成长。

P.E.T. 讲师菁菁描述了她学习使用"我—信息"前后的变化。

孩子四岁后，我突然发现搞不定他了，于是开始学习育儿知识，结识了 P.E.T.。现在的我非常感谢我的孩子，是他的"不乖"唤醒了我的重新生长。亲子关系是夫妻关系的投射，孩子是自己的一面镜子。当我越来越多地在生活中践行 P.E.T.，我也开始喜欢真实的自己，活得更加自在。关于自在我想说两个点。一个是安心老师说的："自在就是自己的心在自己身上。"在践行 P.E.T. 的过程中，带着觉察，让我的心更多地在自己身上是一种自在。当我对自己更接纳，允许自己在陌生人面前不想讲话可以不去刻意讲话，我反而更加舒服，也会更快速地融入到陌生环境里。这也是一种自在。

维克多·弗兰克曾说："在外界刺激和回应之间，存在着一个空间。我们的回应就存在于这个空间之中，我们的成长和幸福，蕴含在我们的回应中。"

一年前，我们家的早晨是这样的：

我："儿子，快8点啦，快点儿去洗脸刷牙，该上学啦！"

儿子："我还没玩够呢。"

我："再不走该迟到啦！晚上回来再玩。"

儿子："不要！"

我："你现在是学生了，得遵守学校的规定，按时上学，不能由着你玩啦，快点儿去洗漱！"

儿子不为所动，依然坐在地上摆弄他的小汽车。

我（大声地）："你怎么这么不听话呀！我数到三，你不走我就直接抱你上车，外套、鞋子你到学校再穿！"

儿子（更大声地）："你走开！我不要去上学啦！"

曾经这样的场景是我们家的主旋律。现在想想，短短的几分钟里，我扔了多少块绊脚石啊！命令、说教、建议、威胁、贴标签，真是不开口都不知道自己是怎么伤人的。

现在，我们家的早晨是这样的：

我："宝贝，还有二十分钟咱们该出发喽。你还有什么需要准备的吗？"

儿子："我还想再玩会儿。"

我："哦，好想再玩会儿玩具，现在停下有点儿不舍哈！"

儿子："是呀！我再玩十分钟。"

我："这样啊，如果你十分钟后再去洗漱，妈妈会担心送完你之后，我上班会迟到。"

儿子："哦，好吧，那我去洗脸刷牙，然后再穿鞋子。"

我："听到你计划安排自己的事情，妈妈好安心呀。这样我就有足够的时间来化妆了。"

儿子："妈妈，您要快点儿喽，我已经洗完脸啦！"

我："好的。"随后听到儿子欢快的笑声。

儿子："哈哈哈！我今天先洗的脸，刷完牙就不用洗脸啦，哈哈哈！"

十分钟后，儿子和我各自整理好自己，愉快地出门上学。

在这一年里发生了什么让我和儿子的关系由鸡飞狗跳变为母慈子孝？我想你已经猜到答案了。我使用了P.E.T.中的沟通方式：我—信息。在生活中不断运用"我—信息"时，我也能看清楚自己的需求，并将它表达出来。

一个星期天，我身体不舒服，孩子要上兴趣班。往常我都会忍着不舒服去送孩子，然后心里吐槽老公一点儿也不体贴，凭什么孩子上兴趣班都是我去送，顿时脑补了一场"我的命好苦"的大戏。而那一次，我选择把我的感受说出来。我问钻爸："你今天忙吗？"

钻爸："忙呀！怎么啦？"

我："我身体不舒服，孩子一会儿要上兴趣班，你可以去送吗？"

钻爸："行啊！那你在家休息吧。"

我："你的工作怎么办？"

钻爸："你不舒服就我去送呗，不要紧。"

我："听到你说送孩子上兴趣班，我好开心呀！如果是以前，我就忍着难受去送孩子，然后心里埋怨你，觉得不公平。"

钻爸："你这样说出来挺好的。我跑一趟没什么，你压在心里生气我也觉得不舒服。"

那次，钻爸不但带孩子去了兴趣班，还把孩子带到厂里，边工作边照顾他，让我在家放松休息了一天。如果我当时选择了一边去做，一边抱怨，那么大概就会是另外一番景象了。

初学"我—信息"时，行为＋感受＋影响，看似简单的六个字，可真正运用起来，常常发现自己不会说话了。对方做了一件让我不满的事，我想不出对我的影响。我的感受除了开心就是生气，而生气常常不是我们的首要感受，就像露出水面的冰山。在冰山下，还隐藏着很多其他情绪，可能是伤心、失望、难过、挫败……

我们从小受到的教育就是什么是对的，什么是错的，什么是应该做的，什么是不应该做的。我们离自己的心越来越远。对对方不满，也要选择忍耐，再忍耐，然后突然有一天大爆发。爆发的原因可能只是一件在旁人看来微不足道的小事，真正原因却是我们内心压抑许久的情绪。

当我们向另一个人发送"我—信息"时，也是对自己的自我倾听，对自己想法及感受的梳理。正是因为在回应之前，我们需要想想感受是什么、影响是什么，从而给自己一个空间，让我们可以选择用既尊重对方，也尊重自己的方式来进行沟通。

确实，有些父母发脾气时并不知道自己怎么了，也没意识到自己有未被满足的需求。就像P.E.T.讲师亢翠说的，做了好多年的全职妈妈，习惯了以孩子的需求为先，也以自己是一个很顾全孩子的妈妈而自豪。可是，在遇到育儿挑战后才发现，很多时候，父母知道"应该"怎么做，可就是不愿意，也做不到……学完P.E.T.之后，她才终于意识到照顾好自己的需求很重要。自己状态好了，才有力量去照顾孩子。下面是她分享的生活场景。

于是在生活中，我开始坦诚地沟通我的需求：

"我突然好困，我需要休息一会儿。"然后，我就真的去睡觉了。后来我发现孩子也会给自己安排好节目，走过我的房间还会有意识地放轻脚步……

"我有件事情比较着急，需要处理一下。"遇到着急的工作时，我也不再心不在焉地陪伴，而是坦诚地和孩子说明。孩子也能理解，给我一会儿不被打扰的时间，而我在处理完之后，就可以更专注地陪孩子……

同时，我也会更多地从感受层面和孩子进行沟通：

"你想要妈妈陪你看故事，妹妹需要妈妈陪睡。你们两个我都很想陪，感觉很为难。"

"晚上十点了，你还在写作业，妈妈有点儿心疼，也有点儿着急。"

下一步，就是和孩子一起想办法，到底怎么能解决问题……

我很开心的是，高敏感、高需求的妹妹很快学会了从感受层面表达：

"妈妈，您刚刚说哥哥，我有点儿害怕。"

"哥哥，你在旁边唱歌，我都听不清故事了，有点儿烦躁。"

随着她越来越清楚地表达自己的感受和需求，她参毛的次数越来越少，我开始不再困扰她的高敏感、高需求，反而真心欣赏这个小姑娘能这么真实地面对自己的感受，勇敢地表达自己的需求。

而这恰恰是我需要学习的功课。

P.E.T. 讲师曼丽也提到了关注自己感受的重要性，有的时候我们只是为孩子的行为感到生气，却没有意识去仔细察看他生气背后更加细腻复杂的情感层次，也没有机会将自己丰富而真实的内心表达给孩子。她讲述了一次放学没接到孩子的经历。

爸爸在校门口，6点了还没接到五年级的姐姐。别的同学5点多已经放学，学校门口几乎不见学生了，爸爸开始着急起来。姐姐没有拿电话手表，也没有像以往那样用文具店电话打给我们……

我送完妹妹上课，也开始焦急上头，各种联系、打听。后来爸爸打来电话说接到了姐姐，我听到电话那端爸爸的高音贝："你去哪儿了？"

电话中断，我的心头涌上一大团情绪。不想待会儿姐姐回到家出现硝烟弥漫的场景，于是我赶紧找出"感受词卡"，一页页地快速翻看卡片。一会儿间，卡片已摆满半张桌子，我根本没有想到会出来这么多"感受"。神奇的是，我的情绪已经缓和了好多。

此时，我更加深深地理解了"情绪冰山"：爸爸的"愤怒"、我的"不舒服"是冰山上的情绪，冰山下是这么多被选出的"感受"——担忧、着急、焦虑、心有余悸、慌张、无所适从、窝火、抓狂、忐忑不安……29张，还应包括看到孩子后的心安和放心，冰山下的情绪足足有30多种。

没有准时接到孩子，爸爸和我的心里前后产生了30多种情绪和感受。冰山下的这些情绪才是"初级情绪"，而我们表现给孩子的只是一种——冰山上的一角"愤怒"，这是"次级情绪"。如果只传达了"次级情绪"，不仅会引起姐姐的一些情绪，如委屈、尴尬……姐姐也根本了解不到冰山下爸爸和我对她的那些担忧、着急还有焦虑……

找出了这么多的"感受"，我的情绪很神奇地降温了。姐姐带着情绪先到的家，虽然看到桌子上这么多感受词有些异样的神情，但并没有仔细读。姐姐半倚着床；我读着这些感受词；爸爸推门进入，看到这个情景，他的情绪也降了下来。

姐姐和好朋友们在学校旁边聊天聊得热火朝天，竟然没去看看爸爸有没有到。我开始发送"面质性我—信息"："那么久接不到你，爸爸妈妈好担心啊，那些感受词都是我和爸爸那会儿的心情。妈妈在不停地联系其他家长、老师，特别担心你。如果你可以考虑一点点我们的感受，那现在的情形都可以避免了。"

为了避免以后类似情况的发生，我们开始第三法：带电话手表。姐姐表示放学就回家，提前放学或爸爸晚到，就在书店等，不外出。

晚饭时间，又和姐姐聊到这个话题。我和她分享整件事情的前后细节，又给她分享感受词卡、情绪冰山。情绪、感受和需求都需要表达出来。姐姐突然说："妈妈，我想把感受词卡带去学校。您给我们同学上次课吧。"

这让我很意外，同时我也真切地感受到了来自女儿的认同。

❸ 有效的面质技巧，需要适时换挡

以坦诚求助的心态发送"我—信息"固然比指责抱怨的"你—信息"更有可能影响孩子做出调整，但确实有时候一条"面质性我—信息"也会让孩子抗拒。此时，我们需要将关注点转移到孩子的身上，带着好奇去了解孩子的抗拒来自哪里，孩子是否也有需求想要得到满足。所以，如果孩子驳回了我们的求助邀请，我们可以转为倾听，协助孩子表达自己。当孩子通过表达自己，恢复了平静后，我们可以继续面质，以为我们的需求继续努力。这个在"面质性我—信息"和积极倾听之间切换的过程，P.E.T. 称为换挡。

P.E.T. 讲师艺慈分享了自己对此的经验和体会。

当我们不带指责地跟孩子表达他的行为对我们的影响时，那种感觉还是很痛快的。但这并不代表孩子一定要在第一时间接受我们的表达，尤其是当我们和孩子之间的亲密度有所下降的时候。有时这样的表达会直接点燃孩子的情绪。

不过，不用担心，"情绪崩盘"并不是沟通的终结者，而是提醒我们启动"心力"的信号。当我们留心感知到孩子的情绪变化后，可以尝试做两件事：

1.觉察我们刚才跟孩子说的那句面质是否标准？语气中有没有带着威胁或指责？

2.感受一下此刻孩子的状态和自己的状态，我们是否接纳孩子因我们的表达而情绪上升？

若回答是接纳，那便换挡到倾听模式，去感受孩子的感受，等他的情绪小火苗平复了，我们再尝试表达我们的需求。

这样的沟通可能会反复几轮，坚持表达我们自己，也坚定地支持孩子。

下面分享个故事。

儿子在我买来的白板上画了幅作品，那幅作品已留存一周了。这周我要开工作坊，需要用到白板，于是跟儿子商量。

我："儿子，妈妈这周上课需要用这个画板写字，你这个画我能擦掉吗？"

儿子："不能。"

我："问题是，我买了这个画板就是为了上课写字用的，现在有你的画，我就用不了，好发愁啊。"（面质）

儿子："您可以用背面。"（背面是黑板面）

我："嗯，背面是可以用，但我还是觉得白板面写起来、擦起来更顺手、方便，可以节省时间。"

儿子："反正我的画就是不能擦，哼！"（起情绪了，准备换挡）

我："你很喜欢这幅画，不舍得擦掉。"

儿子："嗯，这里和这里（手指着画）都是我擦了画，擦了画，好几次才画好的，不是那么容易的。"

我："哦，你是反复修改，好不容易才画出来的，更不舍得擦掉了，很想留着它。"

儿子："对啊，我很喜欢这个恐龙和这个××。"（实在忘了是什么了）

我："妈妈也很喜欢你的画，我早早就用手机拍下来了。（感觉情绪温度下降，继续表达）你看。（展示给他）不过我还是想用这个画板写字，方便省时对我来说很重要。"

儿子："就算拍照也不能擦，不过我可以同意擦掉上面的部分，下面的不能擦。"

我想了想，觉得可行。

我："嗯，你这个办法我同意。这样你最喜欢的部分保留了，我也能有地方写字，真好！"

于是，儿子愉快地擦掉了上面的部分，又自己拿平板电脑把下半部分认真地拍了照。即便他知道我拍过了，也还是要用自己的设备拍照留存。

回想没有接触 P.E.T. 之前，碰到类似的事情，我大概会选择妥协，或者强行地做"自我调整"。但这样的后果就是，我会跳过最重要的一步，也就是对真实自我的觉察和看见。少了这一步，我的需求会被隐藏，孩子无从了解。而我也看不到孩子因对我，对我们关系的在意，而调动智慧想出这样一个让我们都满意的办法的过程。

向孩子充分地表达，也呈现真实的自己。当我们能够坦诚且内外一致地与孩子沟通时，最终的结果会在我们彼此的紧密联结中，毫不费力地、自然地浮现出来。

有效面质能够促进成长，指的不仅仅是孩子。面质中的换挡有时候能让我们更了解孩子眼中的自己。P.E.T. 讲师王乐描述了一个跟孩子换挡道歉的例子。

有一次，六岁的儿子和三岁的女儿玩着玩着发生了冲突。哥哥对妹妹大声地喊叫了几句，妹妹开始哭了起来。我当时忙着工作，心情也很烦，只好先哄好了妹妹，然后决定去面质哥哥。

我："儿子，你刚才那样凶妹妹，妹妹哭得很伤心，我好心疼她哦。而且，我还有工作要做，可是却不得不停下来安慰她，我很苦恼。"

儿子："那怎么了？谁让她把我的乐高弄倒了？"

第五章 有效面质，表达自己的需求

我："哦，你凶她是因为她弄倒了你的乐高呀。"

儿子："嗯！"

我："可是你的声音那么大，我都吓死了，别说妹妹了！"

儿子："那为什么您可以这样凶我，我不可以这样凶妹妹？"

真是当头一棒，这是灵魂拷问啊！

我："哦，所以平时妈妈这样对你说话，让你觉得不舒服了。"

儿子："嗯，您也是这样凶我的呀！那凭什么我不能？"

我："是哦，我这样对你，却不让你这样对妹妹，好不公平啊。"

儿子："对呀！"

我："哦，那妈妈以前凶你，是妈妈的方式不对。让你受委屈了，我真的很抱歉。"

儿子："哦。"

我："那我看到你刚才那样的时候，我心里很难受。我不希望再发生这样的事了。"

儿子："嗯。"

我："那我们这样吧，妈妈也好爱你，不想让你受委屈，我愿意从今天开始改正，不再凶你。你也不再那样对妹妹，我们一起努力，好不好？"

儿子："哦，好吧。"

我："谢谢你，儿子。是你及时提醒了妈妈，让妈妈不断成长为更好的妈妈。"

我们拥抱了彼此……感谢孩子们不断地督促我们长大，让我们做有责任心的父母，发挥父母的榜样作用。

换挡让我们在沟通中可以关注彼此的感受，将关注点给到情绪温度更高的那一方，"我—信息"和倾听都要有，让心意随着对话真正流动起来。

有人会问，面质换挡是不是适合所有人，是不是都会有效。确实，面质是否能生效，有赖于彼此的关系，要看一方是否愿意为了满足另一方而改变。而关系的建立与改善也恰恰要把握每一个可以有效沟通的机会。P.E.T. 资深国际督导 Steve 爷爷在中国讲授 P.E.T. 课程时，经常会分享他在飞机上用面质、换挡技巧与一位陌生小伙子沟通二手烟问题的案例。这个过程让我们深刻体会到，开放自我，"做自己认为正确的事"的意义。

P.E.T. 讲师赵薇也分享了自己与孩子托管班老师沟通的例子。我们可以看到"我—信息"和倾听的交替，坦诚与理解让这个过程变得十分顺畅。

这件事发生在 2021 年 4 月，因为孩子学校放学时间和我的空余时间不匹配，我没办法按时接他回家，所以 4 月初我送他去了一个校外的课后托管班。孩子会在托管班完成学校布置的作业，吃完晚饭后再回家。

一天早上，孩子起床后和我说他不想再上托管班了。在和孩子聊了之后，我了解到他不想去的原因是觉得托管班的作业太多。我也留意到，托管班的老师不仅会要求学生完成学校的作业，还会额外布置一些附加作业。孩子没有玩的时间，觉得压力很大。和孩子商量了一下，孩子希望我和老师聊一聊这个问题。

那天晚上我在托管班接了孩子之后，找到了孩子的带班老师。我对老师说："老师，今天早上孩子和我说他不想再来上托管班了，我也和孩子沟通了一下，发现他觉得上托管班的压力有点儿大。因为我之前没给他报托管班的时候，只是要求他完成学校的作业，并没有给他安排其他的练习，所以他这个月来上托管班，就觉得附加作业有点儿多了。"

老师立刻回应我说："因为孩子学校放学时间比较早，所以在托管班的时间就很长。他们学校布置的作业不算多，所以孩子写完了学校布置的作业之后有很多的空余时间。为了让孩子有事做，就给他多布置了一些附加作业。"

第五章 有效面质，表达自己的需求

我说："嗯，是的，做完作业还有很多空余时间，老师也会担心孩子的空闲时间太长了，会比较无聊。但孩子现在刚上一年级，还是会觉得没办法适应这么多作业量，会有压力。"

我继续说："其实我也能感觉到老师的认真负责，最近明显感觉到孩子的作业质量提高了。我昨天看他的卷子都感到很意外，字迹比以前工整了很多，我还是蛮惊喜的。"

老师（很开心）："对对，我知道他说不想上托管班其实还有个原因，就是这两天我凶了他。因为有时候我去接别人的时候，他在教室里经常会和其他同学起冲突，还会动手。我怕他们打架了我又没办法管到他们。"

我说："是的，孩子的确有点儿冲动，有时候别人招惹到一点儿他就容易动手。这样老师也会很担心学生的安全问题。"

老师："对对对，今天他也和我说了他不想做附加作业。要不这样，明天开始我就不让他做附加作业了。"

我说："好的，您刚刚说在托管班孩子不做附加作业显得太空闲了。这几天我因为上课，来接孩子的时间也有点儿晚，这样确实会显得空闲时间很长。我今天课程已经结束了，明天我尽量早点儿来接他，这样可能会好一点儿。"

老师："好的好的。"

愉快地结束了这次谈话。

后续反馈：第二天去托管班接孩子后，我询问他感觉怎么样，孩子说："非常好！"看起来心情不错。接着我们又聊了一会儿，他表示愿意继续上托管班。

上面的故事是我们主动找老师沟通，我们有一定思考和选择的空间。但有时候，我们是被动进入一段沟通的，比如，被老师"叫家长"。这样的经历对父母来说是个很大的挑战。P.E.T.讲师颜言分享了自己与儿子班主任老师沟通的故事。

有很多学员跟我反馈，感觉"面质"这个技巧很难，在家里实践的时候，用着用着就翻车了。细聊之下，发现大家各有各的难点。有的学员找不到具体而明确的影响，有的学员找到的是对对方的影响而非自己的，有的学员说她的感受就只有生气。还有一个学员曾经跟我说，一想到"面质"这个词，她就紧张，特别害怕没有发挥好，反而把关系搞得更糟糕。

有一天，我正在家里为我的P.E.T.工作坊学员做线上回课。大家正说得高兴，我突然看到儿子班主任老师的来电，当时心里就"戈登"了一下。这个时间，应该是上午最后一节课的时间呀，这是发生了什么事？我还没接电话就紧张上了。

电话里，老师语气急促、声调高昂地问："你是×××的妈妈吗？"

我忐忑地答："是的，请问他在学校发生了什么事吗？"

"你家×××昨天的英文作业没有写，你知道吗？英文老师特别生气！老师工作都很辛苦，一个人带好几个班的课，竟然还有学生不完成作业。人家英文老师说了，作业没写就别上课了，把你们家孩子给我送出来了。书包整理好了，你过来接一下孩子吧，赶紧回家补作业。中午补完了作业，下午再回来上课！"老师的态度坚定，让我去学校接孩子，回家补作业，下午才能回去上课。

听完老师这段话，我也蒙了。我不检查孩子的作业，因为我们之间有约定，他的作业是他自己的事情，所以他的作业有没有完成我真的不知道。我正在犹豫该怎么跟老师确认一下作业的事情，老师又接着说了："×××，你说，你自己跟你妈妈说，昨天的英文作业写了吗？"

"我昨天没有写。"我听到我儿子的声音了。

"为什么没有写？以后还写不写了？"电话里的声音继续……

第五章　有效面质，表达自己的需求

"我昨天英文作业没有记下来，所以就没有写，以后不会不写了。"让我略感欣慰的是，孩子没有跟老师顶嘴，认错态度还不错，至少不会进一步激怒老师。

"×××妈妈，你听到了吗？这已经是他第二次因为没有记英文作业而没写作业了！要不然英文老师也不能这么生气！你过来接孩子吧！赶紧领回去补作业，写完了下午再回来上课。"看来，班主任是真的想让我把孩子接回家写作业。

那时，我的心里很不安，我很担心我的孩子。他在课堂上被老师命令收拾好书包，送到班主任那里，要求家长在上学期间带他离开学校回家补作业。他也一定很不安、慌张和害怕。

他一定很需要我，我不能不管他。

但是我也很害怕老师，我不敢顶她。孩子在学校的时间远比在家的时间长，学校应该是让他感到安全的地方，同时，他也需要尊重老师并感受到良好的师生关系。

我决定，要"好好地跟老师说话"。（面质她）

"老师，我听到了。他昨天的英文作业没写，英文老师很生气，想让他现在离开学校回家补作业。"我简单重述了一下。

"对，你现在就来接他吧，不写完不能回来上课。"

"嗯，他没写作业，老师很生气我特别能理解。我作为家长，也是失职，没管好孩子。老师留作业也是为孩子好，希望他能把知识学扎实，有好的成绩。这是对孩子的学习负责任，我特别感谢。"是积极倾听、是肯定，也是我的心里话。

"可不是吗，英文老师特别生气，说今天这课不能让他上了，让他必须回家补作业，给我送来了。"电话里，我听到老师的语速和语调降下来一些了。

"我理解英文老师很生气，他也是为了孩子的学习负责。从这一点上来说，老师和我们家长都是同一个目标，都是希望孩子学习好，现在有好成绩，以后有好成就。"继续倾听老师，并且我想表达给老师的是，我们是有同样的需求和目标，我们并不是对立的。

"×××妈妈，你说得对，我们也是为了孩子学习好，所以孩子不完成作业，老师太生气了。"我感觉老师的情绪平和下来许多。

"理解老师，为了孩子的学习也是操碎了心。写作业确实对学习成绩很有帮助，巩固知识，查漏补缺。我也觉得写作业是非常重要的，作业必须要写，这点我也会跟孩子再明确。同时，我觉得，孩子在学校上完课再回家，对学习也很重要。"

倾听之后的第一次面质，我迎来的是：沉默。

过了好一会儿，老师说："人家英文老师都给我送出来了，我怎么好意思再给送回去！英文老师说了，必须让他回家补作业，下午才能回来上课。"老师的话里充满了为难。

"嗯！确实，英文老师肯定是气着了，都送出来了您再给送回去，这确实是太让您为难了。我想想我也觉得难！但是我仍然觉得，孩子在学校上完课再回家，对学习也很重要。"

倾听之后的第二次面质，我迎来的是：更长的沉默……

过了很久，老师说："那行吧，作为孩子的班主任，你不能来接他，一定要他回去上课，我就厚着脸皮，再去求求英文老师，看能不能给他送回去，让他站在教室后面听完这节课。"

老师同意送孩子回去上课了，但是听到要站着听课，我不是很情愿。可我仍然很感激班主任老师愿意尝试，我要及时把我的感谢告诉老师："听到您说要厚着脸皮去求英文老师让孩子回去上课，我很感激。在您这么为难的情况下，您仍然还愿意去为我的孩子想办法。真是给您添麻烦了，太感

第五章 有效面质，表达自己的需求

谢了。"

"唉，这叫什么事呀。我去跟英文老师好好说吧，看能不能让他站在教室后面听课，好歹把课上完。"

"辛苦您了，老师。是这样的，孩子的作业他一定会完成，甚至多补几遍，一定会长记性，以后再也不会忘记作业。不过，如果其他的同学都坐着听课，我希望，我的孩子，也可以坐着听课。"

倾听之后的第三次面质，我迎来的还是：沉默。

好在这次沉默不算长，很快，老师就干脆地说："行，我会跟英文老师说，我把他送回去，坐到他的位置上课。中午可得一定让他把作业补完。"老师的语气还算平和。

"那太感谢您了，这么为难的事，给您添麻烦了。这样吧，我中午去学校一趟，耽误您一小会儿时间，我想跟您了解更多孩子在学校的情况，可以吗？"

"行，那您来吧，到学校给我打电话。"

"好的，老师，咱们一会儿见。"

中午我去了学校，和孩子一起跟老师聊了很久。通过这次和老师的沟通，我更加了解了孩子在学校的学习状态，也更加理解了老师的各种不易。同时，通过我的表达，老师也更加了解了孩子的情况，性格、兴趣、家庭情况等等。因为彼此更加了解，所以老师对孩子的接纳度也有了很大的调整。比如，之前老师一直嫌弃他放学收拾书包慢，全班同学都排好队了还要等他。后来老师说，不要求他一定要最先收拾好书包，站到队伍前面，他只要能跟上队伍一起走，老师就满意了。孩子高高兴兴地说："好的老师，这个我能做到！"

这是我目前最喜欢的关于"面质性我——信息"和"换挡"的案例。通过这件事，我彻底放下了对使用"面质"翻车而使关系更加糟糕的担忧。面质

· 115 ·

不是孤立的沟通技巧，要时刻界定问题归属，并及时换挡到"积极倾听""肯定性我—信息""表白性我—信息"等技巧，才能让沟通保持顺畅并让关系更进一步。

当我们处在问题区时，可以使用"我—信息"来表达我们的感受和需求，同时关注对方的反应，及时换挡倾听。这样的听—说结合可以帮助我们实现有效沟通的目标：让事情向好发展变化，彼此感到尊重，关系更亲密，也收获了成长。

第六章
调整环境

通常，学习 P.E.T. 的学员对面质技巧印象深刻，因为这种说话方式跟我们原先的表达模式大为不同。所以，一旦孩子的行为给我们造成了障碍，我们"戈登"一下时往往会想到要组织一条完整的"面质性我—信息"。但事实上，面质技巧并非此时唯一的选择。回顾一下影响我们接纳线上下浮动的因素一共有三个方面：自我、环境和他人。所以遇到让我们不高兴的事情，除了面质来改变他人以外，还可以尝试调整自我或者调整环境。而且相对而言，调整环境是最省力的办法。

比如，三岁的孩子总是喜欢绕着茶几快跑玩耍，茶几上放着一只我们心爱的玻璃花瓶。我们很担心，孩子在跑闹中会撞到茶几，弄翻甚至打碎花瓶。这时候，与其发送面质，让孩子意识到可能的风险，感受到我们的担心，不再绕着茶几跑，不如调整环境，直接将花瓶转移到安全的地方。这么一来，隐患消除，孩子不用调整，我们也不必再提心吊胆。

在工作坊中，我们会邀请学员们思考，那些让我们头疼的事情中，有没有可以直接通过环境调整来解决的，而不用让孩子或者家人为此做出改变。许多学员都表示有，只是从前没有想过。有时候我们只是执着于让"人"改变，而不是跳出对立，让"物"为人服务。

环境调整在我们生活中很常见，不仅是遇到问题时可以考虑的解决方向，也是在问题发生之前可以做到的预防，所谓的"防患于未然"。想一想：如果家里要迎接一位新生儿，我们会做哪些准备？添置婴儿用品，消除安全隐患，调整适用的设备，做好防护，等等。这些都是通过调整环境来满足我们和家人需求的做法。

第六章　调整环境

P.E.T. 讲师赵薇对此颇有心得，她分享了一系列调整环境的生活实践。

满足需求，爱自己

第一次上 P.E.T. 工作坊，学到了"调整环境"后，我便决定把家里的环境进行一番"改造"。几年前，我从以前的房子搬到现在住的房子，用的都是以前房子里的家具。由于两套房子的面积、户型不同，以前的家具其实并不适合现在的房子，不少家具用起来都很别扭，但我一直这样将就着。这次调整，我把所有尺寸不合适、用着不顺手的家具都换掉了，还把客厅的玻璃茶几、液晶电视搬到了另外的房间。这样，客厅就腾出了很大的空间，我和孩子玩耍的时候更舒服了。那时候孩子喜欢玩打闹的游戏，我也不需要时刻担心他会把贵重的玻璃物品损坏。一个意外的收获是，在我改造环境的过程中，做了大量的"断舍离"工作，把家里的陈年旧物彻底清理了一番，家里一下子变得清爽起来。这是我第一次有意识地进行"环境调整"，虽然过程有一点儿辛苦，但感觉非常值得，我也很喜欢这样的改变。

此后，我还对家里的环境进行过多次调整。对我来说最重要的调整应该是我对自己房间的改造。我是一个特别能将就的人，我发现自己一直没留意到自己的需求。比如，我喜欢整洁、有序，但房间里有很多无处堆放的琐碎杂物。我喜欢看书，也买了很多书，但房间里连个书架都没有，所有的书都叠放在一个角落，看起来随时会倒塌。我也感受到自己很需要一个空间进行写作和阅读，可我的房间除了一张床、一个床头柜和一个衣柜就别无他物了。于是我在自己的房间里添置了书架、书桌，把飘窗台安置了几个收纳箱，用来收纳杂物，还顺便把窗帘换成了自己喜欢的样式——墨绿的底色配上银色星星的图案。改造后我感到非常满足，每天我都会坐在书桌前做点儿自己喜欢的事，哪怕什么都不做，也会感到平静和安定。夜晚，我打开小夜灯，望向窗帘，仿佛看到无数颗璀璨的繁星在宇宙中闪烁。我喜欢这个属于我的空间，它让我感到温暖、舒适、滋养。我们都知道人要爱自己，却一直不知道要怎样爱自己。我渐渐懂得，看到自己的需求，并且满足自己，就是爱自己的一种方式。

改善环境，预防冲突

即便没有学习过P.E.T.的父母，在生活中也会使用环境调整的方法。孩子四岁左右时，我准备跟他分房睡。想到在刚分房时孩子可能会害怕，于是我给孩子换上了温馨的床单、被套，在床上摆放上他喜欢的毛绒玩具，在床头柜上安置了一个会旋转和投影的小夜灯。晚上关了灯后，小夜灯在整个房间投射出五颜六色的星星，显得温馨又美好。刚开始分房睡的那段时间，孩子的确会感到害怕，夜里时常会喊"妈妈"。每次我都会及时应答，过去抚慰他。不久孩子就适应了。虽然环境调整不能解决所有的问题，依然需要父母做出努力，但环境的调整会帮助父母减少一部分困难。

解决冲突，增进关系

在P.E.T.中，"调整环境"是在"无问题区"使用的一种方法，可以预防问题的发生。但如果发生了冲突，它也是解决冲突的一种"策略"。有一天，邻居家的两个男孩来我家里玩。我养了一只小猫，孩子们看到猫后很兴奋，开始了一场"捉猫大战"。他们戴上面具追着猫满屋子跑，小猫被吓得东躲西藏。我很心疼我的猫，也有点儿受不了这样的混乱场面，几次向孩子们发送"面质性我—信息"却没有效果，于是我把猫放在了我的房间（它很喜欢趴在我房间的窗台上）。猫趴在窗台上就不出去了。孩子们看不到猫，就在客厅玩起玩具来。

另一个通过调整环境解决冲突的案例是这样的：我第一次进行家里的环境调整时，把客厅的电视搬到了另一个房间。那个房间算作家里的书房，老

第六章　调整环境

公下班后喜欢在那里休息。过了一年，老公和孩子就因为电视的问题发生了冲突。孩子喜欢在这个房间看动画片，爸爸无法接纳孩子把电视声音开得太大，为此他们发生过多次冲突。后来老公想把电视搬回客厅，这样他们就可以互不影响了。那时候孩子长大了一岁，对激烈打闹游戏的需求似乎也没那么多了；我也不必担心电视在客厅会被孩子损坏。于是我们就把电视搬回了客厅，爷俩的冲突也解决了。这个案例让我发现，每个人的需求都是在不断变化的，所以随着时间的变化，环境也需要不断进行调整。

大多数时候，我们所说的环境是生活的物理空间以及其间的物品。但如果从更广泛的意义上说，家庭环境除了物理空间，还有心理空间。我们的家庭氛围、关系状态、养育模式，对于孩子而言，也是他们的环境。P.E.T. 讲师赵薇分享了她的想法。

最开始我学"调整环境"时，觉得"环境"就是家里的设施，或者类似学校、操场、室内、室外这样的大环境。其实，这是环境中"硬件"的部分，实际上环境也包含"软件"，比如，父母自身。"父母是孩子的环境"，这个观点我第一次在一位讲师朋友那里听到时，感到醍醐灌顶。我们一直都在关注给孩子怎样的物质条件、生活条件，但最重要的难道不是父母本身的状态吗？都说孩子是父母的一面镜子，孩子的很多"问题"根源还是在父母身上。

很多父母在教育孩子时会有这样的矛盾现象：孩子因为打了其他小朋友，被父母揍了一顿，因为父母想教育孩子要友善地对待他人、暴力解决不了问题；孩子遇到不开心的事发脾气，父母用更大的气势压制住孩子，因为父母想让孩子明白控制情绪的重要性，发脾气解决不了当下的问题；父母想让孩子有更强的抗挫折能力，于是故意给孩子制造挫折……这也是"明明知道很多道理，可就是做不到"的原因。孩子更愿意相信他所看到的，而不是他所听到的。父母一直用暴力对待孩子，孩子怎么能学会用非暴力的方法对待他人呢？父母没有处理情绪的能力，孩子又怎能学会呢？父母担心孩子的抗挫折能力，到底是父母缺乏抗挫折能力还是孩子缺乏抗挫折能力呢？

想要孩子成为怎样的人，父母先要成为怎样的人，就像《P.E.T.父母效能训练》中所说的那样，父母会不可避免地影响到他们的孩子，孩子们注定会耳濡目染习得父母的言传身教。如果问孩子一生中最重要的环境是什么，那一定是父母本身，父母才是孩子的起跑线。

P.E.T.课程是以人本主义心理学为背景的。人本主义有个核心的信念，相信只要在安全的环境中，每一个人都有向光生长的意愿和能力。而在家庭里，父母能为孩子做的最好的努力就是提供一个安全的环境，让孩子感受到爱与支持，有勇气而且有机会向光生长。P.E.T.讲师萌萌讲述了陪伴女儿经历两位老师同时调离的故事。妈妈的接纳是女儿稳稳的助力。

在女儿小学四升五的假期，确切地说是五年级开学的前一天，听到一位同学的妈妈说，女儿所在班级的数学和英语老师同时被调走了，有两位新来的老师会接任。这对于我跟女儿来说太突然了，都难以接受！按照惯例，六年级时才会调整老师，四年下来女儿跟两位老师已经磨合好了，习惯了与他们的相处，尤其英语老师，除了老师的身份，孩子对她还有一种类似于妈妈的依赖。

有家长带头组建了临时群，相约第二天去学校反映家长们的诉求。由一位家长代笔写了请愿书，情真意切、条理清晰地表达了孩子们的心愿和诉求。难得的是学校也非常重视，接待了请愿的家长，但同时学校也表达了校方面临的实际问题，诸如双减政策下的教师岗位调整，各班师资均衡的综合考虑，等等。所以，结果大家应该已经想到了，两位老师调离的事实无法改变。学校充分考虑了孩子们和家长的担心和诉求，约定了两任老师交接过渡

第六章 调整环境

阶段的种种方案，以确保孩子们心理和学习的平稳过渡。

在这个节点，英语老师了解到家长们已经知情，就给很多家长一一打语音电话沟通，其中也包括我。她跟我说了很多，在学校做这个决定之前，她也做了很多努力，学校确实也有实际的情况需要考虑，并向我介绍了将要任教的英语老师的资历和优点。整个通话过程，我跟女儿都在一起，一起听着，一起流着眼泪，我们太不舍了！

可我也知道，事实是无法改变的。我如何在这个过程中托起孩子才是最重要的。

我："××老师和××老师同时不能教你们了，很难过吧，妈妈也很难过。"

她："为什么呢，为什么我们班就要同时换走两位老师呢？"

我："是啊，一下子同时换走两位老师，确实让人挺难接受的。妈妈也挺难受的。"

深知孩子能否学习好一门课，跟她与老师之间的关系有着莫大的关联，所以我此刻也忧心忡忡。但我也知道，现实就是这样，我们没有办法让孩子经历的所有事情都符合她的心意。这也是个机会，让孩子学习如何适应这样的变化，经历体验这样的情绪起伏……这个事件突然发生，也不会突然好转，我需要陪在她身边，多多关心她每天的感受，在情感上给她支持。

请愿的当天下午，新任老师加入了班级群，跟大家表达了心意，请家长们放心。我加了新任老师的微信，给她发了条信息："面对突然的变化，孩子和家长难免会不好受，同样您也在经历这样的变化，迎接新的班集体。看到您在群里说的话，爱心和责任心，很有感触！"老师回复我："我也刚刚离开带了五年的学生。但是看到孩子就看到了希望，相信会越来越好。"我隐约感觉到这也是一位重视师生情谊的老师。

接下来刚开学的那段时间，每一天女儿都会和我聊聊学校里发生的事，当然也有对新任老师的感受。孩子们习惯了一位老师的表达方式，自然在新的方式面前会不适应，难免会有情绪或者小的评判。这个时候我也只是听她说着，肯定她的感受，没有说类似"这样说不对啊，你怎么不站在老师的角度想呢，好好想想你能做些什么吧"这样的话。就这样一天一天稳稳接着孩子的情绪。

其间我们也会把语文、数学、英语按照女儿的喜欢程度来排名。语文是班主任老师任课且是这次唯一没有调换老师的学科，在开学初期，多次蝉联第一名。用孩子的话说："妈妈，你能想到吗？语文现在是我们最爱上的课！"大家应该都有了解，班主任老师除了抓学习，还要抓纪律、完成学校指标，工作内容是区别于其他学科的复杂管理。学生们多数是不喜欢上班主任老师的课的，但班主任可能也是让孩子们最有安全感的老师。不知道是不是语文老师也有意照顾孩子们的情绪，总是会听到女儿回来说："妈妈，××老师（语文老师）最近变得特别和蔼，对我们特别好！"现在语文排第一，可想而知孩子是有多不喜欢上其他两门课。

后来一段时间，排名开始有了一些变化。比如，今天英语排在了第一名，后天数学排在了第一名。但还不是很稳定，忽高忽低，孩子总是会因为当天发生了什么而调整这个排名。但从中我接收到了好的信号，女儿开始慢慢接纳新老师了。

直到有一天，她放学回来跟我说："妈妈，今天××老师（英语老师）让我们帮她选毛衣来着。"

我："选毛衣，怎么选？"

她："就是××老师加到购物车里的几件毛衣，问我们几个哪个好看，我们说蓝色的那件好看。"

我："那××老师最后选了哪件？"

她："就蓝色的那件啊！"

第六章　调整环境

我听出了她说的过程中小小的自豪感：看，老师选了我们推荐的那件毛衣。从开学到今天，我的心安了。这是一件与课堂、学习都无关的事，可我就是知道，不需要再担心了。女儿已经喜欢上英语老师了。

后来就会听到女儿描述更多的画面。

比如她跟我说："妈妈，××老师（英语老师）之前教的学生经常会在课后辅导的时候来找××老师。我们听到他们来到门口，××老师看向门口的一瞬间，我们就会起哄，呀……"

我："那××老师什么反应？"

她："××老师就回头看我们，也不生气，就说'你们别起哄'。"

从她学话的语气里，我听出了一点点宠溺。能够感受到，现在××老师和孩子们的互动方式早已跨越了最初的不适应阶段，变得轻松、融洽。我心里也很欢喜。

还有数学老师，有一天女儿回来跟我说："妈妈，今天我鼓起勇气去问了数学老师我的考试成绩（最近一段时间，学校考试后不统一公布成绩，如果学生想知道成绩可以去问老师，也可以不问），她就拉着我的手去办公室（还拉起我的手给我演示了一遍数学老师是如何拉着她的手的），找出卷子给我看。"

我："一路拉着你的手去办公室呀！"

她："啊，是啊！"

我："你们老师可真好！"

隔了几天，我加了数学老师的微信（我以为是早就加过的），跟数学老师这样说："那天孩子回来说，她问您成绩，您拉着她的手去了办公室，我听着都觉得好温暖，感恩遇到您！"真心觉得遇到这样的老师很难得，在这样的细节里，就能够感受到她爱孩子，孩子自然也喜欢上她的课，成绩根本不需要担心。这也是我在学了 P.E.T. 之后的变化，当感受到他人的温暖善意时，要通过肯定性和表白性"我—信息"表达出来，让对方知道。

至此，女儿经历两位老师同时调离的这件事，我们走过来了。这个过程里孩子会有属于她的收获。也感恩遇到的这些美好的老师，谢谢你们的爱！

学习 P.E.T. 调整环境，打造温暖、舒适的家庭空间和关系氛围，让家真正成为家人的避风港和充电站。而每一个家庭都是社会的一分子，从小家到大家，美好的人际关系将让我们每个人都成为彼此向光生长的安全环境。

第七章
双赢法解决冲突

· 输赢法是无效的 ·

· 第三法，通过六个步骤实现双赢 ·

· 第三法故事 ·

在行为窗口接纳线下，最下边的一个区域是双方拥有问题区，即冲突时刻。P.E.T. 将冲突时刻进一步划分，如果此时孩子或他人的行为给我们造成了明确而具体的影响，我们将其划归为需求冲突；如果该行为对我们没有具体实际的影响，我们只是对这样的做法以及背后的态度不满，我们就将其划归为价值观冲突。需求冲突，P.E.T. 推荐的技巧是双赢法，又叫第三法；而价值观冲突，则须采用相对应的价值观冲突解决技巧。

如下图所示。

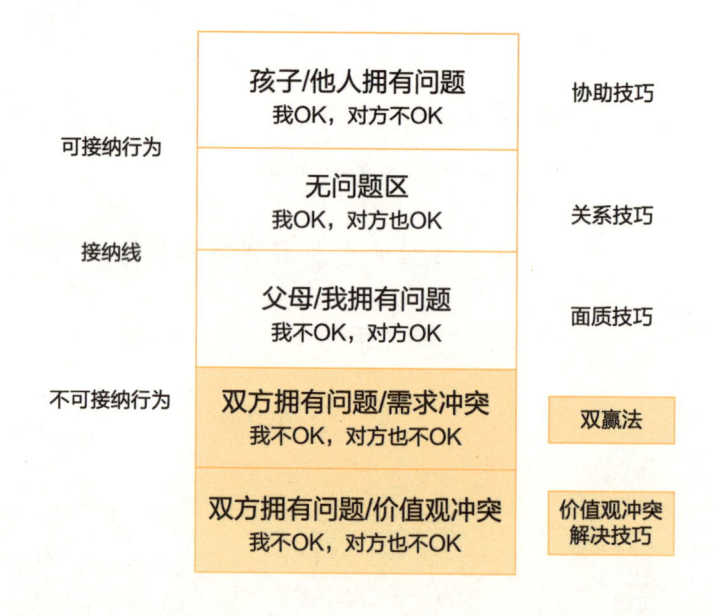

可接纳行为	孩子/他人拥有问题 我OK，对方不OK	协助技巧
	无问题区 我OK，对方也OK	关系技巧
接纳线	父母/我拥有问题 我不OK，对方OK	面质技巧
不可接纳行为	双方拥有问题/需求冲突 我不OK，对方也不OK	双赢法
	双方拥有问题/价值观冲突 我不OK，对方也不OK	价值观冲突 解决技巧

本章我们先来看需求冲突。

❶ 输赢法是无效的

说到冲突，绝大多数人都不喜欢，甚至害怕。我们希望生活中可以避免冲突，因为过往的冲突经历带给我们的都是令人难过的体验。各种对抗、焦虑，想赢也怕输。但是在戈登博士看来，冲突恰恰是人际关系的关键时刻。如果能通过有效沟通，找到双方都满意的解决方案，那么冲突反而是可以增进彼此了解、满足彼此需求的珍贵机会。

P.E.T.中总结了以往我们处理冲突的常见模式。一种是我赢你输，在亲子之间就是父母赢，孩子输，遇到矛盾只能听父母的，按父母的意思来处理。我们称其为第一法，又叫权威法。另一种是我输你赢，在亲子之间就是孩子赢，父母输，遇到矛盾必须按孩子的意思来，大人束手无策。这被称为第二法，又叫纵容法。还有一种介于上述两者之间，你我之间有输有赢，我们通过各种讨价还价达成解决方案。这个结果并非各自最满意的，但可以勉强接受，称为妥协法。

这些处理模式都是以输赢为前提的。输了的当然心中不快，有委屈或者怨恨，而赢了的一方也会感受到对方的抗拒和抵触，无法真的称心如意，亲子间的关系因此更加恶化。从根本上说，亲子或者家人间的输赢之争，到头来都是两败俱伤。

戈登博士在《P.E.T.父母效能训练》一书中用了较大篇幅来分享输赢法的危害，权力型权威的影响，以及我们为什么要摒弃奖惩。在工作坊中，我们也有相应的体验练习。许多学员从自身经历的回顾中对此有了很深的体会和感悟。他们说其实自己一直在使用父母曾经对待他们的方式来对待自己的孩子，无意识地"变成自己讨厌的样子"。其实，我们都希望能够切断在家庭中使用权威控制孩子以及用输赢法解决冲突的模式循环。我们只是需要知道、学习更有效的方法。

❷ 第三法，通过六个步骤实现双赢

P.E.T. 推荐使用双赢法，通过六个步骤满足双方的需求，使双方没有输家。这是输赢法以外的第三法。

第三法的六个步骤：

1. 界定需求

2. 头脑风暴列出解决方案

3. 评估解决方案

4. 选择解决方案

5. 执行解决方案

6. 评估结果

这其中最关键的部分是界定需求，区分需求和解决方案的不同。在工作坊中，我们通过练习让大家了解到，其实大多数时候彼此冲突的都是解决方案。如果能深入一步去梳理这些方案能给我们带来什么好处，满足我们什么需求，我们就有机会更理解对方的心意，愿意在满足自己的同时也满足对方。

当我们真心愿意彼此尊重和满足时，我们就可以看见更多选择，愿意敞开心扉迎接更多的可能性，哪怕那些可能的选择是我们之前没有尝试过、不习惯、不了解的。

我们会更容易调整自己面对冲突的心态，明白遇到问题时，不要站在孩子的对立面，跟问题一起打败他们，而是要跟孩子肩并肩一起迎接问题的挑战。

第三法的应用在 P.E.T. 家庭中十分常见。它可以是一件非常小的事情，比如，在公园里玩树枝；也可以是一件比较复杂的事情，比如，使用手机。可以非常简单，可能口头约定就完成了；也可以非常正式，如有完整的过程记录。不论具体情境如何，第三法的实践都让大家感觉到，冲突不再是必然的伤害，而是可以增进家人关系的机会。

下面分享一系列 P.E.T. 家庭第三法的故事。

③ 第三法故事

P.E.T. 讲师赵薇：我想让你回家

这个案例发生在 2021 年 6 月，果果七岁。当时我作为联合讲师要去参加安心老师的 P.E.T. 工作坊，上课的地点离我家很远，为了节省时间和精力，我打算在那里住宿。我向孩子发送过"预防性我—信息"，说我月底要出去上课，可能会在外面住几天。当时孩子还挺有情绪的，不想让我住在外面。但当时我还没有决定，所以只是简单倾听了一下孩子，说我再考虑考虑。下面是有一天晚上我们对这件事的沟通过程。

我："我考虑了一下，月底去上课我还是想住宿。因为我看了一下地图，上课的地点离我们家有 40 公里。如果住在家里的话，我早上六点就要起床，不到七点就要出门。我很担心自己在路上消耗太多精力，然后没办法很好地上课。"

果果："妈妈，那您晚上住宿要注意安全啊。"

我："好，我会注意安全。"

果果："我不要您住宿，我想让您回家。"

我："你不想让妈妈晚上不回来，你会想妈妈。"

果果："嗯，我晚上会哭的。"

我："妈妈晚上不回家，你会很想我，所以会哭。"

果果："嗯。"

我意识到了我的这个决定并非是仅仅通过发送"预防性我—信息"就可以解决的，我和孩子有了一个需求冲突。

我："妈妈需要轻松一些，你也想见到妈妈，那我们有什么办法呢？"

孩子没说话。

我："我有个办法，晚上如果你想妈妈了，你可以用你的平板电脑给我发视频。我们用微信视频，这样你就能见到妈妈了。"

果果："我又不会用微信，我没有微信！"

我："我可以教你的，刚好你平板电脑里也有微信。"

然后我拿来他的平板电脑，登录了我的一个微信小号，告诉他怎么给我发视频和语音。他很快就学会了，还高兴地看了一会儿微信里的表情。

后来果果还问了我很多问题："您住宿的话，会有宿管来查寝吗？会让你们关灯吗……"似乎对我即将去住宿的环境充满了好奇。

月底我去参加联合教学，到了晚上果果就给我打来了视频。他在视频里"参观"了我的宿舍，最后高兴地和我告别："妈妈，我要去睡觉了，晚安。"

我在生活中运用第三法的时候并不多，这是比较成功的一个第三法案例，也是一个我很喜欢的案例。我在记录这个案例的时候才发现，它不仅仅是一个第三法的案例，还包含了"预防性我—信息"和倾听。在最开始学习 P.E.T. 的时候，我以为"预防性我—信息"仅仅就是为了告知他人我将要做什么，我的需求是什么，他人也必须无条件配合我，因为我都"预防"了呀。所以当我在预防了以后对方还是没能配合我时，我会失望和愤怒。通过复盘这个案例，我忽然就明白了，"预防性我—信息"没有一个必需的结果，它是开放的。我也想起我的一位讲师朋友说过："预防一定要准备好倾听。"

在这个案例中，我很自然地没有带任何目的地去倾听了孩子。这种感觉是很少有的，现在回想起来都觉得温暖。这也是我喜欢这个案例最主要的原因。我喜欢这种感觉，也希望在成长的过程中越来越多地拥有这种状态。

在学习 P.E.T. 的过程中，大家普遍认为第三法是最难的，因为它可能需要用到前面学到的所有技巧。而我也发现，难的并不是第三法本身，而是我们是否真的准备好使用第三法了。这个案例也是我记录下来的一个连贯运用技巧的案例。从中我看到了自己的进步，这也是对我自己的鼓励。

这件事让我也获得了一次成长。事实上，关于住宿还是不住宿的问题我真的纠结了很久。我需要轻松和方便，需要分配更多的精力去完成这次联合教学，这次教学对我很重要。但我对孩子和孩子爸爸有很多的不信任，我担心爸爸照顾不好孩子，担心他们相处不好。很多时候我都会被这些担心和不信任牵绊，放弃自己的需求，但事后我是非常不开心的。这次我突破了恐惧的障碍，放手去信任老公和孩子。我发现他们相处得很好。最重要的是，我们都没有不开心。

P.E.T. 讲师欣格：练钢琴的女儿

有人会问："为什么听了很多道理，却依然过不好这一生？"我想，人与人之间的关系是一个复杂体系，从不知到知道，从知道到做到，虽不是那么容易的事情，但也绝非没有方法和工具。P.E.T. 中的"第三法"经过六十年的实践检验，已经被证明，在解决双方产生的需求冲突时，是实现人际沟通中"双赢"局面的一套行之有效的方法。当然，在我的家庭中也不例外。

2021年，我的女儿九岁。记得她刚出生时，对于这个小生命的到来，我是既期待又手足无措的。我不知道什么对她来说是好的，也不知道我能给她什么。因此，在她刚出生的那一年里，只有我自己知道，我整个人都处在焦虑和彷徨中。也就是从那时开始，我走上了学习心理学的道路，这一走就是九年……

2020年，我接触到P.E.T.课程，这里面最让我惊喜的就是"第三法"。它就像黑夜里的灯塔，无论我正经历着怎样的风雨，它都能为我指明方向，让我不会迷茫，不会无助，更不会迷失。

作为有着九年心理学求学经历的我来说，刚接触"第三法"的时候，我是抱持着一种将信将疑的心态的。它真的能实现"双赢"，做到"没有输家"吗？怎么可能没有控制、没有妥协、没有委曲求全，还能让两个人都满意？于是，我决定拿我当下最头疼的一件事来"挑战"一下"第三法"。

女儿从五岁开始学钢琴，家里有孩子学乐器的家长们大多都经历过我这样的痛苦，在孩子练琴这个事情上"鸡飞狗跳"的戏码时常上演。我不明白，钢琴是她自己选的，也是她自己想学的，为啥突然这么抗拒，不愿意上课，更不愿意练琴。终于有一天，我找了一个我们都相对平和的时候，想试一试"第三法"。

关于女儿为什么突然不愿意学钢琴这个问题，我已经不知道问过多少遍了，和颜悦色也有，威逼利诱也有。可女儿的回答就一句"不为什么，就是不想学了！"于是……那个画面大家也可想而知，其结果也就总是不欢而散了。

可这一次，我按照P.E.T.的技术，用倾听的方式先同理孩子，陪着她找到双方的需求冲突在哪里。我说："嗯，妈妈小的时候也学过钢琴，感觉学钢琴真的很痛苦。"女儿听了我的话，顿时愣在那里，瞪大了眼睛看着我，好像我是外星生物一样。我也没有期待她能接我的话，只是表达了我对她的理解。结果，女儿却一反常态，很平静地跟我聊起来。她说，其实她并不是不喜欢钢琴，只是不喜欢考级。因为考级太枯燥了，就练那几首曲子，让她对钢琴失去了兴趣。如果不考级，她还是很愿意学琴、练琴的。了解了女儿的真实需求之后，我突然感觉自己很惭愧，悔恨自己为什么从来没试着去了解一下孩子不想学琴背后的真实原因。

目前来看，孩子的需求是不想考级，我的需求是，孩子能坚持学钢琴。了解了彼此的需求之后，我决定和女儿一起通过"第三法"来解决这个让我们都头疼的问题。

刚开始，女儿还不习惯用"第三法"，提出的解决方案也是五花八门。比如，"不学钢琴了""不考级，但可以继续学""现在想不出来，睡一会儿再想""看会儿动画片再练琴""让妈妈当考级老师""可以考级，但可以随便弹""十八岁以后再考级""让别的小朋友替我去考级""妈妈教"……

看到女儿提出的这些"解决方案"，我并没有评判，也没有制止，全然接受。我也列出了我的几个解决方案，比如，"考级，而且要好好练曲子""不考级，但要坚持学钢琴""考级，但可以请老师多教一些女儿喜欢的曲子""不考级，但考级的曲子还要继续练，等练好再考级""考级，但时间可以放缓一些，准备好再考"……像这样，各类所谓的"解决方案"我们列了满满一张纸。一边列，我们一边笑；一边笑，我们一边想。我们从未体会过，解决问题的过程原来也可以这么快乐！

最后，我们选择了一个双方都很满意的解决方案。这个方案经过了一年多的检验，效果很好，一直沿用到现在，或许还会更久……

从那天以后，女儿一遇到什么问题，就会主动说"妈妈，事情总有解决方案，咱们一起想个'第三法'吧"。如今，"第三法"这个词已经从我家到了爷爷奶奶家，到了女儿的学校里，也进了她的生命里。我相信，有了"第三法"的护佑，我们再也不会害怕和逃避冲突。因为我们知道，只要有一颗真诚、接纳的心，任何问题都有一个"第三法"。有了"第三法"，我们的生命就有了弹性，我们的关系将会更加紧密，我们的爱就有了归属！

P.E.T. 讲师杨慧：双胞胎儿子的三次分床

自打佐佐、佑佑出生，我们一家四口一直横着睡在一张2米×2.2米的大床上。起初几年还能挤得下，可随着孩子长大，越来越拥挤。于是我想还是分床吧。

第一次分床，佐佐、佑佑4岁8个月

我买了两张小木床，安放在大床的床尾和一侧。两个孩子一人睡一张小床。开始的新鲜劲儿过了之后，他们开始向我表达害怕，并且持续了一段时间。最初，要么我会命令孩子在各自的小床上睡（第一法），要么我会拿件衣服，我抓一头孩子抓一头（妥协法），要么孩子会在我跟老公睡着之后，再次爬到我们大床上睡（第二法）。纠缠了一段时间之后，我突然想到，为什么不用第三法呢？于是我向两个孩子发出邀请，希望一起解决这个冲突。

第一步：界定需求。

妈妈的需求——空间、舒适。

佐佐、佑佑的需求——睡觉不害怕。

第二步：集思广益，寻求解决办法。

佐佐想到的办法——①妈妈自己睡，佐佐、佑佑跟爸爸睡。②爸爸自己睡，佐佐、佑佑跟妈妈睡。

佑佑想到的办法——③开着夜灯。

妈妈想到的办法——④佐佐、佑佑睡一张床。

第三步：评估解决方法。

办法①②需要爸爸妈妈分开睡，并没有满足妈妈的需求。我不接受。

第四步：选择解决方法。

三人一致选择了佑佑和妈妈想到的方法③＋④，佐佐、佑佑一起睡在一张小床上，睡着之前开夜灯。

第五步：执行解决办法。

当晚佐佐、佑佑就一起睡了，并开着小夜灯。

第六步：后续评估。

一直有效，很好地解决了睡觉的冲突。偶尔他们还会各自睡自己的小床。

第二次分房分床第三法

第一次用第三法进行分床之后，一直很顺利。直到佐佐、佑佑6岁2个月的时候，我们搬家了。搬新家之后，我们打算分房睡，为上小学做准备。分房之后佐佐、佑佑一起睡在他们卧室的一张大床上。同样也是几天的新鲜劲儿过后，佑佑开始觉得害怕，佐佐没有反应出害怕。需要再次使用第三法进行解决。虽然佐佐没有未满足的需求，但他也决定帮我们一起想办法。

第一步：界定需求。

妈妈的需求——放心、轻松。

佑佑的需求——安全、睡觉不害怕。

第二步：集思广益，寻求解决办法。

佐佐想到的办法——①让房间亮一点儿，开小夜灯。②搂着佑佑睡。

佑佑想到的办法——③听故事直到睡着。④趴在佐佐身上睡。⑤妈妈陪睡，佑佑睡在妈妈和佐佐中间。⑥再也不听鬼故事。

妈妈想到的办法——觉得都被孩子想完了，想不出更好的办法。

第三步：评估解决方法。

佐佐也希望靠着妈妈睡，不接受方法⑤。我都可以接受。佑佑都接受。

第四步：选择解决方法。

①+②+③+④+⑥都选择。

第五步：执行解决办法。

给佐佐、佑佑念完书之后，我会给他们播放故事，然后我去洗漱，再回来陪他们。大多时候，我回来的时候他们已经睡着了。有时候没睡着，我会睡在他们中间陪一会儿。

第六步：后续评估。

完美地执行了几天。几天之后，佑佑又提出了他的苦恼。他说："这些方法只解决了我外面的害怕，不能解决我里面的害怕。"于是再次进行第三法。

第三次分房分床第三法

第一步：界定需求。

妈妈的需求——放心、轻松。

佑佑的需求——睡觉不害怕，里面也不害怕。

第二步：集思广益，寻求解决办法。

佐佐想到的办法——①妈妈在中间陪着佐佐、佑佑睡，直到佐佐、佑佑睡得很沉很沉以后才离开。②一整夜都开夜灯。

佑佑想到的办法——③680件武器、980个变形金刚、1080个毛绒玩具陪着。④妈妈半夜起来看看佐佐、佑佑。⑤妈妈每周四陪佐佐、佑佑睡一个晚上。

妈妈想到的办法——⑥妈妈洗一床大被子，让佐佐、佑佑一起盖（之前是各自盖各自的被子)。

第三步：评估解决方法。

我不同意办法②一整夜都开夜灯，可以睡着之后关夜灯，同时可以把走廊灯开着，房门开一条缝。

办法③可以找一找家里的变形金刚和武器，看看够不够，可以把奥特曼也算进去。办法①⑤我可以接受。

第四步：选择解决方法。

选择①+④+⑤+⑥，并且在佐佐、佑佑睡着后关夜灯，开走廊灯。

第五步：执行解决办法。

办法③没有实际去找武器和玩具，我用吸盘玩具做了一个小人，佑佑很喜欢。每周四我会陪着他们睡。我洗了一床大被子，让他们一起盖。大部分时候我半夜都不会醒，所以很少去看他们。只要他们睡熟了之后我离开，他们都能睡得很好。

第六步：后续评估。

大部分时间可以顺利执行，偶尔佑佑还是会表达害怕，我也会倾听他。

后来，佐佐、佑佑已经是四年级的小学生了。再后来，我们又搬了一次新家，他们拥有了一张上下铺的双层床。关于睡觉这件事，我们也没有再进行书面的第三法，有时候口头就可以解决了。有时候是我们三个人，有时候仅仅是他们兄弟两个人。

用第三法来解决亲子之间的冲突，有时候会有立竿见影的效果，有时候可能需要一次次的倾听和需求挖掘。最主要的是，我们和孩子之间互相信任。产生冲突并不可怕，因为我们彼此都了解。我会看重自己满足需求的权利，也同样尊重对方满足需求的权利。我们一起来想办法，没有人会输，我们会双赢。

P.E.T. 讲师艺慈：P.E.T. 中的大 Boss

"第三法"也叫"没有输家的解决办法"。用我儿子的话说就是"P.E.T. 中的大 Boss"。它很"厉害"，可以将我们之间的冲突化干戈为玉帛；实践起来也很难，想要完整进行需要用到 P.E.T. 中几乎全部的沟通技巧。

在生活中，当我们和孩子有冲突时，习惯使用"第一法"和"第二法"，一个权威，一个妥协。结果总会有一方感觉自己占了上风，赢了这场"争斗"。但我猜大多数时候赢的一方也不会觉得坦然，内心是忐忑的。而"第三法"却抛开对错、输赢，真正尊重每个人的每个需求，围绕需求去想解决方案，不需要任何一方退让，就可以找到让双方都满意的办法。原本的"兵戈相向"在"第三法"的守护下，变成了一场了解彼此的对话。

早上送孩子去幼儿园，又上演了一场难舍难分的大哭戏码。虽然对孩子的倾听从昨晚就开始了，整个早上也是倾听相伴，可真的走到幼儿园，直接面对的时候，孩子依然有很强烈的情绪。如果时间充裕，我可以陪着他一直哭，直到情绪流走。可我有我的安排，幼儿园也有入园时间。看着两三位老师都被他的哭声吸引过来，试图从我身上把他拽开，我心里既不好意思也不忍心。这是孩子开学后第三次有强烈的不想入园情绪，于是我想邀请孩子进行"第三法"。

晚上接孩子回家后，我没带他去上轮滑课，就是为了留出充足的时间做"第三法"。

发出邀请。

我："宝贝，今天早上，妈妈看你大哭着被老师抱走，而不能在你释放情绪的时候支持你，我心里挺难受的，特别不忍心。"（表白性我—信息）

儿："我一直到上楼之后，进门前才不哭的。"

我："哦，跟妈妈分开后，又伤心了一会儿。"（积极倾听同理他）

第七章 双赢法解决冲突

儿:"嗯,后来就没事了。"

我:"嗯,开学之后妈妈有三次送你去幼儿园,每次都是哭着被老师带进去的。"

儿:"不对,有一次是在家里哭的,还有一次是在家门口哭的,这次是在幼儿园门口哭的。"(纠正我)

我:"哦,妈妈刚才描述得不正确,抱歉啊!那我接着说,你不想去幼儿园是觉得幼儿园没有家里有意思吗?"(核对孩子的感受,寻找真实需求)

儿:"幼儿园老师总是管着什么时候干吗。比如,玩具没玩完,老师就说收了,我不能自己控制时间。"

我:"哦,你很想自己掌控时间,这样更自由。"(找到需求)

儿:"是的。"

我:"嗯,那妈妈希望白天有更多单独的时间,这样我能专心持续地做我的事情。可如果你不去幼儿园,我的大部分时间和精力都要分给你,我就不能专心做事了。可妈妈也不想让你每天委委屈屈地入园,我看着心里也难受啊!所以咱俩能不能第三法,想想有什么好办法能同时满足咱俩的需求。"

儿:"好,就现在吧,可以用茶话会的形式吗?"

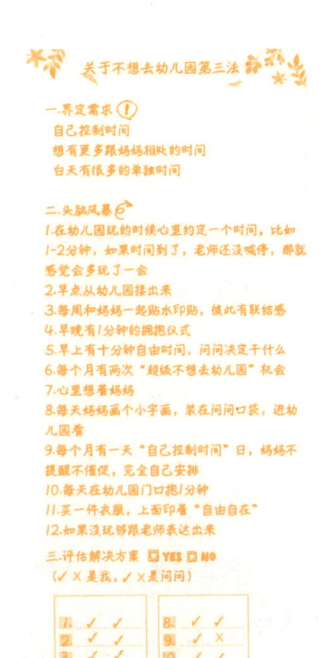

关于不想去幼儿园第三法

一、界定需求
- 自己控制时间
- 想有更多跟妈妈相处的时间
- 白天有很多的单独时间

二、头脑风暴
1. 在幼儿园玩的时候心里约定一个时间,比如1-2分钟,如果时间到了,老师还没喊停,那就感觉会多玩了一会
2. 早点从幼儿园接出来
3. 每周和妈妈一起贴水印贴,彼此有联结感
4. 早晚有1分钟的拥抱仪式
5. 早上有十分钟自由时间,问问决定干什么
6. 每个月有两次"超级不想去幼儿园"机会
7. 心里想着妈妈
8. 每天妈妈画一个小字画,装在问问口袋,进幼儿园看
9. 每个月有一天"自己控制时间"日,妈妈不提醒不催促,完全自己安排
10. 每天在幼儿园门口抱1分钟
11. 买一件衣服,上面印着"自由自在"
12. 如果没玩够跟老师表达出来

三、评估解决方案 ☑YES ☐NO
(✓×是我,✓×是问问)

1	✓	8	✓✓
2	✓✓	9	✓×
3	✓✓	10	✓✓
4	✓✓	11	✓✓
5	✓✓	12	✓✓
6	✓✓		
7	✓✓		

四、选择解决方案
1. 在幼儿园玩的时候心里约定一个时间,比如1-2分钟,如果时间到了,老师还没喊停,那就感觉会多玩了一会
2. 早点从幼儿园接出来
3. 每周和妈妈一起贴水印贴,彼此有联结感
4. 早晚有1分钟的拥抱仪式
5. 早上有十分钟自由时间,问问决定干什么
6. 每个月有两次"超级不想去幼儿园"机会
7. 每天妈妈画一个小字画,装在问问口袋,进幼儿园看
8. 每天在幼儿园门口抱1分钟
9. 如果没玩够跟老师表达出来

五、执行

	责任人	参与者
1.	问问	无
2.	妈妈	无
3.	妈妈	问问
4.	妈妈	问问
5.	问问	妈妈 爸爸
6.	问问	妈妈
7.	妈妈	问问
8.	问问	妈妈
9.	问问	无

约定反馈时间:
执行2个月,2020.11.25评估

签字确认:问问

我:"可以。"

于是，我准备了酸奶、水果、点心。与此同时，他迅速准备好了各种笔、纸和我的讲师指南。我们之前做过 P.E.T. 的第三法，他了解过程，所以在这里没有做具体说明。因为开启得很成功，所以孩子非常适应且喜欢这种双赢的办法。第三法过程，如上图所示。

第二天，我们就如约开始尝试各种方案，但过程并不像我们想象中的那么顺利。下面是部分记录。

2020 年 9 月 25 日

早上起来，儿子明显没睡醒，哼哼唧唧说："我不想去幼儿园，真的不想去！"

我:"嗯，有点儿没睡醒，一想要去幼儿园就感觉很困难，不开心。"

又倾听了两句，我就转面质了。

我:"我们昨天晚上做好第三法，想到的解决办法还一个都没试过，就要放弃，我有点儿失望和沮丧，白耽误那么多时间和精力了！"

然后儿子慢慢起床了，其中一个解决方案是我给他写个小纸条，他带到学校看。我早早就准备好了。他觉得很惊喜，高兴地放进兜里，去幼儿园再打开。到了幼儿园门口，他担心有不认识的字，就提前看了，又还给我："妈妈，我特别喜欢，你帮我带回家吧，放口袋里我怕丢。"然后我们拥抱了一分钟，他就自己走进去了。

2020 年 9 月 30 日

放假前最后一天去幼儿园啦，儿子问我能不能用"超级不想去幼儿园日"的机会，我说："咱们下月开始。"他也没说什么，很配合地去幼儿园了。

分开之前，我们拥抱，我快速地数："12345啦啦啦啦60！"用时5秒。把他逗得直笑："哎呀，这也太快了吧！"

2020年10月9日

昨日顺利分房睡了，早起儿子跑到我房间，钻到我的被窝里。

儿："妈妈，我不想去幼儿园。"

我："嗯，休了一个大长假，再去幼儿园挺困难的。"

儿："嗯，是，我想用不去幼儿园机会。"

我："嗯，妈妈今天有事不在家，而且你再上两天幼儿园就放假了，这个时候用掉机会，我觉得还挺可惜的。"

儿子想了想："那好吧，我留着后面再用。"

2020年10月12日

早上起来，儿子钻到我的被窝说："我不想去幼儿园，哇哇哇。"（每个字都是说出来的）

我一下就笑清醒了，爸爸在一旁说："我不想去上班，哇哇哇。"

我说："我不想起床，哇哇哇。"

然后我们哈哈大笑。感谢儿子，用他幽默的方式，轻松地开启这一天。

2020年10月15日

周一，儿子早起很平静地说："妈妈，我不想去幼儿园，想用一次超级不想去幼儿园机会。"

我同意了，遵守约定对我们来说都很重要。这一天我们相处得很愉快，有两人共处的时光，也有各自的单独时间。很舒适的一天。

2020 年 10 月 26 日

儿子在门口测完体温，蹦跳着走进了幼儿园。看着他轻松入园的背影，我不禁泪眼模糊。

距离开始执行第三法有一个月的时间了，对比之前谨小慎微、不情不愿入园的背影，这是我第一次看到他这么轻松地蹦跳着走进去。我不确定这个背影会持续多久，但我能清晰地感受到他情绪的释放、念头的松动。第三法的力量在我们之间涌动。

第三法的第六步是追踪评估。到了第三法反馈的时间，我们约好了晚上一起回顾一下这期间执行的效果。

我画了一张表格，我们分别从使用频率、使用效果和是否继续使用三个方面进行评估。我们先是回顾了一下之前第三法时各自的需求，之后评估开始：

"4. 每天早晚有一分钟的拥抱仪式。"

儿子使用频率和效果选的都是低档位。

我："我选的跟你不一样，妈妈觉得我们拥抱的次数还可以呀，你愿意说说吗，为什么这么选？"

儿："没有仪式感就不算，拥抱仪式，拥抱仪式，得有仪式感啊。"

哈哈哈，说得没毛病！

"5. 早上有十分钟自由时间，问问决定干什么。"

儿："不能早上都是我决定啊。"

我："咱们约定的是十分钟你的自由时间，只要不做危险的事就行。"

儿："哦，那好的。"

"9. 如果玩具没玩够，跟老师表达出来：老师，我还没玩够，我好想再多玩一会儿。"

儿："这个我不想选了，我还要全都打叉。"

第七章　双赢法解决冲突

我："你现在是不喜欢这个方案了，还是觉得执行起来有点儿困难呢？"

儿："执行起来有点儿困难。好了，我们继续评估吧。"

儿子不想说了，我没再继续问。再次确定方案。梳理之后，准备做最后的筛选决定。

我："我们要重新整理一下，继续使用的方案，或者你有没有想要新加的？"

儿："我想想啊……每天早上跟妈妈玩十分钟。"

我："嗯……是要把第5条改成跟妈妈玩十分钟？"

儿："我的意思是跟您玩十分钟包含在第5条里了，不用再写了。"

我："哦，那就不用改了。"

儿："妈妈，您知道为什么第5条我也打叉吗？"

我："为什么呢？"

儿子笑着说："因为我害怕有一天，变成完全让我自己分配早上时间。"

我："咱们约定的就十分钟。（意识到着急回答他了，转倾听）你是担心妈妈不管你，都让你自己安排，是吗？"

儿："对。"

最后，我们删除了第9条，其他还是保留。至此，关于"不想去幼儿园"的第三法，我们走完了全部的流程。

有人可能要问："那你能保证他以后不反复吗？再反复不想去幼儿园怎么办？"这个我真的不能保证。但是，有了这么长时间陪伴孩子、稳妥地接住他情绪的经历，我不怕他反复。如果反复，就继续陪着他，托着他，给他我能给到的支持就好了。

其实很多时候，第三法解决的都不是问题，而是情绪。整个过程也是我们和孩子收集能量、回归自我的过程。使用第三法后，我的眼前总能出现一个自带金光的笑盈盈的孩子。他铠甲护身、披坚执锐，要放心自由地去闯荡这个世界了。这孩子，是他，也是我。

P.E.T. 讲师颜言："我就要妈妈来！"

在经历下面这件事之前，我一直不太敢使用第三法。说不清楚为什么，也许是因为步骤太多，把我吓到了吧。此外，我还有个执念，就是每个步骤都要走完，而完整的第三法有六个步骤：界定双方需求、头脑风暴、评估解决方案、选择解决方案、执行解决方案、后续评估。所以在最开始实践P.E.T.沟通方式的时候，我比较依赖于积极倾听和"我—信息"。可只靠积极倾听和"我—信息"总有解决不了的问题。

一天，我从幼儿园接了女儿后带她去上舞蹈课。开车回家的路上，我想起来老师下午发了一条紧急通知：幼儿园将于后天（周四）下午2:30举行亲子消防演习，请家长到园里与小朋友们一起参加活动。但是我周四下午排了课，没办法请假参加。

我对她说："美美呀，听说你们园里周四有个什么活动，要家长也来参加？"

她说："是，老师说让妈妈来。"

我："让妈妈来呀，唉！妈妈好为难呀，周四妈妈有课，没办法请假……"

她："不行，我就要妈妈来。"

我："但是妈妈那天真的来不了呀，这可怎么办？请爷爷或者奶奶来可以吗？"

后来在自我复盘的时候我才发现，当我想起来和孩子说这件事时，我其实就已经进入了"问题区"，我担心她不接受我不能陪她参加活动的事实，所以我迫不及待地给她建议和提供解决方案，并且希望她接受我的安排。

第七章 双赢法解决冲突

她:"不行,我就要妈妈。谁也不要!"

她把我的解决方案拒绝得非常彻底。同时,为了表达不满,她开始在安全座椅上挣扎,挣扎不出来,就开始启动号哭模式。

孩子一哭,我也迅速认识到了自己是在扔"沟通绊脚石"了,于是连忙安抚她说:"我知道了,你只想要妈妈去,不想请爷爷奶奶去,妈妈听见了。"停顿了一下,我接着说:"我现在开着车,不太方便转过头去看你,但我想看着你说话,而且你在椅子上动来动去,我没办法安心开车。等我找个地方把车停下来,我们再说这件事好吗?"

她一边哭一边说:"反正我就要妈妈。"却不再挣扎了。

我在路边找了车位停好车,把她从安全座椅上抱下来,带她去副驾驶位置上坐好,看着她说:"幼儿园的活动你不喜欢妈妈的安排,你只想让妈妈去。"

她:"对。只能是妈妈。妈妈可以请假来。"

我:"我也很想和你一起参加这个活动,应该挺有意思的,其实我也没参加过消防演习。要是妈妈可以请假就好了。"

她:"那妈妈您可以请假吗?"

我:"我很抱歉,不能。"

其实我话还没说完,但她听到"抱歉"两个字,情绪立马就又蹿起来了。

她:"为什么不能请假?为什么!"

我:"因为……"

她再次打断我的话:"不行,我就要您请假。如果您不能请假,那就给我请假。我不要去幼儿园了,明天请假,周四也请假!"

我:"你真的很希望我能陪你一起参加活动,没有任何人能替代妈妈。如果妈妈不能请假,你甚至都不想去幼儿园了。"

她:"那妈妈您能请假吗?"

我:"抱歉宝贝,妈妈的课是提前排好的,没办法临时调换,我也很为难。"

说完这个,为难的气氛就包围了我们,我们沉默了一小会儿。

过了一会儿,她打破了沉默:"如果妈妈你不能请假,就让爸爸请假。"

我:"你想到了让爸爸陪你。我很高兴你这么努力地为这件事跟妈妈一起想办法,就是……你忘啦?明天周三呀,爸爸周末的时候就说了这周三下午他要出差几天……"

我非常尴尬,孩子好不容易想出个办法来……

她的小脸上刚刚要绽放光彩就直接垮了,懊恼地用脚踢着车厢。"那怎么办?妈妈不能请假,爸爸也不能来!呜呜呜,我不要参加什么破演习了,给我请假吧,我不要去幼儿园了。"

我:"除了爸爸妈妈,你再没有其他更好的人选可以陪你了。"

她:"还能有谁啊?我不要奶奶来!"

我:"你觉得奶奶不能胜任这件事。"

其实我当时非常疑惑为什么不要奶奶来。

她:"奶奶身体不好,腰也不好腿也不好,来了又不能抱着我,要她来干啥呀!"

我恍然大悟:"啊!你是希望在参加活动的时候,有人能在你需要的时候抱着你。比如,爸爸妈妈就能抱得动。"

她:"是啊,最好是妈妈,妈妈最爱抱着我。"

我:"要是我能来,我肯定愿意抱着你呀。但是幼儿园周四的活动太突然了,今天才通知,妈妈实在没办法请假,又赶上爸爸出差,我们都来不了。你又需要有个家长陪着,还得是有力气能抱得动咱们美美的。奶奶又抱不动,那有谁可以胜任呢?"

终于通过很多次的"积极倾听"和"我—信息"界定好了双方的需求,

并且邀请孩子想办法。

她:"爷爷!爷爷能抱我,让爷爷来。"

这是孩子自己提出的解决方案。之前我单方面给出的解决方案里面也包括让爷爷来。但是在明确需求之前,孩子并不认可和接受这个方案。

我:"你这么快就想到人选啦!那咱们给爷爷打电话,看看爷爷有没有什么安排。"

她:"行,妈妈您现在就打。"

我:"好的,现在就打。"

这就是选择解决方案并预约执行解决方案。

P.E.T.戈登沟通方式是一种生活态度,每一个P.E.T.沟通技巧都是为了帮助父母改善与孩子的关系,是服务使用者而不是驾驭使用者。虽然完整的"第三法"有六个步骤,但生活不是教科书,不需要每一个冲突的场景都完美走完六步。用"积极倾听"和"我—信息"明确双方的需求之后,解放方案就会有更多想象的空间。在用"第三法"解决冲突的过程中,每个人的态度都是积极的、合作的,其结果也必将是令双方都满意的。这个案例之后,我便开窍了,再使用"第三法"解决生活中的矛盾与冲突就毫无压力了。

P.E.T.讲师惠敏:儿子的手机

十岁的小儿子(末同学)因为有时候需要参加线上课程,所以拥有一部自己的手机。手机在方便上课的同时也带来了负面影响,就是他每次拿到手机就停不下来,不停地看小视频、玩游戏……这种状态引发了老公和孩子之间强烈的冲突。

我和老公都同意儿子每周六日晚上用手机打一小时的游戏。但是对于儿子平时只要拿到手机怎么提醒都停不下来这件事,我和老公的应对方法有些不同。我的态度是希望在尊重的前提下进行沟通，老公基本上提醒到第三次的时候就开始发飙了。

有一天是周六，早晨起床儿子就开始看手机。提醒了两次无效，爸爸过去抢过手机大声说："手机我一会儿锁起来。以后除了上课，你就别想再碰手机了！"

儿子突然被抢了手机之后很恼火，于是也大声对着爸爸喊道："凭啥？为什么我不能碰手机？你说不能就不能吗？你不也天天看手机吗？为什么我就不行？"

两个人互不相让，老公气得脸红脖子粗，儿子边哭边喊……此刻双方剑拔弩张，一场战争一触即发！

在没有学习P.E.T.之前，遇到这样的场景，我通常会立刻被裹进战斗当中。首先我会火冒三丈地立刻指责老公太简单粗暴，再教育儿子太不自律。最终全家人不欢而散，问题也得不到真正的解决。

但是在学习了P.E.T.之后，首先看到这样的场景我没有生气和着急，而是先倾听正在哭的儿子："爸爸突然抢走了你的手机，你很生气。"

儿子："是！"

我："爸爸说以后不让你再碰手机了，你觉得很不公平。"

儿子："是。"（被倾听后，儿子的情绪已经明显降下来了）

然后我说："但是爸爸很担心你长时间看手机会伤害眼睛。"（当儿子情绪平静时，替爸爸表达需求感受）

儿子看看我没有说话。我接着说："而且爸爸担心你把时间都放在看手机上面会影响学习，长此以往你的学习成绩可能会下降，从而影响你在老师和同学心目当中的形象，更重要的是你的梦想也很难实现。"

儿子看着我点点头。我接着说："其实妈妈能理解你喜欢看手机，里面的东西的确很吸引人，很多时候大人都有可能看进去而忘记了时间。但是妈妈跟爸爸有着同样的担心。"

儿子又点了点头。此时看到老公的情绪也降下来了，我说："我们先吃早饭，然后再商量这件事情怎么解决，可以吗？"他们两个都同意，然后全家开始吃早饭。

早饭之后，我们送儿子去打篮球。路上爸爸开车，我和儿子坐在后面。我搂着儿子说："妈妈既希望你开心，同时又希望我跟爸爸放心，我们一家人都开开心心的。我有个想法你们听听看行不行，有一个工具叫作第三法，就是共赢没有输家的方法。我们今天晚上开个家庭会议，就使用手机的问题用第三法试试，看看能不能找到我们大家都能接受的方法，你们觉得可以吗？"

两个人都表示同意。（这里是第三法的准备工作，提前约定好时间）

晚饭后，我们很正式地开了一个家庭会议，全家人围坐在桌子旁边，准备好纸笔，开始第三法。

步骤一：界定双方需求。我们各自把自己的需求写了下来。

末同学的需求：开心快乐、自己做主、有安全感、父母陪伴、偶尔有自己的空间。

我和老公的需求：开心快乐、亲子关系和谐、孩子身心健康地成长、孩子有自控能力。

步骤二：头脑风暴。我们一起提出各种解决方法，不许评判。

一起玩扑克

一起打羽毛球

一起踢足球

一起打篮球

一起做饭

一起旅游

一起看书

一起拼插机器人

看末同学打架子鼓

一起听音乐

全家人跟狗狗一起玩

网上玩二人小游戏

一起玩王者荣耀、和平精英、我的世界、线上破案、刺激战场、英雄联盟、迷你世界

一起斗地主

一起看电影

一起放风筝

一起做小视频

一起散步

末同学偶尔关门（不锁门）享受私人空间

末同学每天看30分钟手机小视频

步骤三：评估解决方法。

我们逐个评估，最后一起挑选出了下面这些方法。

比如，一起玩扑克、打羽毛球、做饭、旅游、看书、拼插机器人、听音乐、跟狗狗玩、看电影、放风筝、做小视频、散步，末同学偶尔关门（不锁门）享受私人空间，末同学每天看30分钟小视频，看末同学打架子鼓。

我们认为以上方法同时满足了我们和末同学双方的需求。

步骤四：选择解决方法。

经过评估我们约定，每天儿子放学回来，我和老公可以选择性地陪他一起玩扑克、打羽毛球、做饭、旅游、看书、拼插机器人、看他打架子鼓、听音乐、跟狗狗一起玩、玩网上二人小游戏、看电影、放风筝、一起做小视

第七章 双赢法解决冲突

频、散步，同时允许末同学偶尔在自己房间关门（不锁门）享受私人空间和每天看30分钟小视频。

步骤五：执行解决方法。

我们从第二天开始执行解决方案。

步骤六：后续评估。

执行几天后，儿子看手机停不下来的情况偶尔还会反复。后来有一段时间我经常出差，儿子基本被打回了原形。

这次第三法没有成功。我想主要原因可能还是双方的需求没有界定清楚，一定有疏漏的地方。所以我找了个时间跟孩子坦诚地表达了自己的感受。

我："儿子，妈妈想跟你谈谈关于看手机的事情。"

末同学看着我平和的状态，放下了紧张的心，说："嗯嗯，行。"

我："儿子，今天上午你在看手机的时候，感受是怎样的？"

末同学看着我平静真诚的表情，犹豫了一下。

我继续说："妈妈只想跟你真诚地聊聊天，想了解一下你的真实感受。"

末同学马上放下戒备说："紧张、忐忑、焦虑、担心……"

我："嗯嗯，你一边看手机，同时又担心爸爸妈妈过来说你，所以你很紧张，看手机也看得不踏实、不专注。"（倾听同理）

末同学点头："是的。"

我："那你这种状态舒服吗？"

末同学摇摇头："不舒服。"

我："你觉得做一件事情的时候，什么样的状态是舒服的呢？"

末同学："安心、平静、淡定、坦然、自在……"

我："嗯嗯，是的。"

我继续说："你知道吗？妈妈和爸爸都特别爱你，我们特别希望你每天都开开心心的。我们也每时每刻都想跟你好好说话，可是每次看到你拿着手机停不下来的时候就会着急，有时候就控制不了自己的情绪跟你大声说话，甚至大吼。但是每次跟你吼完之后，我们的心里都特别难受。你能理解吗？"（表达面质性我—信息）

末同学认真地看着我点点头："嗯，理解。"

我继续说："但是如果不提醒你，看着你一直这样，我们又很担心。"

末同学继续点头表示理解。

我："我们之前一起做了第三法，但是没能持续下去，我们可不可以再一起探讨一下，看看是哪里出现了问题导致没有成功呢？"

末同学立刻答应说："可以。"

然后我们开始重新界定需求。

这次末同学增加了：有掌控感。

我和老公增加了：末同学安排好自己的事情不用家长操心。

在头脑风暴里面，末同学增加了：投壶游戏、不定时跟同学打字聊天最多5分钟、微信通话聊天最多10分钟。我和老公增加了：末同学每天安排好自己的事情不用家长操心、主动按时完成学校和课外的作业不拖延、每天看课外书30分钟。

最后在选择解决方法里面，我们都认为新增加的部分可以添加进来，所以在解决方法里面比之前增加了：投壶游戏，末同学不定时跟同学打字聊天最多5分钟、微信通话聊天最多10分钟、每天安排好自己的事情不用家长操心、主动按时完成学校和课外的作业不拖延、每天看课外书至少30分钟。

我们约定从第二天开始执行。同时这次我们约定了由爸爸负责监督提醒手机使用时间、妈妈负责检查学校作业和课外作业完成情况。如果妈妈出差则由爸爸负责检查作业完成情况。

我们谈完之后，末同学主动打开手机听英语听力，要知道英语是所有学科当中末同学最讨厌的学科。同时他还拿来一张大白纸，一边听英语一边画画。

我问："儿子，你画的是什么？"

末同学回答："学完 P.E.T. 就能合家欢乐。"

我开心地说："太棒了儿子！这幅画刚好过几天妈妈开工作坊用。"

现在回顾一下，第一次第三法失败的原因之一是忽略了孩子的一个重要需求，就是他需要掌控感和独立自主的空间。另外我们做完第三法之后，老公仍然不信任孩子，时刻担心和怀疑他不能够遵守规则，不仅经常查看孩子，而且会大声吼叫、催促，等等。此时孩子完全感受不到尊重和信任。而孩子越感受不到被尊重、被信任，就越容易放弃和对抗。这也是失败的原因之一。

正确的方式是首先家长放松心态，相信孩子。当孩子做到的时候，及时使用"肯定性我—信息""表白性我—信息"，表达感激与欣赏。

安心老师说："恐惧教导恐惧，爱教导爱！"我深以为然。身为父母的我们在内怀有信任与尊重，发自内心地相信孩子；对外无伤害、一致性地沟通，给孩子足够的安全感和稳稳的爱，做孩子成长的好土壤，其他交给时间。相信每个孩子都本自具足，他们都有能力向上向善发展。

作为父母，我们要珍惜每一次跟孩子沟通的机会，通过双赢法，看见每个人的需求，突破我们的固有限制，拥抱更多可能，让每一个人都成为赢家，将冲突变成彼此满足和成长的机会。

P.E.T.
PARENT
EFFECTIVENESS
TRAINING

第八章
处理价值观冲突

·成为孩子的顾问·

·我—信息和倾听·

·做孩子的榜样·

·调整自我·

·价值观实践故事·

当孩子的行为让我们感到不安，但我们又找不到这些行为对我们的实际影响，此时就可以考虑亲子之间是否产生了价值观冲突。价值观是我们行为背后的想法、信念、准则，是我们每个人之所以独立成人的内在精神体系，需要经过一定的过程和较长的时间搭建而成。

人与人之间可以有不同的价值观，但这并不妨碍我们和平共处。比如：这个世界同时存在着不同的宗教信仰；我们国家的南北方有不同的生活习惯；一座城市里有人爱听京剧，有人爱听摇滚；一栋大楼里有人吸烟，有人不吸烟；等等。当我们允许身边的人跟我们保持不同的价值观时，我们之间就会只是差异，而不会升级成冲突；只有当我们想要改变对方的价值观时，我们之间才会有冲突。

举个例子，我反对吸烟，而同事吸烟，我们有不同的价值观。如果同事当着我的面吸烟，会引起我身体的不适，这时候对我是有实际影响的。此时是在不同价值观之下产生了需求冲突，可以先用双赢法解决。比如，同事去吸烟区或者我暂时离开，或者使用其他双方都满意的方案。

如果同事每次都很注意不会在我面前吸烟，没有引发需求冲突，那么我大概也不会想着要去改变他要吸烟的想法。

但如果把同事换成自己的家人，比如，青春期的儿子。那么我大概就会希望他能改变想法，不要吸烟，而不仅仅是不在我面前吸烟。此时，我跟儿子之间就有了价值观冲突。

P.E.T.认为我们可以尝试去影响一个人，让他改变自己的想法，但不能控制一个人，强迫他改变想法。所以P.E.T.推荐的价值观冲突解决策略更多的是如何影响，而非控制。

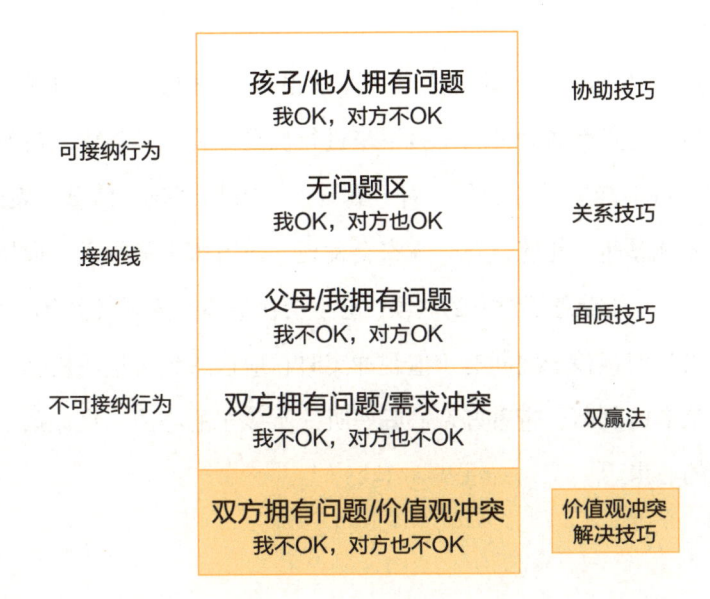

可接纳行为	孩子/他人拥有问题 我OK，对方不OK	协助技巧
接纳线	无问题区 我OK，对方也OK	关系技巧
	父母/我拥有问题 我不OK，对方OK	面质技巧
不可接纳行为	双方拥有问题/需求冲突 我不OK，对方也不OK	双赢法
	双方拥有问题/价值观冲突 我不OK，对方也不OK	价值观冲突 解决技巧

1 成为孩子的顾问

　　我们知道价值观的形成需要一定的过程，需要有认知的转变。所以想要影响一个人的价值观，可以成为他的顾问，跟他建立信赖关系，让他愿意听我们的分享。有效的顾问会准备好事实和数据。比如，吸烟这件事，我们可以搜集吸烟与健康的相关信息。这个信息可以是各种文章资料、专业权威人士的意见，也可以是我们自己的真实经历观察。重要的是，有效的顾问不会反复推销自己的观点，而是只在适当的时候真诚表达，然后把改变的责任和决定留给孩子。

❷ 我—信息和倾听

当我们想要改变对方的想法时，通常很难真正去听对方的观点。即便听，我们似乎也是憋着劲儿为了接下来进行反驳。在工作坊中，我们会组织对某一观点持不同立场的学员一对一聊天，一方用"我—信息"表达自己，另一方真诚地倾听，轮流进行。大家会发现，随着聊天的深入，最初的对立感逐渐减弱，开始能理解对方的立场，甚至会在某些价值观层次上产生共鸣。

所以当我们跟孩子之间有价值观冲突时，应该找到合适的机会，暂时放下对错、是非的判断，带着好奇心好好听一听孩子的心声，也让孩子有机会听到我们的心声。

❸ 做孩子的榜样

为人父母大概总会说孩子"不听话"，但事实上，孩子每时每刻都在观察大人，听大人说的话，看大人做的事。一项家庭教育调查采访了四年级和八年级的孩子，问他们心目中最崇敬的榜样是谁，结果答案中排在第一位的是父母。我们对孩子有着深深的影响力，我们可以成为孩子言行的示范。与其向孩子灌输我们信奉的价值观，不如在生活中践行，带着孩子一起体验。

不仅是孩子，我们也可以成为家人的示范。学习P.E.T.的学员通常都希望能影响到家人，想让家人一起使用P.E.T.的模式来沟通。那么最好的做法不是强迫家人看书上课，而是在生活中好好应用，做好榜样。

建立良好的关系，是树立榜样的基础。我们很少会跟自己不喜欢的人学习，我们更想成为自己喜欢的人的样子。

❹ 调整自我

影响他人改变想法是需要过程的，换位想想我们自己，就明白这不容易。但是冲突是一个珍贵的机会，它能让我们来重审自己的价值观。我的底层信念究竟是什么？来自哪里？我又为什么要如此坚持？我能不能允许我爱的人跟我有不同的信念？我的信念是唯一正确的吗？工作坊中我们会带领大家做一系列反思，从不同于我们惯性思维的另一个角度来审视我们的价值观。许多学员说："这些简直是灵魂拷问，也确实让我有了松动，不那么较劲，就像光照进裂缝，有了新生的力量。"

戈登博士在《P.E.T.父母效能训练实践篇》中说，当对方做出与自己不一致的选择时，我们仍然能够选择爱着对方，这种能力很关键。为人父母，尤其如此。

❺ 价值观实践故事

有些学习P.E.T.的学员反馈说价值观冲突解决起来很难，不像倾听、我—信息或者第三法这些技巧，似乎可以立竿见影看见效果。确实，价值观影响需要我们放长维度来看效果。而且，大多数时候，如果我们跟孩子维持亲密的关系，坚持使用倾听、我—信息和第三法，我们跟孩子之间因为价值观不同而产生冲突的可能性也会大大降低。

分享一些P.E.T.家庭中的价值观影响故事，相信我们会从中得到启发。

P.E.T.讲师萌萌：女儿说脏话

有一次我在外地，看到女儿在的同学六人群里发生了一件事（我跟女儿的微信都在里面）。

女儿在群里分享了一张图片并配了"每日好图分享"的字样。其中一位同学回复了一句脏话的缩写拼音首字母，女儿在下面回复了另一句脏话。看到后我的感觉特别不好。这个时候我进入了问题区，心里想，我每天从事的就是教会人们如何更好地沟通，所以我的女儿遇到这样的情况应该有能力选择更好的回应方式。

我当晚就给父女俩发了视频，跟老公抱怨："我很生气，她怎么可以这样说话！"老公说："你没看到吗？是××先骂的她。"我说："那她可以有别的选择啊！别人骂她，就一定要骂回去吗？"（处在问题区的我已经没办法跟他们好好说话了）

我让女儿过来视频，跟她说："妈妈真的不接受这样的表达方式，非常生气！"然后气冲冲地关了视频。但这里我忽略了，当她看到同学发这条信息时，有两种情况：一是她情绪上来，失去了思考的能力；二是我不能接受的状况，孩子们会觉得是正常的。孩子会在某个阶段开始学着说一些脏话。

冷静下来后，第二天我再次跟父女两个人视频，确认我昨天情绪不好是否给他们造成影响。得到的回复是没有，他们并没有因为我在问题区也跟随我进入问题区。

后来，女儿去学校跟这个孩子说："我们家不能接受这种沟通方式。"这个孩子表示以后不在群里这么说了。

过了几天在送女儿上学的路上，女儿对我说："这周六咱们有时间吗？××（上面跟她对骂的孩子）想约我周六出去玩。"

我："妈妈没时间，你别去了。"（其实我是对于上次的事情还有些介意）

第八章　处理价值观冲突

看到她有些失落，我开始倾听："你不太开心。"

女儿："嗯。"

到了学校门口，她下车了。

我感觉这件事情并未结束，白天我自己复盘了整个经过，晚饭时跟她有了下面的对话。

我："妈妈想跟你说说，我为什么接受不了说脏话。妈妈小的时候特别不喜欢大人们争吵，尤其是会说一些脏话的情况。那会让妈妈很害怕，也不想面对这样的人。所以长大后，妈妈希望遇到事情我们可以好好说话。还有，妈妈是教人沟通的老师，听到自己的女儿这样沟通，会觉得自己很失败，也担心别人会说妈妈不好。"（通过"我—信息"的表达让孩子了解妈妈价值观形成的原因）

她没说话。

我："但这是妈妈认为的，你可以有你的选择，是否说脏话，你自己决定。"

因为我知道替孩子做决定，隐含着对她的不信任，也剥夺了她自己思考的机会，同时还影响我们的关系。因为关于说脏话，即使我表达一定不能说，孩子仍然有不跟我们在一起的时间。越压抑某件事情，某件事情也许就越会发生，同时也有让孩子变得不真实、不一致的风险。相信孩子更重要。

我："还有关于××，妈妈确实觉得她那天在群里说的话不合适。（对于××，我们也不该因为孩子的一句话就给她下定义，她那样表达也有她的原因，需要被看见，就像 P.E.T. 里常说的，没有不乖的孩子，只有需求未被看见的孩子）但你有选择朋友的权利，如果你这周六想跟她出去，妈妈可以配合你安排。（这里我是真的可以接纳。如果不能接纳，一定不要跟孩子这样说，因为她也可能选择周六跟××去玩，不一致在这里会产生冲突。做到真实，是因为白天我对自己有个梳理的过程，确实转变了对这件事的态度）"

这时，爸爸插话进来说："选择朋友有几点可以参考的标准来着？"我知道他想借这个机会跟孩子传递关于交朋友的价值观。

我："友直，友谅，友多闻。就是与正直的人交朋友，与诚信的人交朋友，与知识广博的人交朋友。"接下来我们又就这三点聊了一会儿，在无问题区时与孩子交流价值观是非常有必要的。她没有表现出不耐烦，我们就这样围坐着聊着。如果此时她是有情绪的，显然就不是一个分享价值观的好时机。

我："就像你们班××，妈妈觉得就是这样的，她愿意把她学习英语的方法毫无保留地分享给你。"

后来孩子没有再提周六要出去玩的事，我也没有再问。从晚上她在家表现出来的信号看，她没有像早上那样不开心，而是哼着歌，自己看了个电影。

后来很长一段时间，我都没有听到她再说脏话。她又有了新的朋友，每天说着新发生的事。

P.E.T. 讲师曼丽：你助人为乐，孩子是否也要如此？

冬日里的某一周，有一件事情一直在我心里，让我疑惑、不解、愤懑、挫败。终于在那个阳光明媚的周末上午，我决定找姐姐深度地聊一聊。

请姐姐回到三天前

"让我们回到三天前放学后书店的门口。"我拿着情绪卡邀请姐姐，"地上有块电话手表，是妈妈曾看到过的一个小女孩掉的。妈妈骑车带着妹妹，让你帮忙捡起电话手表，你拒绝了。就让自己回到这一刻，妈妈很好奇你此时此刻的感受是什么。"

第八章　处理价值观冲突

我把情绪卡递给姐姐："你选出 5~8 张最能代表你心情的卡片吧，然后妈妈来猜出这些卡片。如果是的话，你可以说 Bingo，不是的话就说不对。"

虽然一开始姐姐有点儿不想进行，但听到我这样的邀请，她也有了兴致。扣开青春期孩子的心门除了真诚、坦诚，还得有点儿新意。

她很快找出了几张，并打乱了卡片的顺序。我们俩在阳光里翻卡、找卡……第一张"尴尬"，和早已预知的一样，是姐姐的卡片。接着的"为难""烦恼"，被姐姐否定了。我提醒她，同一件事情中，可能会有很多种情绪、感受，或许我拿出来的情绪卡是她心里某个角落没有被看到的。

我重新翻看情绪卡，挑出来 26 张。我让姐姐在 26 张中挑出不符合她感受的，剩下了 12 张。又让她选出 5~8 张，她留下了 6 张，和第一次选的有一点儿差别。我让姐姐分享这些卡片，她不知道如何开口。我拿出一张张卡片倾听她，也向她求证。

"尴尬，是因为在学校附近捡电话手表，你担心同学看到你，会不好意思，还担心被别人认为你捡了东西不交。是这样吗？有补充的吗？"

"恼火，是你看到妈妈一直在坚持要做这件事，而你想快点儿离开。"

……

妈妈也来到三天前

"那妈妈也回到那天的当下，我的最大感受就是挫败和失望，还有一点儿尴尬。你没有捡电话手表，电动车前的奶奶帮忙捡了起来。妈妈以为你会去捡，你却坚定地拒绝了。当时我就对你有了评判，也对自己有了评判，觉得自己好像没有教育好你，感觉很失败……"

"我为什么会去帮忙捡电话手表呢？因为妈妈一直是一个乐于助人的人，我不仅看到过丢电话手表的小女孩，我也担心小女孩的妈妈找不到孩子很着急，也担心小女孩丢了电话手表很难过。妈妈经历过你丢电话手表后的过程，有人捡了却没还，妈妈想做那个捡了归还的人。"

我再次邀请姐姐："如果把最后留下的三张卡片看作一个整体的话，你会对自己说什么？"

姐姐说："没什么。"

作为妈妈的我多么期待女儿能和我有一样的观点，于是我接话道："你觉得就算捡了电话手表也没什么……"

姐姐没接话，看着姐姐整个过程中的参与表现和此时的平静，我自我感觉良好地走开了……

当晚卫生间的气氛

到了晚上洗澡的时候，我向姐姐表达了下午就产生的疑问："没什么是什么意思呢？"

处在青春期的姐姐有点儿不耐烦地说："就是不捡，想快点儿离开。"

好家伙，我快被气死了。我赶紧用行为客观描述、肯定性我—信息、表白性我—信息，表达出了自己一直以来的价值观，并且肯定姐姐也有帮助人的一面，比如，会顺手给别人按电梯，尽管上学快晚了，也在电梯里等着别人进来……

"那是您，不是我。"千言万语换来姐姐一句噎死人的话。

严重的价值观冲突

我本来正在可劲儿地穿越迷雾，就在这一刻突然"戈登"一下。我和姐姐这是价值观产生严重冲突了。

如果我们给路边乞讨者钱财，是否也会要求别人给呢？如果我们捡了手表并联系了孩子的妈妈，是否也会要求别人必须这样做呢？大概，不会吧。可到了女儿这里，她没有做出跟我一样的选择，我就有了情绪。

青春期、敏感的她就是特别容易在乎同学的看法，她在当下那一刻不想捡的感受是真实的。我也不能因为一件事就给她永久贴上某一个标签。我内心非常希望孩子拥有更多真善美的品质。那我能怎么做呢？唯有一直做好自己，用言行去影响她，去和她分享、表白好的品质。因为教育的本质就是用生命影响生命。

P.E.T.讲师杨慧：妈妈，我想起了您说的拔河

佐佐、佑佑快六岁的时候，报名参加了跆拳道的体验课。体验课快结束的那几次，每次上课前，佐佐都会问我："妈妈，老师有没有说这节课干什么？"我都回答不知道，或者是老师没有说。

后来他又问我，我觉得这可能是一个他处在问题区的信号。表明他不是真的想知道课上干什么，而是被某种情绪困住了。于是我倾听了他两句，才知道每次上课的热身活动，老师会让体格差不多的两个小朋友用道带进行拔河。他很不喜欢这个活动。我先入为主地猜测，他是怕输，所以不想参与跟小伙伴的较量。在他情绪还没有完全降温的时候，我扔出来一句绊脚石："输了也没关系。"他反驳我说："妈妈，我想赢！"这句话把我从不太走心的倾听状态拉了回来。刚刚的倾听，我没有做到跟随，也没有同理他。

于是我快速调整自己，用心倾听了几句之后，感觉他没有那么大的情绪了，于是试着问他："妈妈有个想法，你想听听吗？"他同意了。

在P.E.T.里，如果家长想要向孩子分享自己认可的价值观，或者是人生建议、想法，希望孩子可以做到符合某些价值观的行为，最佳时机是在双方处于无问题区的时候。家长可以向孩子表达自己的观点和看法，有效开放自我，分享而不教导。而当孩子处在问题区时，有情绪的时候，孩子其实是听不进去，也没有多余的空间去理解的。此时家长向孩子传达自己的想法和建

议，其实更像一种说教，属于沟通绊脚石。不但帮不到孩子，还会给孩子带来不舒服的感受，从而破坏亲子关系。

其实关于输和赢的话题，我也没有想好该怎么对孩子说。因为我自己有时面对输，面对失败，也会挫败好久，甚至会产生自我怀疑。我突然想起刚刚结束的幼儿园露营活动。在露营地，幼儿园的各个班级之间举行了家长的拔河比赛。我也参加了。第一轮赢了，第二轮输了。

我跟孩子分享说："咱们薰衣草班的妈妈们，在跟第一个班的妈妈们拔河的时候，都拼尽全力了，然后我们赢了，我们都很开心、很兴奋。当我们再去进行第二轮比赛时，对手仍是赢了第一轮比赛的妈妈们。这次薰衣草班的妈妈们依然拼尽全力。我们都很想赢，但是我们也不怕输。这一轮，薰衣草班的妈妈们输了。但是这不代表我们不是好妈妈，是不是？"佐佐点了点头，小声地"嗯"了一声。

我又接着强调了一句，说："想赢和怕输，其实是两件事，我们想赢，但是也不怕输。"

这句话虽然是在对孩子说，其实也是对我自己说的。因为我发现，有时候因为怕输，连想赢这件事也被我忽略掉了。我担心自己的尝试会失败，于是就干脆放弃不做了。对于失败的恐惧，远远盖过了对于做成一件事情的憧憬与期待。所以，我自己其实也需要好好去践行这句话，把这句话真的做出来。到那时候，如果再跟孩子分享关于输赢的话题，我就不仅仅是作为一个顾问的角色，只给孩子展示还有这样一种价值观的存在，而是自己已然成为了那样一个人，可以做一个榜样了。

这件事情就这样过去了。可是后来有一天，佐佐、佑佑在上音乐课。课间休息的时候，佐佐从教室出来，找到我说："妈妈，刚才王老师让我们几个玩游戏了。我输了。我就想起了您说的拔河的话……"突然之间，他的眼圈红了，看着我的眼睛，不再继续说了。我也突然想起了我说过的话，心头也涌上一股感动，我的眼睛也立马湿润了。我也没有说话。我知道那一刻，我们两个都懂彼此的心。

佐佐虽然知道了想赢和怕输是两回事，但是输了之后的那份难过是真的。他也知道我能懂得他的这份难过，因为我们之前有过那样一小段对话。我知道他想要去体验和真的做到这句话。我有一丝心疼，但也很欣慰。这句话也许并不是一次就可以真的做到的，却在孩子心里种下了一颗种子。在未来的某一个时刻，如果再有类似的情形发生，曾经的这句话，也许会给孩子增加一份尝试的勇气。"想赢和怕输，其实是两件事，我们想赢，但是也不怕输。"

P.E.T. 讲师艺慈：由避孕套引发的讨论

有一天，我带儿子去居委会办事。出来后他指着门口写着"计划生育"的自取避孕套的铁盒子问我那是什么、干什么用的、怎么用的、为什么用，因为他看到有人拿了。

我："你很好奇吗？"（确认一下他是否真的想了解）

儿："嗯，妈妈那是什么呀？我能拿吗？"

我："那个叫'避孕套'，是最大概率避免女性怀孕用的。"

儿："我就一直不知道，男的生殖器里的精子是怎么遇见卵子的？"

吓得我赶紧示意他小声谈论，这种隐私话题就不要在大马路上喊出来了。他这才转成小声跟我讨论。

我继续解答他的问题："男性的阴茎发育成熟后，当受到一些刺激，形态就会发生变化，会变直变硬，这样就能进入女性的阴道中，精子和卵子就有机会相遇啦，一个新生命就会因此诞生。这个过程叫性交，也叫做爱。当然，不是每一次都会怀宝宝。"（讲述期间我用手指模拟做了演示）

儿:"那避孕套是怎么用的呢?怎么能不怀宝宝呢?"

我:"避孕套是男性用的,套在生殖器上,就像穿了一件雨衣。这样精子就不会跑出去,也就遇不到卵子了。"

儿子想了想:"那要是不想怀宝宝,就别有这个行为不就行了吗,也就用不到避孕套了呀。"

我觉得这可真是个好问题,虽然对于我来说又是一个挑战,但我真想表扬他一下:"嗯……做爱呢,不光是为了怀宝宝,这个行为实际是两个人相爱的一种情不自禁的表达,是相爱到一定程度自然而然发生的事情。就好像拉手、拥抱、亲吻,都是因为相爱,想有更多的肢体接触。做爱也一样,这是一种奇妙的体验。所以当两个人暂时不想怀宝宝,又因为相爱想体验做爱的感觉时,就要用到避孕套。一方面防止病菌的传播,另一方面也防止女性意外怀孕。如果做手术打掉宝宝那真的太伤身体了。所以使用避孕套是对女性的尊重和保护。"

儿子听得很认真,继续发问:"妈妈,我看那上面还写着'大、中、小'是什么意思?"

我:"我没看到,但我猜可能是尺码的区分。你看,人的身体形态有高矮胖瘦,买衣服有大小号,生殖器也一样,有大小之分,要选择适合自己的尺码。"

儿:"那除了避孕套,还有哪些办法可以避免怀孕吗?您都跟我说说。"

我:"我知道的,还有女性吃避孕药,但是这个对身体伤害很大。还有男性结扎、女性上环,还可以在女性手臂埋入避孕胶囊,就像做个小手术,不过对身体也有一定的伤害。"

听到这里,他撇撇嘴,摆摆手说:"还是别了吧,不要这样,太可怜了!我还是等要孩子的时候再有这个行为吧!"

看着一个七岁小孩一副认真正经的样子,我真的忍不住笑了半天,却也

第八章 处理价值观冲突

因他的同理心而感觉心里暖暖的。

后来我们又聊到了结婚的话题。

儿:"妈妈,我不想结婚。"

我:"有什么想法?说来听听。"(邀请他多说说)

儿:"结婚的时候人太多了,那么多人来看我们。"

我没忍住,又笑出声来:"原来你是担心办婚礼这种形式啊,怕很多人在你会紧张?"(同理他的感受)

儿:"嗯,我不喜欢那么多人,而且结婚要忙很多事,好麻烦。"

我:"那还可以旅行结婚。"(大概讲了讲旅行结婚,也讲了为什么婚礼宴请的形式会流传至今,有什么意义)

儿:"这个好,我要旅行结婚。妈妈,我可以不办婚礼吗?"

我:"可以啊,这本身就是两个人的事。到时候你跟那个女孩一起商量,看你们想以怎样的形式庆祝。儿子,你现在考虑这些太遥远了,还早着呢!"

儿:"我觉得不远啊,感觉就在眼前了。"(认真状)

我再一次"噗嗤"一声笑了。

儿:"感觉一天天过得很快。"

我:"是啊,每天时间都不够用。"(很认同地回应他)

儿:"我还有个问题,我们怎么就结婚了呢?去哪儿领结婚证呢?"

我:"去民政局领结婚证。"

儿:"那他们怎么就知道我们可以结婚呢?"

我:"他们会通过身份证查询每个人的婚姻状态。只有两个人都是没结婚的状态,并且达到法定结婚年龄,同时两个人都愿意,民政局才能给你们发证。"

儿:"那结婚了可以换个人再结婚吗?"

我："嗯……如果结婚了是可以再换个人结婚的，但是得先离婚。就是两个人分开，然后再换个人重新结婚。"

儿："哦，那孩子就没爸爸了，太可怜了！"

我："离婚了，爸爸妈妈跟孩子的关系是不变的，他们也依然爱这个孩子，只不过不在一起生活了，三个人一起相处的机会也会少很多。"

儿："那要是一起出去玩，我就有两个爸爸了，我该怎么叫呢？一个叫爸，一个叫爹，哈哈哈哈。"（兴奋搞笑的样子）

我："那你希望真的这样吗？"

儿："不。妈妈，我不想要孩子。"

我："哦？我记得你之前还说以后想要生宝宝。"

儿："我想等我有足够多的钱、条件好的时候，再要孩子。"

我又是心头一暖："你想给你们的宝宝更稳定更好的成长环境。"（倾听式的理解）

儿："嗯。"

过了一会儿，我想起要补充的一点……

我："对了，儿子，妈妈想起一个很重要的环节，刚刚忘给你讲了。就是以后你们发生性行为，除了年龄要满18岁，做好防护措施，最重要的一点是：在那一刻双方都是自愿的，有一方不愿意就要停止这个行为，否则就是违法的。"

儿："嗯！这个我知道，肯定得两个人都愿意。"（很坚定）

看到孩子对于两个人合作一件事情的态度是建立在尊重彼此意愿的基础上的，我倍感欣慰。

这次"无问题区"的"意外"谈论，真是既有深度又有广度，所以长度也不会"掉队"，才有了这篇好长的复盘记录。

通常碰到孩子开篇提问的情况，我们是不是还没回答就脸红了？要么说:"这个大人用的,你长大了就知道了。"要么就转移注意力:"走,妈妈带你买糖去。"赶快将孩子带离这个"危险"地带。那样的话,也就不会有后面对婚姻关系的一系列谈论了。

回忆一下,面对跟"性"有关的问题,我们的态度是否通常都是回避的,最终目的都是想赶快把这个问题"岔"过去呢?可事实是,当孩子真的关注,想了解的时候,我们的闪烁其词反而会让孩子曲解对性的认识,也可能会逼着他们通过其他未知的渠道来满足自己的好奇心和探索欲。

跟孩子答疑解惑的过程,一开始我也是内心尴尬又忐忑的。可当我跟随孩子的疑惑,向他传递性是源于爱,是孕育生命的开始时,我也表达得更加自在和坦然。2020年我分享过一篇跟孩子谈论性的复盘,解释性行为的过程中用到了大量的比喻、类比,被好多朋友点赞"膜拜"。正当我沾沾自喜时,我看到一位讲性教育的老师说:"性器官是我们身体的一部分,它们有自己的名字,性行为也如此,所以不需要用比喻。"听罢,真是很受启发。想象一下,我们会指着自己的眼睛告诉孩子,这是俩圆球,里面有个黑点,害怕的时候会变大吗?大概率不会吧,我们会很直接地告诉孩子这是眼睛,里面可以转动的是眼球,黑色的是瞳孔。怎么到了我们的性器官,就要"隐姓埋名"了呢?虽然它们的确是见不得人(隐私保护),但不能剥夺它们坦坦荡荡存在的权利。

所以,我们的态度很重要,当我们和孩子都处在无问题区时,我们可以大方分享我们的价值观,向孩子传递他想了解的知识。只有我们能安然自若地讲述,孩子才会习得这是关于爱情的幸福表达,而非关于欲望的羞耻行为。想到孩子的性知识能从我这里开放式地获得,我觉得很踏实。

身为父母,我们当然希望传递给孩子珍贵的经验和理念,让孩子身心健康,少走弯路。但我们同时也要意识到,孩子是独立的个体,他们不是我们的附属品。他们要去的未来是我们永远无法到达的远方。P.E.T. 价值观冲突解决技巧帮助父母更好地面对"想法"上的冲突，让我们可以尽最大的努力去影响孩子：关怀而不干涉，分享而不教导，尊重而不放纵，邀请而不要求。

第九章
案例集锦

·如何面对孩子的"问题"·

·如何处理关系冲突·

·如何协助孩子培养能力·

·如何育儿育己实现个人成长·

本章我们将呈现一系列讲师亲述案例故事，让大家从不同角度看见 P.E.T. 在中国普通家庭中的应用，看到 P.E.T. 父母如何面对孩子 "不上学""不写作业""玩游戏"等"问题"；如何处理亲子、家庭之间的冲突；如何帮助孩子梳理情绪、建立信心、克服困难，以及在这个过程中，如何更好地了解自己，育儿育己，获得成长。

这些案例并非都是 "完美"的"经典"，甚至有些还是 "犯错"的记录。但这并不妨碍我们从这些真实故事中看见 P.E.T. 的神奇、P.E.T. 家庭关系的改善以及 P.E.T. 践行者心中的信念和热爱。

❶ 如何面对孩子的"问题"

P.E.T. 讲师孙庆军：当孩子说："爸爸，我不想上学了。"——很庆幸，我"戈登"了一下

从上小学开始到现在，孩子跟我说了不下三四次，他不想去上学了。

最近的一次是在这学期开学前的一天。我带他走在回家的路上。他突然跟我说："爸爸，我不想上学了。"刚开始听到这句话，我吃了一惊，以为自己听错了，就连忙问他："你刚才说的话，爸爸没有听清。"

"我不想上学了。"他又重复说道。此时我已经确认他是说不想上学了。

再次确认这句话后，我的身体和情绪开始有了反应，觉得自己心跳加快，血液沸腾。我心里面着急，无数个想法已经开始涌现：孩子不是出了什么问题吧；不上学影响多大呀，不会是有什么心理问题了吧；这孩子不上进，教育失败了呀，这以后可怎么办；不上学就考不上大学了，考不上大学就没有工作，没有工作就不能养活自己，也不能结婚成家，这一辈子可就完了……

正当我心里一团乱麻的时候，脑子里突然闪出一个影子，一个牧马人拿着长鞭，向空中用力地抽了一下。"啪"的一声，此时我仿佛也被抽了一下，突然脑子里蹦出了那句名言"'戈登'一下，回到当下"。这句话是我们 P.E.T. 讲师的无敌咒语。只要这句话出来，我们就能马上 P.E.T. 灵魂附身，立马从无尽的担忧想象中把自己拉回来。我定了定神，深呼吸了两次，让自己的身体不那么紧张，然后跟他说："都不想上学了，来，咱们一起来聊聊。"

于是，我们就在楼下的长椅上坐了下来。孩子此时的神情非常沮丧，低着头。我们并排坐下来。开始我没说话，只是一起坐着。其实我心里还是希望他赶紧说点儿什么的，想从问他各种问题开始，了解清楚原因。但是后来一想，这个情况从问题归属的角度，还是属于他的困扰，而我是协助者。于是我就没有说话。

这样过了一两分钟，他才开始说："其实我是觉得这个暑假过得太快了，马上就要开学了，我实在不想去上学了。"

"嗯，爸爸听到了。你是说，暑假过得太快了，不那么尽兴。"

"是啊，放假之后，我们就去写生了。回来没几天，就去了夏令营。紧接着，在奶奶家待了一个星期。然后就是疯狂补暑假作业。"

"暑假这段时间，你日程安排太满了，感觉好紧张。"

"是啊，这不刚补完作业，马上就开学了。"

"嗯，还没有来得及好好地放松休息一下。"

"可不是嘛，想约同学来家里好好玩几次呢，我最喜欢跟 ZY 和 QQ 一起在家里撒欢了。我们可以聊喜欢的军事话题，看各种图画书、小哥白尼杂志，一起玩游戏，去公园骑车爬树，拼乐高积木。"

"这个暑假还没有好好跟朋友们玩，更是没有玩尽兴呢。"

"虽然写生期间我们在一块儿，但是每天上午和下午都有画画任务。写生那几天其实也挺紧张的，晚上回来要写日记，那几天也没有跟妈妈和您好好待一会儿。还有，你们不知道，参加夏令营是我第一次离开家这么多天，我有多想你们。"

"嗯，参加夏令营要连续几天看不到我们，还不能随时跟我们联系。"

"对呀，5天才通话一次，别提那种感觉了。"

"希望爸爸妈妈陪你，我们一起散心和休息。"

"对的，我也喜欢跟你们说我要画的画，聊一聊我在构思的帆船战舰的样子……"

听到这里，我的心里也一阵泛酸。这哪儿是孩子不想上学，这分明就是孩子对父母和同学的陪伴、玩耍、关系上的需求，确实没有很好地被满足。此时，他已经不那么沮丧了，心情也逐渐地平静下来。我们又坐了一会儿，什么也没说，然后就回家去了。

在接触 P.E.T. 以前，面对这种情况，我的反馈可能是生气的，认为孩子"不应该"在写生和夏令营中不开心。花钱给报了写生和夏令营，孩子就"应该"接受所有的不愉快。之前我可能不理解孩子在这个过程中其实是有情绪变化的。我认为这些事情都是事先商量好的，就不应该产生任何情绪，否则就是对家长的辜负，从而内心产生挫败和愤怒。

回到家里，他说："爸爸，其实写生和夏令营我还是过得蛮开心的，有很多有意思的事情。只是我太想家了，要不趁着离开学还剩两天，我跟您讲一下我理想的帆船巨舰吧。下午，我要约××去玩了。后天还有作业要补呢。您说上学第一天会是什么样呢？刘老师估计也想我们了吧。"

其实孩子跟父母说不想上学，父母第一反应肯定是焦虑不安的，想马上把孩子弄到学校再说，不能迟到，不能耽误上课和学习进度。

而能在第一时间考虑到，孩子是遇到了困扰，需要我们的协助而不是我们的命令，这大概率是学过 P.E.T. 的父母。通过倾听孩子我们会发现，孩子内心中确实有一些困扰。比如：对于一些比较有挑战的学校活动的担心，对于一些午休安排的抱怨，对于遭遇到了老师的批评而感到沮丧，对于即将到来的考试的担心，期望考得好成绩而产生的压力，阶段性的作业比较多耽误了平时可以进行的一些业余爱好等。

我们如果能够及时去倾听，孩子在得到共情后，负面情绪得到降温，理智大脑重新思考，那么上学还是他认为需要和可以做的事情，而不是以一个必须服从命令的心态继续去上学。

反之，如果我们不顾孩子的情绪，不管怎样，强行送去再说，孩子不被理解，负面情绪得不到降温，理智大脑就不能正常工作。并且由于被命令又产生了新的负面情绪，没有体验到父母的关爱，而是专制。那么时间长了，孩子与我们之间就会产生隔阂，此时所谓的"叛逆"也会孕育而生。

我很庆幸，在关键时刻我"戈登"了一下。这样我便从担忧中抽离，给予孩子支持和理解，去倾听和共情，孩子就能够逐步地自己解决问题了。

P.E.T. 讲师素宁："不上幼儿园"的几段插曲——看见未被满足的需求

如果孩子某一天突然对您说："妈妈，明天我不想去上学。"您该如何回应呢？相信您的脑海中会瞬间升起很多的念头。大多数父母的回应方式为质疑、评判和说教等等。

"为什么不想去上学呢？"

"怎么能不去上学呢？学生上学乃天经地义。"

"不上学怎么能学到知识呢？"

"好好学习才能长本事，将来才能找到好工作啊！"

"你这孩子，又想偷懒捣蛋耍赖皮了吧？"

"别瞎想了，赶紧去上学！"

这些话是否耳熟能详？但说完效果如何呢？回应之后，您和孩子的关系又如何呢？除了上述回应，是否还有其他回应方式呢？近来，好多朋友问我，育儿理念那么多，为何钟爱 E.T. 模式呢？它究竟魅力何在？就着上面这个问题我们一起来聊一聊。回答这个问题前先来看一段对话，下面是某一晚我和欧文夜聊时的真实对话，里面用到了 P.E.T. 里的几个沟通技巧。大家反复体会，其中的奥妙便可明了。

那天晚上，欧文躺在床上准备休息，突然对我说："妈妈，明天我不想上幼儿园。"瞬间，我的大脑短暂空白了一下，突然有一种不祥的预感。相信很多妈妈听到孩子说这句话时都会紧张。我虽为 P.E.T. 讲师，但也是人不是神，也会有同感，但我不会贸然去问"为什么"。我用3秒的时间让自己冷静下来，心里"戈登"一下，飞速回忆前一个月的事情，找到来龙去脉，看看是不是哪个环节出了问题。

背景如下：欧文正在上中班。临近过年的某一天，班主任突然打来电话告知，因疫情及多方原因，幼儿园需要临时关闭。很遗憾，只能考虑中途转园事宜。对于孩子来说，突然之间要离开熟悉的幼儿园、敬爱的老师们和亲密的小伙伴，进入一个陌生的环境，情绪上难免会有波动。有的家长可能会说"又不是什么大事，不就是换个幼儿园吗！"或者"孩子们心理承受能力太弱，刚好找个机会磨砺一下。"真的是这样吗？

第九章　案例集锦

跟孩子说这件事情之前，我已经做好了时刻倾听的心理准备，便有了以下的对话。

我："欧文，妈妈有件事情需要跟你说一下，你听后或许会有些难过。"（先发送一下预防性我—信息）

欧文："妈妈，您说吧，什么事情呀，我好想知道啊。"

我："因疫情以及其他一些因素，你们的幼儿园不得不临时关闭。我们得重新找其他幼儿园，等过完年开学的时候直接入新园就行。"

欧文："啊？妈妈，怎么能这样呢？这真的是一个不好的消息。那我的老师们怎么办？我的好朋友们怎么办？我是不是再也没办法和他们一起玩了啊？妈妈，我好伤心好难过，呜呜……"

我："妈妈知道，你听到这个消息很难过、很伤心，舍不得老师们和小朋友们，舍不得幼儿园。"（共情同理孩子的情绪）

欧文："是的，妈妈，我舍不得大家。那我年后怎么办呢？我能去哪所幼儿园呢？"

我："嗯，妈妈看到欧文虽然很难过，但是对新的幼儿园也充满了期待。你想去什么样的幼儿园呢？"（给出一个门把手邀请他继续聊下去）

欧文："我喜欢大大的教室，里面有很多的书和玩具，喜欢大大的操场，有我喜欢的老师和小朋友们。"

我："听到欧文描绘的新幼儿园，妈妈也好期待。我们一起去联系一下，找找这样的幼儿园，好吗？"

欧文："好吧，妈妈，只能这样了，之前的幼儿园也回不去了。"（虽然还是很遗憾，但刚才难过的情绪已经得到了很大的缓解）

经过几番周折，我们终于选中了一所幼儿园，里面有大大的操场和大大的教室。欧文开启了新的幼儿园生活。我以为欧文会和以前一样波澜不惊，每天开心地上学放学，就这样度过幼儿园的剩余时光。谁知道才刚刚半个月,他突然冷不丁地抛出这么一句话,让我猝不及防。我赶紧先"戈登"一下,再去倾听。

欧文:"妈妈,今天我不想去幼儿园了。"

我:"嗯,听上去欧文对幼儿园不太感兴趣了啊。"(对孩子的语言进行解码并核实)

欧文:"对呀,今天就是不想去幼儿园。"

我:"嗯,在幼儿园里发生了一些不开心的事。"

欧文:"妈妈,倒也没有什么不开心的,就是今天有轮滑课,我不想上。"

我:"哦,欧文对轮滑有点儿不感兴趣了。"

欧文:"妈妈,我还是挺喜欢轮滑的。我喜欢自己慢慢悠悠地滑,可是班里的小朋友们都上了快两年了,滑得特别好,都是花样滑。我跟不上他们的速度啊。"

我:"这样啊,你喜欢自己滑。跟他们一块儿上课,你压力很大。赶不上他们,你还挺着急的。"

欧文:"是啊,老师还得专门过来教我。可是那么多小朋友,他也照顾不过来啊。我赶不上他们,每次都在最后一个。好伤心,我也想像他们一样滑得飞快。"

我:"嗯,妈妈知道你很着急,你也想早点儿练熟练。"

欧文:"是的,他们都练习了好久了。我刚开始,只能慢慢练习。妈妈,您可以告诉老师,让我今天在一边慢慢练习吗?等我练得熟练一些,再跟他们一块儿转大圈。"(情绪释放之后,可以自己找到解决问题的办法)

我:"嗯,当然可以了,那我就跟老师说一声,我们出发吧。"

这段小插曲就这样平稳度过了。又过了一周,这种情况反复出现了几次,很明显,孩子对轮滑课出现了逆反心理,慢慢没有了兴趣。对于这种情况，我该怎么办呢？是每天强迫他去上课还是要接纳这件事呢？我开始深思，每个孩子都有独特的个性和气质，既然不喜欢这种方式，为何要强迫呢？就好比有的孩子喜欢钢琴，有的孩子喜欢美术，有的孩子喜欢马术一样，选择了就一定要坚持到底吗？遇到困难就一定要迎难而上吗？对于自己确实不感兴趣的部分，有的时候不是越挫越勇，而是节节败退。如果非要逼迫他去做的话，就会适得其反。加之他的自尊心一直很强，长此以往，说不定连上幼儿园的兴趣都会丧失。

经过慎重考虑，我决定调整环境，重新择园。新的幼儿园还有很多他的老同学，欧文又重新恢复了活力。就这样过了大半年，直到前两天晚上，我俩睡前夜聊，闲聊了很多幼儿园里他觉得好玩、尴尬或者不开心的事情。聊完欧文冷不丁又蹦出了这句熟悉的话……

欧文："妈妈，明天我想待在家里，不想去幼儿园了。"（"戈登"一下，我告诉自己，这是他的想法，我得去看看他真正的需求是什么。这一次没有任何焦虑）

我："嗯，听上去幼儿园里好像没有好玩的啊。"

欧文："幼儿园里倒是还挺好玩的，主要就是不太想坐校车。"

我："觉得路上时间有点儿长，挺无聊的。"（继续核实和反馈）

欧文："对啊，您看昨天咱们坐公交回来，就三站地，才十分钟，校车要坐好久啊。"

我："嗯，时间太长，坐着会有点儿累。"

欧文："是啊，而且在校车上需要系安全带，身子前后左右不能动，也不能站起来。您去接我，我还能站起来看风景。"

我："原来如此，欧文还挺喜欢看外面的风景啊。"

欧文："是的，妈妈，以后我可以不坐校车吗？"

我："嗯，你特别希望妈妈每天都能去接你。"（看见孩子内心，带着真

诚去同理接纳）

欧文："对啊，我希望放学第一时间看见妈妈。"

我："嗯，妈妈也希望尽快看到欧文。只是如果每天去接你，妈妈没有那么多时间，确实有点儿为难啊。"（适时用"我—信息"表达自己的需求）

欧文："也不用每天啦，每周两次就可以。您看看明天晚上有没有时间来接我。"（当父母同理孩子，孩子也会体谅父母，自己想解决办法。爱与被爱同时发生）

我："也不一定每天哈，那行，妈妈明天看一下，有时间就去接你啊。"

欧文："太好啦，妈妈，我爱您，睡觉啦。"

我："妈妈也爱你，晚安，好梦。"

经过这两段小插曲，我也及时进行了复盘。相信在生活中，当孩子不想去幼儿园或者不想上学的时候，他面对的大多是说教、评判或者建议。这种方式往往会起到反作用。我很庆幸，在孩子说这句话之前，我已经学习了P.E.T.，知道了何为沟通绊脚石。在孩子有情绪的时候，不要急于评判，我们首先要接住他的情绪，跟随他、倾听他，看到他的内在需求。孩子在被理解之后，才会重新建立逻辑感，我们才能协助他一步步解决问题。

最想强调的一点是，当我们无力改变现状时，调整环境也未尝不可。满足需求，照顾好感受才是最重要的。世界上没有什么是不能改变的，必要时做出调整和改变，或许还能收获到意外的惊喜。

面对冲突，没有剑拔弩张，没有鸡飞狗跳，没有任何评判、说教和威胁，不权威，不宠溺，表达各自需求，最后达到共赢。以上的对话中主要用到了P.E.T.中的"倾听"和"第三法"。P.E.T.沟通技巧从无意识、不熟练到有意识熟练地掌握运用大约需要实践1500次以上。

从一开始的刻意倾听，到现在的习以为常，随时随地带着这个技巧去沟通，我的亲子关系和亲密关系越来越稳固。夜聊已成为我和欧文的日常，倾听也成为习惯。每天晚上总会有半小时的一对一时光，我们总会以"今天在幼儿园最开心的事情"开场。他也总会有聊不完的话题，每次虽意犹未尽，却幸福满满，以"妈妈，我爱您"结束，带着爱意美美地进入梦乡。有一次，欧文很疑惑地问我："妈妈，为什么每天晚上聊完天，我都特别想说我爱您呢？"我想大概是在这段珍贵的时间里，他体会到了爱与尊重，看见与理解，心中充满了爱与满足，迫不及待地想表达的缘故吧……

最喜欢 P.E.T. 里的一句话："没有不乖的孩子，只有需求未被满足的孩子。"遇到问题时不要急于去安慰、评判、建议甚至说教，要带着好奇心去看看事件背后的真相；看到孩子的需求，去协助孩子、倾听孩子，给他机会和空间，让他自己找到解决问题的方法。您想当孩子的负责人？还是想让孩子自己负责任呢？这是一个值得所有人去思考的问题。

P.E.T. 讲师张宏：玩游戏停不下来——冲突中体验成长与爱

P.E.T. 中的无输家冲突解决法也叫第三法，是依据父母赢、孩子输的第一法和父母输、孩子赢的第二法来命名的。当父母赢、孩子输的时候，父母对孩子使用了权威，孩子可能会使用或对抗、或服从、或回避的冲突解决模式。当父母输、孩子赢的时候，孩子对父母使用了权威，父母骄纵了孩子，孩子可能在与同龄人相处的时候产生问题。因为孩子已经习惯了其他人围着自己转的模式，而不会平等、互信、互敬地与人相处。

第三法和商业谈判不同，商业谈判受到相关法律的约束，所以双方是不敢违约的，只是在谈判的过程中要多赢一点儿少输一点儿，如果最终得到的少甚至是亏了，那么就没有后续的合作机会了。可是父母和孩子之间不适用这种方法，因为亲子关系是靠爱和责任维系的，只有彼此关系好才能合作共赢；关系不好在相处中就总会有委屈和愤怒，而亲子关系也并不能因为失信而终止。

　　今天上午张宝练完琴便开始玩游戏，计时器响起来也不停下来。我当时很生气，一直以来，他一玩游戏我就得分心听着，计时器响起来我要说半天他才停。有时他还发脾气，我不得不花时间和他沟通。时间和精力是一个人的生命，这么耗费我的生命，我真的很恼怒。于是我邀请张宝谈论这个问题。

　　我："张宝，计时器响起来时你不能停止游戏，我不得不分神盯着你，我就没法集中精力去做我自己的事情。这对我真的很不公平。"

　　儿："我是真的没玩够。"

　　我："那我们现在谈论一下这件事，可以吗？"

　　儿："说吧。"

　　我："玩游戏对你有什么好处？"

　　儿："我高兴啊，我的队友……我的枪……我学会了……"

　　我："对妈妈来说，我不反对你玩游戏。可是每次计时器响起来你都不听，我要跟你说上好半天。我真的好烦，我希望能集中注意力做我自己的工作。"

　　儿："那您有什么办法？"

　　我："我希望你能玩得开心，我也放心地让你玩，不会费神盯着，我希望能更轻松。我们一起想想办法好吗？"

　　儿："那我只有一个办法，就是上计时器。"

　　我："可是计时器响了你没有停止游戏，我希望我们还能找到更好操作的办法，让我也不用盯着你玩游戏。"

　　儿："那我有什么办法啊？您说啊，您说啊！"

　　我："你担心妈妈不让你玩游戏，又想不出办法来处理这个问题，所以很着急。"

第九章 案例集锦

儿："那您有办法吗？"

我："我希望每次计时器响起来时你先暂停游戏，然后和我商量还能不能多玩几分钟，或者眼睛休息足够的时间之后再玩 15 分钟。"

儿："那好吧。"

于是问了姥姥几点吃饭之后，张宝休息了 15 分钟又玩了一会儿。下午结束了室外活动，也做完了识字、数学，休息眼睛的 15 分钟里张宝还帮我择了桔梗的叶子。但是他不停地看计时器，看看还有多长时间能玩游戏。我没说什么，就问他能帮我把这一束桔梗的叶子都择完吗。他说可以。

计时器响起他就去玩了，到了时间他还是不停。提醒了几次之后我也生气了。我非常强烈地表达了他不遵守约定对我的不公平。重复了几次之后他开始闹脾气，把我的手机往沙发上摔，还踢自己掉在地上的玩具。我一下子恼火了，走过去跟他喊："每次玩游戏到结束时间你都不停，我说半天停下来你还要闹脾气，这真的让我很烦躁。约好的事情你不照着做也不尊重我，我真的没办法了，这个游戏别玩了。"

说完了我走回自己的位置，张宝哭哭啼啼地跟我念叨，我跟他说我听不清楚他说的话，让他回房间里冷静一下，能说了再来说，要不总是耽误我的时间跟他沟通对我很不公平。他跑到房间里去，我也进另一个房间去做阅读阅美的说明会。过了一会儿他跑了过来，看我在发语音就没说话，而是在一旁等着我。等我录完一句话停下来看向他时，他跟我说他可以遵守约定，计时器响了就退出游戏，再来跟我商量能否多玩。我说游戏退出去即使能再多玩几分钟也还得花时间找地图，可以不退出，关闭屏幕就好。张宝同意了。

我又提出，计时器响起来马上就停，确实很难做到，我可以在计时器响起来之后给他短暂的时间来结束当前的游戏局面然后再停下来。张宝说谢谢妈妈。可是我仍然坚持我们还需要再制定一个确切的时间保证不用我提醒他也能停下来。我希望计时器提醒后的 40 秒之内他要先关闭屏幕，再跟大人沟通后面的安排。张宝同意了。

我让他把这个解决方式告诉姥姥和姥爷，免得他们也因为计时器响了张宝还在玩而着急。姥姥姥爷自然同意。于是张宝又开始玩游戏，这一次他确实在计时器响起来的时候主动关闭了屏幕，而且情绪上也比较平稳。

我不敢确定上午第三法之后下午的再调整能够一劳永逸地解决玩游戏的时间控制问题，但是我愿意一次又一次地花时间和张宝谈论这个问题。

我不赞同由家长严格管控手机和游戏时间，我希望我的孩子能够直接面对生活中的各种诱惑。现在的孩子不缺吃不少穿，可是他们确实承受着更大的社会压力，同时也更加孤独，所以在游戏中获得归属感和成就感对于孩子来说便成了强烈的诱惑。父母可以陪伴孩子慢慢体验这种被诱惑的焦虑，在这个过程中让孩子有机会体验不一样的处理冲突的方式。

虽然每次冲突都不一定能简单快速地彻底解决，但是在这个过程中孩子一定能够逐渐学会尊重他人、自我约束，成长为一个独立自主的人。我爱我的孩子，我愿意和他一起处理这些令我头疼的问题。所以到晚上睡觉的时候，张宝又一次搂着我的胳膊说："妈妈，我爱您！"我也说："妈妈也爱你。"好好说爱，父母和孩子都值得拥有。

P.E.T. 讲师可菁：断奶——也可以用"预防性我—信息"和"调整环境"

小朋友已经断奶快一个月了。从执行断奶的第一天起，小朋友全程没有大哭，没有反复，没有纠结和不开心。我们彼此都心照不宣一般，一起笑着，完成了这个对他来说人生中不小且重要的"里程碑"。更让我意外的是，断奶第三天，小朋友居然主动要求躺在床上自主入睡了。到此，我正式结束了两年多的母乳喂养。虽然很不舍，但是很欣慰，尤其是最后这个句号，我觉得画得很美好。

　　我知道，很多母乳妈妈，尤其是纯母乳妈妈，多少都为断奶这件事情纠结和困扰过：什么时候断？怎么断？断了以后又要如何处理自己和宝宝的情绪呢？是的，我们需要关注情绪，尤其是对于一岁半以上稍大一点儿的宝宝来说，断奶给他们带来的情感变化要比不吃"奶"这个食物本身重要得多。

　　我曾在孩子整六个月的时候，突如其来地得了一场"怪病"，高烧不退，全身红斑。后来查出来是药物过敏，但是当时正值2020年初新冠肺炎疫情大暴发，由于高烧不断，又不明原因，我不得不选择和孩子隔离。于是孩子突然被动断奶、"断妈"，时间长达一个月。这对于刚六个月的孩子来说，太难了。姥姥说孩子没日没夜地大哭，滴水不进，没劲儿了就睡觉，整整三天，才缓过来。等我康复回来，家人就劝我："干脆把奶断了吧，不要让孩子遭第二次罪！"但我坚决地选择了重新"亲喂"。这不仅因为我认可母乳的必要和有益，更重要的是，我知道当我无力挽回突然离开对孩子造成的"情感伤害"时，"奶"可以帮他恢复和重建安全感。如果为了方便就此断掉，那在他幼小的心灵里可能永远都潜藏着一种说不清楚的不安全感和恐惧感。

　　也正因为如此，在我准备再次"断奶"时，会特别注意对孩子的情感引导。我曾经搜过全网，希望能够找到一个好的参考。遗憾的是网上更多的是一些实用的操作，却鲜有涉及"如何帮助孩子在情感上接受断奶，并且在整个过程将断奶的情绪影响降到最低"的内容。好在我是一个P.E.T.父母效能训练讲师，P.E.T.虽不直接涉及如何断奶，但我却从中得到了很多对于如何引导断奶的启发。

　　用P.E.T.协助宝宝做准备。

　　在P.E.T.中，有一个概念叫作"预防性我—信息"，简而言之，就是如果你决定要做一件事情，那么请事先告知对方这些信息：

你需要做什么？

为什么要这么做？

甚至可以更进一步：

预判这件事可能给对方带来哪些影响。

针对这些影响可以怎么办？

让孩子或者他人提前了解这些，可以有效地避免未来冲突的发生，或把冲突的强度降到最低。

比如，如果你想让孩子明天外出聚会的时候不要乱跑。你要做的不是在第二天聚会的时候，气急败坏地把孩子从各个角落"拎"回来，而是提前一天告诉他："明天我们要一起和大家聚会，那里人多也杂，如果你到处乱跑，妈妈很可能会找不到你，那样妈妈就会不停地担心和害怕。所以我们明天可不可以不乱跑，或者在妈妈的视线范围内活动？"然后在聚会前，不断地重复这件事情给孩子听，如果你真的这样做，那么你一定会收获一个"乖孩子"！

受这一点的启发，在这次"断奶"上面，我同样用足了"预防性我—信息"。

在断奶的前一个月，我就带着他感受和体会三件事情：

为什么要断奶？

断奶会给他的生活带来什么变化？

面对这些变化我们可以怎么办？

场景一

小朋友特别喜欢汽车，家里有一个"停车大楼"，他每天都会把自己的玩具车往上摆。有一天，我拿着他的车边摆边说："这辆车是米饭，这辆车是菜菜，这辆是肉肉，这辆是零食……"一直摆到摆不下了，我又拿了一辆，用夸张的表情说："啊！这是neinei！摆不下了！摆不下了！"小朋友咯咯地笑。我说："宝宝现在长大了，可以吃好多好吃的，再吃neinei就会占肚子，其他东西就吃不下了。而且 neinei 的能量不够了，不能让宝宝长高长大。小宝宝才吃，大宝宝不吃了，大宝宝可以吃更多好吃的！"小朋友一开始还不太明白，听多了慢慢就理解了，后来自己也开始叨叨："neinei 没什么味道，不好吃。"

场景二

一天，我看到一个腐败的苹果，觉得机会来了！于是戏精上身："哎呀，这个苹果坏了！放太久了，不要了，扔了扔了！"当着小朋友的面把它扔到垃圾桶去了。之后我就找机会把这件事当例子，对他讲："neinei 就像个大苹果，吃的时间有点儿久了，都快坏了，咱们该把它扔了，不然就要发霉了！"此外，我还会到处类比。看到落叶，我就说："叶子时间久了，都变黄了，你看都掉了……"小区大门坏了，我就说："你看大门也坏了，坏了就不能用了，不过没关系，我们可以换个新的门走……"于是，小朋友慢慢就接受了这个"旧的不去，新的不来"的事实。他知道 neinei 旧了，要换掉了，但是可以有很多新的食物和事物替代。

场景三

为了给小朋友一个明确的断奶信号，我还制造了一个"时间点"。因为哺乳期我一直没打疫苗，于是我就告诉他："外面疫情太严重了，妈妈还没有打疫苗，这样我就容易生病，妈妈需要去打疫苗了。不过打了针，neinei 就有药了，就不能吃了。反正 neinei 也不好吃，也旧了，咱们到时候就和它说拜拜吧！"

场景四

小朋友一直有奶睡的习惯，为了解决这个问题，我还特意强调了一件事:"neinei 不是妈妈,妈妈才是妈妈,妈妈不会离开,妈妈会抱宝宝亲宝宝,neinei 不会,所以 neinei 没有了没关系,妈妈的爱永远在,妈妈的抱抱亲亲都可以代替 neinei,陪你入睡。"

之后,就是在接下来的一个月里,几乎每天我都会找机会和他重复这些事情。后来我发现,他慢慢从有点儿不情愿到接受再到完全理解。记得有一天,我边喂奶边和他聊天:"你说,跟 neinei 说拜拜是件好事还是不好的事呢?"宝宝睁大眼睛看着我,奶声奶气地说:"好事!"我知道他明白了。

临断奶前一个星期的一天晚上,要睡觉时,他只吃了两口奶就不吃了,要抱抱睡。我知道他准备好了,第二天我果断去打了疫苗。回来之后,我把周围的环境进行了微调:换掉哺乳衣,让孩子不再容易接触到 neinei;在桌子上摆上小零食,保证他想吃东西的时候,随时可以找到;买了新玩具,让他把注意力放在其他事情上。

就这样,除了第一天晚上,因为不奶睡有点儿不习惯,哭了几声,喊了句:"吃口 neinei!"此外,他再也没有主动提过吃奶的事。当时,我抱着他轻声说:"妈妈打针了,neinei 不能吃了!"小朋友就不哭了,闭着眼睛回答我:"好!好的,妈妈。"

倒是我,在最开始的几天,每次一觉察到他有小情绪的时候,都会抱紧他不断地说:"宝宝不吃 neinei 了,宝宝长大了,妈妈真为你高兴,长大我们就可以一起做更多的事情了,neinei 不是妈妈,妈妈才是妈妈……"姥姥在一旁听着着急,使劲儿和我摆手:"别提孩子的伤疤,孩子正难受呢,你怎么老提!"

后来,我跟姥姥讲,我这么做是在确认和消除他的顾虑。小朋友虽然不提,但是经历这样的分离,心里必然会产生波动和难过,哭和哼唧都是正常的。这时候孩子需要的是允许,而不是回避。回避只会让他产生疑虑和不安,而如果允许他流露自己的难过,并确认他的感受,他才会更加安心和踏实。

允许，能引领成长，而回避，会制造"伤疤"。"断奶"是成长，不是"伤疤"。

❷ 如何处理关系冲突

P.E.T. 讲师杨慧：双胞胎兄弟情——从塑料到钢铁

晚上我遛完狗回家，发现佑佑站在床上扯着被角，低头不做声，一看就是"拥有问题"了。佐佐看见我回家之后就去客厅了。我猜肯定是兄弟俩闹矛盾、发生冲突了。

首先觉察一下我自己的感受，我此刻有些好奇，也关心兄弟二人的冲突，但也完全接纳孩子的感受和行为。我可以采用第三法调停的方式协助他们。

我开始倾听佑佑："佑佑，需要我帮助吗？"

佑佑点点头，我把他抱到我的房间。他一直趴在我的肩膀上默默流眼泪。

我尝试发送了一个"门把手"："发生了什么，愿意跟我说说吗？"佑佑没有回应，依旧是默默流泪。看来他还不想说，于是我就继续抱着他。其间我问回到自己卧室的佐佐："佐佐，你愿意说说发生了什么吗？"

"不愿意！"

此刻老公回家了，看到了这一幕，"怎么啦？佑佑？"他把佑佑接过去抱在肩膀上。我听见佑佑的哭声明显变大了，充满委屈。爸爸抱了一会儿，竟也没有评判和扔绊脚石。

老公也一看就知道是兄弟俩发生了冲突，喊道："佐佐，过来。""干什么啊？"佐佐不情愿地来了。很明显，爸爸的权威在七岁的儿子面前还够用。

佐佐过来之后，我说："我也抱着你吧。"并伸给他一条腿。佐佐说："不用！"顺势躺在了床边的地板上。

我："你愿意说说发生了什么吗？"

佐佐："反正是佑佑先起的头。"

我："哦，佑佑先起的头，所以你现在很生气。"

我没有追问佑佑起的什么头，而是转向佑佑。

我："佑佑，佐佐的想法是你先做了一件事情，他现在很生气。"

佑佑："他藏了我的玩具。"（还在哭）

我："哦，佐佐藏了你的玩具，你也很委屈。"

我："佐佐，佑佑说你把他的玩具藏起来了，他现在很委屈。"

佐佐："是他先把我的玩具弄坏的，他就是故意的。"

我："佑佑弄坏了你的玩具，你认为佑佑是故意的，就更生气了。"

佐佐："我藏的佑佑的玩具是对他不重要的，我要报复佑佑。"

我："你心爱的玩具坏了，太心疼了，就想让佑佑体会一下玩具找不到的感受。需要我帮忙修吗？"

佐佐："我自己已经修好了。"

我："佐佐认为你故意弄坏了他的玩具，他就把你的一件玩具藏起来了，他觉得那个玩具对你不重要。"

佑佑："我不是故意的！"

佐佐："佑佑就是故意的！"

佑佑："我不是故意的！"

第九章 案例集锦

我:"佐佐不相信你不是故意的,你很委屈。"

佑佑:"佐佐藏的是什么玩具?"

我:"佐佐,佑佑想知道你藏的是哪一件玩具。"

佐佐:"在阳台上。佑佑自己去找。"

我:"在大阳台上吗?"

佐佐:"在奶奶屋的阳台上。"

我:"佑佑,你自己去找可以吗?"

佑佑自己去找了。

此刻,佐佐还躺在地板上。我有些担心,我一直抱着佑佑跟他解决冲突,在身体语言上,他可能会感觉到我跟佑佑的关系更近一些。因为此前发生类似事情的时候,佐佐一直表达:"妈妈,你不爱我。"后来经过倾听,我知道是因为我跟佑佑的身体距离更近,他感觉我跟佑佑是一伙的。

我:"佐佐,你需要我抱你一会儿吗?"

佐佐:"也得抱跟佑佑那么长的时间。"

我:"好,没问题。"

坐在我腿上,佐佐指了一下我房间柜子上的一块橡皮:"那是我藏的佑佑的玩具。我就是想捉弄一下佑佑。"

果不其然佑佑回来了:"妈妈您帮我去找,奶奶屋的阳台上没有。"

我:"佐佐说他藏的是那块橡皮。"

此刻老公又过来了,给我们看手机上的一个视频。看了一会儿,佐佐说:"太无聊了,我要去玩了。"又过了一会儿,佑佑也走了。很明显,两个孩子的情绪都被看见了,冲突也解决了。我觉得心里暖暖的,每一次当我用P.E.T.的这种第三法调停的方式协助两个孩子解决冲突之后,总会感觉我们之间有爱在流动。

还有两个彩蛋,关系银行又存了一笔。

彩蛋1——后来我去他们房间，佐佐拉着我："妈妈，您看看佑佑写了什么？"我看到雪白的电扇上，用彩笔画了一坨符，书架上也有，床单上也有！我问这是什么，佐佐说："佑佑写的是——共享。"我问："你们这算是和好了吗？"佐佐点头羞涩道："嗯。"

彩蛋2——佐佐、佑佑准备睡觉了。我打开电脑准备晚上的线上读书会。佐佐突然出现在我背后喊了一声"妈妈"，吓得我大叫一声。佑佑过来问怎么了，我说佐佐突然出现吓到我了。佑佑扯过我的头抱在怀里。

多子女家庭中的冲突不可避免，如何解决才是关键。如果成年人或家长在孩子的冲突中扮演法官或裁判的角色，代替孩子解决冲突或者想出一个解决办法，那么孩子会试图利用成年人的权威来让自己赢，让另一个孩子输，并且也学习不到如何解决冲突。

家长不需要评判孩子行为的是非对错，"你不可以捉弄""你不可以报复"……只需要去了解这些行为背后未被满足的需求是什么。因为孩子跟大人一样，他的行为是在满足自己的需求。

如果家长可以通过分别倾听孩子，以及帮助孩子发送"我—信息"，协助孩子沟通，一起寻找满足所有孩子需求的解决办法，就可以重新架起孩子之间断掉的沟通桥梁。冲突中没有输家，只有"双赢"。

P.E.T.讲师李清朱：幼儿园里的日常——冲突过后是成长

孩子是通过生活中无数的小事进行学习的，孩子的个性和能力在日复一日的生活中被塑造，虽难以觉察，却时时都在发生。年复一年，蓦然间小小的孩子就有了大人的样子。在这个过程中都有什么呢？爱、温暖、接纳、包容是必不可少的。除此之外，还有数不清的冲突。说到冲突，我们想到的是什么？冲突对我们来讲意味着什么？

其实，每一次冲突都是一次学习的机会。从这个视角出发，我们可以以积极的态度来理解孩子间的冲突。在一个以尊重和理解为前提的幼儿园里，孩子们每天有大量的时间自由玩耍，在这些玩耍时间里，除了运动、创造、社交，还会有大量的冲突。自从在生活中践行 P.E.T.，作为老师的我，处理孩子们的冲突简直太容易了。

让我们来看看孩子的世界吧。即使发生冲突，也充满了各种可能性和趣味性。当然，前提是不要去评判，只需用心地观察，恰当地引导。

场景一

午饭前，手指谣时间，我正带领着小朋友们唱歌。

澄澄趴在了桌子上。

旁边的知了转头看着澄澄，说："唱！"

澄澄瞧了知了一眼，没理会。

知了一巴掌拍在了澄澄肩上，很严肃地说："唱！"

澄澄哇一声哭了。

眼看两个人就要打起来了，我把他们从座位上带离。

知了噘着小嘴说："我说了，要唱歌，可是他不唱。"

澄澄："我不想唱。"

我："澄澄，你还没有准备好，是吗？"

澄澄："是。她还打我了。"

我："知了，你跟澄澄说要唱歌，澄澄不唱，你就打了他一下？"

知了点了点头。

我："澄澄，你跟知了说：'我还没有准备好'。"

澄澄看着知了："我还没有准备好。"

我："知了，哥哥需要多准备一会儿。你把哥哥打疼了，怎么办？"

知了眨巴着眼睛，不说话。

我："澄澄，你需要知了给你揉一下，还是说对不起？"

澄澄："说对不起。"

知了："对不起。"

协助解决冲突，不需要评判，也不需要讲大道理，只需如实呈现冲突双方的状态，让彼此了解即可。

场景二

菜地里，孩子们发现了一些超大的蜗牛。澄澄捉了一只，像宝贝一样放在手心观察。

六六也找到了一只，但玩了一会儿，不知道蜗牛去哪儿了。

六六看着澄澄，用一种哼哼唧唧要哭的声音说："澄澄，这只是我的，是我的……"

澄澄一直看着自己手心里的蜗牛，对六六的话没有反应。

六六继续哼唧："这是我的，是我的……"

澄澄淡定地看着蜗牛，半晌才抬起头，很干脆地说："这是我的！"

六六愣了一下，立马换了一副表情，用很轻松的语调说："哦，对，是你的。"

协助解决冲突，有时需要慢一步，给孩子留出时间和空间来呈现和成长。冲突的小火苗一出现就被灭掉，孩子就失掉了去自己体验的空间。放松心情，你会发现，孩子的解决之道有时也蛮有意思的。

场景三

早上入园，知了和六六正坐在门口准备换鞋子。

突然，六六哭了起来，一边哭一边很委屈地说："老师，知了打我。"

我："知了打你哪儿了？"

六六摸了摸头说："打我头了。"

知了生气地说："是你先打我的！"

我："六六打你哪儿了？"

知了："他捏我脸。"

六六眼泪汪汪地说："我只是想摸摸她的脸。"

我："你跟知了说：'你好可爱，我可以摸一下你的脸吗？'知了同意了你才可以摸，而且要轻轻地摸。"

六六："知了，你好可爱，我可以摸摸你的脸吗？"

话还没说完，知了就把脸凑了过来。

六六用手心轻轻地贴了贴知了的脸颊。

协助解决冲突，要心中有爱，要在冲突中看到爱，然后把这份爱传递给孩子。

场景四

七七拿起一幅画。彤彤看见了，马上大喊："给我！"七七一听，赶紧跑开了。

彤彤一边追一边喊："还给我！还给我！"眼看就要追上了，七七突然停下来，把手里的画撕烂了。

彤彤生气地冲着七七说："你干吗把我的画撕了！你给我赔！"

旁边的暖暖也过来帮腔："七七，你这样做不对，你怎么可以撕别人的画呢？"

七七"哇"一声哭了起来。

我把七七抱到一边，将彤彤也叫到身边，协助她们一起解决这个冲突。暖暖竖着耳朵悄悄地在旁边听着。

我："我刚才看到彤彤在追七七，七七把手里的画撕掉了。谁能告诉我具体发生了什么事？"

暖暖："七七抢了彤彤的画不还，还撕掉了。"

我："这是七七和彤彤的事，我想先听听她们两个怎么说。暖暖，如果需要帮助的话，我再告诉你，好吗？"

彤彤："七七抢了我的画，还把我的画撕掉了。"

我："七七，是这样吗？"

七七："不是，我以为是我的画呢。"

彤彤："可那不是你的呀，你连自己的画也不认识呀！"

我："七七也画过一幅这样的画，是吗？"

七七："是。"

我："我看到你把那幅画撕了。"

七七："彤彤追我。"

我："彤彤追得你着急了，你一生气就把画撕了？"

七七："是。"

我："彤彤，我看到你追七七了，你有没有跟七七说'这幅画是我的，请你还给我'？"

彤彤："没有。"

我："你刚才说七七抢了你的画，你之前把画放哪儿了？"

彤彤："放在滑梯上了。"

我："放那儿你就离开了吗？有没有叫人帮你保管着？"

彤彤有点儿不好意思地摇摇头说："没有。"

我："那么，事情看起来是这个样子的：彤彤把画放在了滑梯上，然后离开了，七七看到了画以为是自己的。"

我看了看两人，两人都点点头。

我接着说:"七七刚捡起画,听到彤彤喊就吓得跑开了,彤彤着急把画要过来就一直追,后来七七被追得着急了,就把画撕了。是这样吗?"

彤彤和七七都点头。

我:"彤彤,你好像没有保管好自己的画,也没有好好跟妹妹说,七七也没有好好跟姐姐说:'这是我捡的。'现在画已经没有了,你们打算怎么办呢?"

七七:"我画一幅还给彤彤吧。"

彤彤:"算了,我还是自己再画一幅吧。"

两个人都没事了,离开一起谈话的地方。七七经过暖暖身边的时候,斜着眼睛看了暖暖一眼。

我:"暖暖,刚才你好像冤枉七七了。"

暖暖刚才一直悄悄地在旁边听着,这会儿,马上对七七说:"对不起,我刚才也不知道是这个样子的。"这时,七七的情绪彻底平复了,开心地玩去了。

协助解决冲突,要留意:冲突的双方才是解决问题的主导者,其他人只是协助者。当孩子的情绪下去后,自然会想到解决问题的办法。至于具体是什么办法,不要用成人的眼光去评判,只要冲突双方感觉满意并且不影响别人就可以了。作为协助者,我们只是客观地描述自己看到的,不给孩子贴标签,不评判孩子的对错,因为我们看到的往往只是事情的一部分,孩子之间也不存在成人世界里的是非对错。事情的经过需要由冲突的双方分别来叙述,在叙述的过程中我们应协助孩子看到自己的需要和对方的需要。

孩子间冲突的产生往往是因为没有看到对方,或者孩子的自我正在发展,以孩子当下的认知,还难以主动地理解对方。其实成人的冲突也一样,冲突的当下常常是我们对自己了解不够,或没有看到对方。对于孩子来说,当他看到并理解了对方时,冲突往往就解决了。我们这一生都在不断地认识自己和了解他人。P.E.T.可以帮助孩子在很小的时候就以正向的方式开启这一部分的"工作"。

我们要相信孩子善良的天性，也要相信孩子解决问题的能力。如何处理冲突，要从娃娃学起。冲突的背后是力量和成长，冲突也可以转化成爱流动起来。每一份觉察，每一份爱，都可以打开一个新的世界。愿每个孩子被这个世界温柔以待，愿每个孩子不再惧怕冲突，愿每个孩子找到自己的力量温柔地对待这个世界。

P.E.T.讲师苏苏："妈妈，对不起，我真的很爱您。"

这不算是一个成功的倾听案例，因为里面夹杂着我的虚假不接纳和刻意引导。但这又不失为一个成功的倾听案例，因为当我意识到自己的不真实时，我及时做出了真实的表达；当我看到自己的刻意引导时，我放下了那些目的和意义，只是去看眼前的孩子，从而听到了过往事件中他没来得及释放的惊吓、慌乱和内疚的情绪。然后，爱就流动起来了。

其实，生活就是这样，没有绝对的对和错。用什么样的语言给孩子反馈，都比不上每个当下去看到和连接孩子的那一份愿心。

只要有这份愿心，爱和流动自然就会发生。

昨天下午，我到幼儿园接乔放学。一路上，他都在找各种理由希望我能抱他。一会儿说自己腿疼，一会儿说自己"没油"了。

我肯定他想要我抱的需求，同时告诉他，我膝盖的伤还没好，没法抱他。

从幼儿园到公交站，走到一半的时候，他在一家银行营业厅前停了下来，继续说他腿疼，还做出了哭的样子。

我说："你是真的腿疼，还是只是希望妈妈抱你？妈妈希望你能直接告诉妈妈，要不然妈妈会担心你真的腿疼。"

他说："我是想要妈妈抱。"

"嗯，我知道了。"我说，"但是妈妈膝盖的伤还没好，妈妈没办法抱你，妈妈担心这样抱着你走，又摔倒了，那可就惨了。"

事后复盘：这其实是一个虚假不接纳，我的膝盖虽然受伤，但属于皮外伤，并不影响我像平常那样抱孩子。因此，这里"妈妈没办法抱你"，更真实的表达应该是"妈妈不想抱你"。而所谓担心抱着走会再摔倒，那更是对于未来不必要的恐惧和焦虑。我只是在无意识地传递我的焦虑。

"那您小心点儿走就好了。"乔说。

"嗯，那样也没办法哦，妈妈还是害怕会摔倒。"我说，"现在，你想要妈妈抱你，可是，妈妈又没有办法抱你，你有什么办法，能让你不累，也能让妈妈不累吗？"

事后复盘：表面上，我在邀请孩子想一个我们都能接受的"第三法"，也就是既满足我也满足孩子的解决方案，事实上，因为前面的虚假不接纳，在这个冲突里，我自己的需求是很不明确的。因此，我自己在提问的时候，心里也是没底的，颇有些为了实践"第三法"而"第三法"的意味。

"没有办法。"乔说。

"嗯，你真的很想要妈妈抱，你觉得妈妈抱着你，就特别能感觉到妈妈爱你。"我开始倾听。

"是。"乔的声音中开始有些情绪。

"嗯，妈妈知道了。可是妈妈现在真的不方便抱你。"我说，"要不然，我们到这个营业厅里面的椅子上坐着休息一下，好吗？"

事后复盘：此时，我说出了自己的方案。这其实也是我期待从孩子口中听到的方案——一个折中的，或者说能证明孩子体谅到我的方案。我多么希望他能说出一个让我惊喜又有创意的方案啊。此时，内在隐隐的目的性和操控性出来了。

"不要，不要。"乔抗拒着，并开始小声哭起来。这次，他的哭和刚才的"装腔作势"不一样，我能看到他的眼眶红了。

我蹲下来，抱住他，说："嗯，乔真的很想要妈妈抱。来，让妈妈好好抱抱你。"

我紧紧抱着他，他哭得更伤心了，还边哭边对我说："对不起，对不起。"

听到他说"对不起"，我的心里咯噔一下，感觉事情似乎不像表面那么简单。

我把他抱起来，倾听他："嗯，妈妈感觉你现在很难过。"

乔继续难过地哭。

"你说对不起，是因为想到前几天妈妈抱着你时摔倒的事吗？"我只能猜测，"你担心妈妈怪你，妈妈是因为抱着你才摔倒的。"

"妈妈，我真的很爱您，我真的很爱您。"乔更伤心地大哭起来。

"嗯，妈妈知道了。"我说，"妈妈知道你很爱妈妈，妈妈也很爱你。那时候，妈妈抱着你摔倒，你也真的被吓到了。真的很害怕。"

乔继续哭。

我紧紧抱着他，陪着他哭了一会儿。

等他的情绪温度稍微降了一些下来，我对他说："妈妈想跟你说，妈妈那天摔倒，是妈妈自己不小心，跟乔没有关系。妈妈看到乔也摔伤了，妈妈也很心疼呢。妈妈刚才有句话没说好，妈妈不会因为害怕摔倒而不再抱乔的，妈妈还是可以抱着乔小心地走。嗯，妈妈感觉现在可以抱着你走了。我们往前走吗？"

乔点头。

于是，我抱着他，慢慢地朝公交站走去。

一路上，我和他玩着充电的游戏——抱一段，我说累了，他就摸摸我的耳朵假装给我充一些电，我就继续愉快地抱着他走。

回到小区，我感觉到自己真的累了，于是，对乔说："待会上楼的时候，妈妈没办法继续抱你走了哦。因为妈妈现在已经没有电了，脚好酸，腿也好酸。"

一开始，乔还是抗拒，想继续说服我满足他。

但我很坚定地告诉他："妈妈现在真的不想抱你走了。"他自己在台阶上坐了一会儿，便和我手牵手走上楼去了。

事后复盘：澄清和孩子之间可能的误会之后，依然可以和孩子有清晰的界限。我也体会到，说"我不想抱你走"比"我没有办法抱你走"更真实有力，因为前者是我内心想法的真实呈现，后者却是迂回的——潜台词是，不是我主观上不想，而是因为客观原因，我现在没有办法。事实上，那些客观原因，不过是我们用来逃避面对自己内心真实部分的借口罢了，背后隐藏着我们害怕伤害对方以及引起冲突的恐惧。我们真正需要面对的，是这个恐惧。

P.E.T. 讲师芳芳："温柔而坚定"惹的祸——放掉"应该"，遵从真实的自己

"温柔的妈妈教出坏脾气的孩子？为何我女儿一言不合就尥毛？也许发脾气，对孩子来说是捍卫自身边界最合适的方式！"

记得一年深秋，有一天突然降温了。当时六岁的女儿感冒了。那天早上我拿出一件给她新买的橘红色厚羽绒服，提醒她穿上准备出门去上学。

她拿起羽绒服使劲儿地摔在地上尖叫："我不穿！我不穿这件！"然后，"哇"地就哭了。看到孩子的情绪，我盯着地上的羽绒服，感受着自己的愤怒。我想讲道理，告诉她外面有多冷，她还在生病；我想质问她，为什么不穿这件衣服。我想指责她，她生病我会担心，为什么不懂妈妈的关心。我想命令她，必须穿上这件厚衣服。我想了10086种说服强迫她的句式……但是我没有说。我给了自己和女儿一点儿时间和空间。我看着女儿，看着一个委屈哭泣的孩子，一个捍卫自己选择权的孩子。我知道，此刻她有情绪了，她处在问题区了，她需要我的协助。然而，我虽然是妈妈，可我也个人！我自己的情绪也需要被照顾。

我知道，讲道理、说服她，甚至强迫她穿上这件衣服是最快的解决冲突的办法。也许最终孩子会屈服、含泪穿上这件衣服。但毫无疑问，孩子会感到被伤害，亲子关系也会受损。我想，生活中有很多这样的情景，也有很多这样的"小"事，带来了很多这样的"小"伤害。值得深思的是，随着这些"小"伤害的累积，最终会将我们的亲子关系推到什么样的境地呢？于是，我感受着自己的情绪变化，由惊讶不解转为愤怒又转为无奈。我让自己稍稍平复了一下。

我："为什么不穿？"

她："我就是不想穿。"

我："把衣服捡起来吧。"

她哭着把羽绒服胡乱捡起来扔在沙发上。羽绒服又从沙发上滑落了下来。我知道，现在并不是谈话的好时机。

我："你喜欢穿哪件，自己选吧。"

她回房间选了一件粉色碎花、中等厚度的羽绒服穿上了。

我："先上学吧。晚上回来我们谈谈摔衣服的事情。"

扪心自问，我在育儿的道路上一直在学习，而且我还是一位家庭教育讲师。我也能感受到，我和女儿的关系日益亲密。我总体是温柔的，也很尊重孩子的自主性。一般情况下，孩子的事情都是孩子自己决定，我并不会过多参与。为何孩子还会有这么大的反应？哪里不对劲？近期孩子像这样突然就爆发的情况，非常频繁，爆发前没有任何过渡。是哪里出问题了呢？

原来是"温柔而坚定"惹的祸。

下午接女儿放学回家，我看她心情不错。

我："妈妈想知道你今天早上为什么把衣服扔到了地上呢。"

她："您还记得这件事呢？"

我："是啊，我记得呢。"

她："我也记得，从早上我就记得。"

我："那你可以告诉我为什么吗？"

她："因为我不想穿那件衣服。"

我："不想穿，可以选择一件你想穿的衣服啊。"

她："如果我告诉您我不想穿这件衣服，您一定会说'为啥你昨天穿了今天就不穿了？'我已经知道您会这么问了，我不想回答，所以我就把衣服扔在地上！"

我："哦，你觉得直接发脾气、扔衣服可以更快达到目的，是这样吗？"

她："是的！"

我："也许下次你可以试试直接换一件，不需要发脾气。看看我是不是你想的那样。"

她："您就是的，我都知道了。"

我沉默了一会儿。

我："你知道你发脾气时妈妈的感受吗？"

她沉默。

我："你发脾气时我感觉非常不好，我很委屈。我觉得你在攻击我。一下子把我推开了好远，我好像失去了孩子。"

她："妈妈，您发脾气时，我和您的感觉一样！"

我："那我们约定一下吧，如果我发脾气，你就说'妈妈，您在发脾气哦'，如果你发脾气，我就说，'宝贝，你在发脾气哦'。"她不好意思地笑笑。

当天晚上，我认真地反思了一下：一般情况下我是不会干涉她的事情的，但是确实有特殊情况。这个特殊情况，就是我会温柔而坚定地干涉她的事情。

温柔而坚定，行不通。

不知道从什么时候起，我误以为温柔就是尊重，坚定就是指导和教育。于是，当孩子说出她的一个想法时，如果我不认同，我就会温柔而坚定地说服她。孩子会无奈地说："好好好，听您的。"孩子提议要我陪她玩，我会说，那我们一起画画吧。我不想玩跑来跑去的游戏，跑来跑去如何如何不好，不方便。孩子会说："好好好，听您的。"孩子想吃比萨，可能她已经连续吃好几顿比萨了。我觉得不健康，就会说服她不要吃比萨。孩子会说："好好好，听您的。"孩子说："我想晚一点儿写作业。"我会说："作业可是很多哦。我想早点儿睡，你写得太晚了，我感到自己休息不好。"孩子会说："好好好，听您的。"想来这样的小事真不少。实际上这是一种变相的控制和强迫。只是因为平时和孩子的关系经营得很好，孩子不会直接拒绝，但感受到无法反抗。

举个例子，闺密非常热情地叫我去吃饭或逛街。也许我并不是太想去，但这个热情对于我来说是有压力的。我也会碍于关系不错勉强答应。这种情况多了，我就会寻找其他应对方式，比如说自己有事，甚至真的会给自己安排一些事。

孩子在我温柔而坚定的说服下，感受到了压力。我想，任何人被控制和被强迫时都会非常不舒服。这些堆积的不舒服转化成了愤怒，她本能地采用更激烈的方式来应对我的温柔而坚定，绝不留给我说服她的机会！如果我想继续说服她，就必须采用比她更激烈的方式。例如，动手。这就是戈登博士在《唤醒孩子的自律》里，特别将"温柔而坚定"提出来，并详细说明这是没有效能的管教方式的原因。因为大多数没有自我觉察的父母，在"温柔而坚定"无效的情况下必将转变为"严厉而暴怒"。很多妈妈误以为自己态度很好，对方态度也很好，就去侵犯对方的边界，想进一步说服（强迫）对方，以执行自己的想法。于是发现孩子的脾气越来越大，甚至碰到一点儿小事就发作了。感谢女儿如此激烈的反应，让我有机会进一步看清真实的自己，让我知道我们的关系卡在了哪里。

是积极倾听，让我真正地了解孩子。

女儿到底为啥不想穿那件厚羽绒服呢？第二天晚上，我通过积极倾听知道了其中的原因。

我："外面很冷，如果你想和爸爸一起去剪头发需要穿这件厚羽绒服。"我看着她，她看着我手里的那件橘红色厚羽绒服。

她："妈妈，您知道我们班有个同学穿那么厚的衣服，比他自己胖7圈。真的，我数过了。别的同学都笑话他。"

我："这样啊，所以穿的太厚会被小朋友笑话。"

她："是啊。那如果同学笑话我，就不和我玩了。"

我："被同学笑话就得不到同学的喜欢和关注了。"

她："不是。妈妈，同学们不和我玩，就不会看我拼魔尺了！我可是我们班最会拼魔尺的！"

我："你希望大家都看你拼魔尺。"

她："对呀。"

我："那今晚不是去上学，我们穿这件厚羽绒服可以吗？"

她："可以呀。"

于是，女儿愉快地穿上那件被她摔在地上的橘色厚羽绒服和爸爸出门去剪头发了。原来摔在地上的羽绒服，背后有孩子社交的需求和自我实现的需求。这些需求的满足对孩子来说是非常重要的！感谢摔在地上的羽绒服，让我有机会更深入地了解女儿。

在 P.E.T. 父母效能训练的课程里，大家都在谈那几个关键技术，倾听、我—信息、第三法。但如果有个关键的"小"技术父母们不理解、做不到，那这些大技术，父母们大概率也用不好。这个关键的"小"技术就是——虚假接纳。虚假接纳和价值观紧密相连，接下来我会谈谈相连在哪里。

为什么很多人感觉自己学了 P.E.T. 以后，不会说话了？都说新技能要练习 1500~5000 次，因此，没练够的你不会说话了。对，确实要认识到练习的重要性。但有一个更关键的原因。我们感觉不会说话，是因为言不由衷，我们只是想要说出我们认为"应该"说的"对"的话，但 P.E.T. 只告诉我们沟通的关键因素，而不是应对每一种具体情境的具体语句。

因此，到了具体情境中，想要说出"应该"说的话的父母们发现自己不会说话了。心里想说的"不应该"说，"应该"说的不会说。大多数人的感受是自己特别虚伪（也就是虚假）。

我把父母们学习和使用 P.E.T. 分为两个阶段。

第一个阶段：战术性使用阶段。

很多父母在这个阶段依然处在"我应该"的行为模式里，只不过戈登博士用"P.E.T. 模式"系统地替换掉了这类父母原有的教育法则中"应该"的标准。比如，原来这类父母觉得"应该"鸡娃，"应该"控制孩子、引导孩子，这样才符合他人及社会期待的"好妈妈""好爸爸"标准，才符合理想自我。他们习惯于把"真实"的自己深深地掩埋起来。

这类父母学了 P.E.T. 之后，"应该"这种模式继续在运行。面临和孩子的种种"困难"情境，他们马上想到的是用 P.E.T. 的技术，"应该"说什么，

"应该"怎么说。简单来说，这类父母依然处在"虚假"之中，远远没有真正了解 P.E.T.，没有体验到托马斯·戈登博士这套课的精髓。

没关系，这正是练习的意义所在。从认知行为主义的角度来看，练习 1500~5000 次也足够引发这类父母心理上的转变。但问题是，很多这类父母不会说话一段时间之后，就放弃了，继续使用自己旧的沟通方式。就算他们已经知道控制、威胁、奖励、惩罚那一套有害，但是至少他们"会"用。因为有具体操作办法，不需要检视"自身"及"内在"这么麻烦，并且检视"自身"及"内在"有时不但麻烦，可能还会引发内心的震动和痛苦。

于是，戈登博士提出了"虚假接纳"的概念，并同时提出了"审视价值观"概念。这两个概念前后呼应。

父母们如果真正理解了这部分，才算进入了第二个阶段。也就是戈登博士强调的，父母要做"真实的父母"。

如何保证父母们逐步走上做"真实的父母"这条道路呢？戈登博士说，在接纳与不接纳之间，有个区域，叫虚假接纳。千万不要虚假接纳。

"真实"实际上是人本主义提出的。人本大咖卡尔·罗杰斯提出"以人为中心"的心理治疗的三个关键因素：真诚、无条件积极关注、内外一致。内外一致，就是让咨询师做到"真实"。咨询师做真实的人，真诚地接纳来访者，咨询关系才能建立，咨询师才能有机会去看见真实的来访者，从而让疗愈和改变发生。同理，父母做真实的父母，才能与孩子建立良好的亲子关系，沟通才能有效，从而影响孩子，让成长发生。

很多父母不敢亮出"真实"的自己。在"应该"和内心的体验之间反复跳。然后心一横，跳进了"虚假接纳"的区域中。为什么父母们会跳进对孩子的"虚假接纳"中？根本原因是无法接纳自己！

这类父母内心呼啸着："什么？我竟然是这种'不接纳'孩子的妈妈！孩子不就是想要多吃一颗糖吗？我怎么可以这么严苛？我又不是后妈！我不

可以这样！我'应该'接纳孩子。"然后，看着孩子把糖放进嘴里，自己百爪挠心，满腹哀怨，甚至对孩子充满愤怒。于是，一些情绪伺机而动。算了、随他吧、再放他一马……就是一次次的虚假接纳，不断地侵蚀并毒害着我们的亲子关系。

虚假接纳不但会给孩子带来混乱信息，也让父母们"真实"的自我始终没法暴露出来。父母们没有机会去审视不接纳背后是什么价值观在运作，也无法去审视价值观的来源。只要这部分价值观不改变，成长和改变就没机会发生。

不接纳就是不接纳，有些父母就是高标准严要求的父母，难道先接纳自己就是吹毛求疵要求多不好相处，不是的，这和好坏是非没关系，也不代表这类父母不好。P.E.T.并不是树立新标准来要求我们，认为不达标就不对。

P.E.T.是对各种类型的父母深深地理解和接纳。你可以是你自己，真实的自己。不要虚假，让真实的自己被看见，理解自己高标准严要求背后的需求和价值观，我们才能决定对这个价值观是持有还是替换。只有需求被满足，价值观才更具适应性，我们的接纳线才会真正地发生改变，真正的接纳才会发生。

不要"应该"，跟从真实的自己，就告诉孩子："妈妈现在很着急，非常担心你吃糖不但破坏牙齿，影响视力，还影响长身体。我肯定不希望你再吃了，我甚至都不想再买糖放在家里了。对于你吃糖这件事，这就是妈妈的感受。"

我们自身的情绪被表达、被安抚之后，才能看见孩子、倾听孩子："你真的非常想再吃一块，甜甜的味道太美妙了。"

然后我们才会顺其自然地去想可替代的解决方案："午餐有妈妈刚煮好的玉米，也是甜甜的……"，等等。

再讲一个例子。女儿一年级时，有一天接女儿放学回家后，我突然收到她的语文老师发来的微信，说女儿有好几课的作业都没有完成，练习册都是跳着写，大概有八九课要补。我马上跟女儿确认这件事。

我："宝贝，刚才语文老师告诉我你语文作业都没有写哦！"

她："怎么啦？"

我："那你要写吗？"

她："妈妈，那是我的作业，我安排、我决定好吗？"

其实那时，我内心是非常不接纳的。但是脑海中有另一个声音说："你可是学习过亲子沟通的，你知道孩子的事要孩子自己做哦。"我就对女儿说："好，妈妈相信你，你会安排好的，对不对？"我其实是非常期待她能自己主动完成作业的。在这里，我就是虚假接纳了！

没想到，到了晚上要睡觉了，她都没有任何行动。瞬间我就感觉自己要炸了，积攒了一晚上的怒气在胸中奔涌。

我："你还没有写语文作业哦！"

她："我就是不想写，怎么啦？我不能不写吗？"

听到这个回答，我真的感觉要崩溃了，我冲出房间，丢下她一个人在卧室。女儿哭着追了出来："您回来！您回来！您就是想方设法要让我写作业！您是我的妈妈，您就回来！要不您就离开这个家，您走！"她一边哭一边喊。

我的眼泪也流了下来。

我一边流泪，一边回顾这件事。我起身走向女儿，拉着她回到房间。我们躺在床上，重新整理了这件事。

我："刚才，妈妈听到你让我走，我好伤心啊。"

她："您走了就不用管我了，您不是一直都想要自己的时间吗？"

我："妈妈刚才突然走出房间你感到很伤心吧。"

她："您就关心语文作业，您就不关心我。那么多人没写作业，干吗就偏偏找我？"

我："所以很多人都没写，你也没有写。"

她:"对呀,他们都没写。"

我:"所以你觉得你和大家是一样的。"

她:"是啊,为什么老师只找我?"

我:"我不知道,也许老师也找别的小朋友了,只是我们不知道。"

她:"我也是受别人影响。"

我:"其他人都不写,你也就不想写了。"

她:"是啊!"

我:"其实语文老师找我的时候,我压力很大,我也很怕老师找过来。我还担心你被老师批评。假如你按时完成了作业,老师就不会来找我了。这是你和老师的事,可是现在把我夹在中间,我真的很难受。"

她:"妈妈,那我把作业都补了吧。但我每天只能补两页。"

我:"可以啊,那你就按自己的计划完成吧。"

后来在一星期内,我女儿就把没有完成的9页作业都补完了。而且,从那以后,再也没有老师反映她不完成作业。偶尔有老师会跟我反映她动作慢,改错慢。但再也不会引发我们之前的沟通问题了。

只有真实,能让一系列的技术自然地展开,才能让你更快地从"不会说话"的状态里走出来。

❸ 如何协助孩子培养能力

P.E.T.讲师闫珺:通过亲子沟通,让孩子爱上学习

"妈妈,上学好无聊!"

第九章 案例集锦

"妈妈，我不想上学！"

"我们班有个同学好烦，天天惹我，我不想上学！"

五年级的豆豆给我带来了新挑战，这个被称为"P二代"的十岁男孩是我的儿子，在 P.E.T. 的陪伴下，平稳地度过了幼儿园中班、大班和小学四年。这让我都快忘了我是因为他四岁时不愿意上幼儿园才走上的这条育儿育己的道路。

孩子失去对学习的兴趣、不想去上学已经是老生常谈了。因为我做心理咨询师和亲子教育讲师的缘故，在工作中和生活中总会听到这样那样的求助：

"老师，我的孩子厌学了，怎么办？"

"我家孩子写作业太磨蹭了，怎么办？"

"我的孩子沉迷游戏无法自拔，不爱学习，怎么办？"

我遇到过非常多这样的案例，这些孩子，轻则对学习不再有热情，觉得没意思，勉强完成学习任务；重则对学习抵触，上课注意力不集中，下课作业拖延乃至上课不听讲、违反纪律、人际关系出现问题；更有甚者对学习充满恐惧、心理上自卑、不愿意去上学、辍学在家。

当收到这样的求助时，我深深地理解这些家长的焦虑和无助。而这一次，当问题直接出现在我面前时，我更加感同身受。我不愿意给孩子戴上"厌学"的帽子，因为我理解他们，学习本身是一件有乐趣的事，孩子天生有好奇心，想要获取新知识，一定有什么原因让他们在当下出现了"倦怠感"，让他们想要去学习的动力受阻。这更让我想和有类似困扰的父母们一起聊聊，是什么让孩子失去了对学习的兴趣，怎么让孩子重新爱上学习。

孩子开开心心地上学，对新知识新学科饱有热情，上课主动回答问题，下课和朋友打成一片，回家放下书包主动先写作业，写完作业主动上课外兴趣班和复习预习学校的功课……

这可能是所有家长心目中的理想型孩子，但只要你多和其他家长聊聊天，就会发现这样的孩子万里也难挑一，大部分孩子都和你的孩子、我的孩子是一样的。

卸下我家孩子"不爱学习、问题很严重"的焦虑之后，我们一起想一想到底怎样才能让孩子自觉主动、爱上学习？

学习本身并不是一件苦差事，人类最初的学习充满了乐趣！孩子第一次学着说话，只是"啊"这一个音节就带来了妈妈眼中闪亮的光，孩子得到了鼓舞，继续"啊、啊"，妈妈高兴地拍起了手，喊爸爸一起来听，孩子感受到了巨大的成就感；孩子从学坐学站到学走路，用了近一年的时间，那个时候父母多么有耐心，看到孩子的一点点进步就鼓励，遇到一点点挫折就安慰。没有父母会去指责孩子"你怎么这么笨，这么点儿东西要学这么久！"孩子和父母的心是贴在一起的。在安慰和鼓励中，孩子找到了克服困难的力量，终于在一次次尝试之后成功地迈出了第一步！

那么，孩子是从什么时候开始失去对学习的兴趣和主动性的？是因何而失去的呢？

我遇到很多父母，他们对孩子抱有非常高的期待，在孩子三四岁甚至更早的时候，就给孩子报了很多早教和学习班，并在孩子认知水平和学习能力有限的情况下，希望孩子能够达到很高的学习目标。有一次，我讲授的家长课上，一位妈妈跟我反馈说，她的孩子快把她气死了。事情是这样的：五岁的孩子在课外班下课回家的路上困了想睡一会儿，而妈妈觉得刚下课复习的效果好，非让孩子赶紧背单词。可是刚刚上课学到的单词，回过头来再问孩子，他就不会了。于是妈妈就激动地又叫又嚷："你这孩子怎么这么笨，是不是故意跟我作对！"孩子就是不背，哭得上气不接下气，妈妈也气得不行。这个案例可能比较极端，但类似的案例都反映了一个问题：父母给孩子贴上"笨""不爱学习"的标签时，要先考虑自己安排孩子学的东西跟孩子的年龄、认识水平发展是否相符。在相符的基础上，我们才能来讨论孩子爱上学习的内在动力问题。

　　一个人去做一件事情的动机，可分为内在动机和外在动机。很多父母和教育机构推动孩子学习都在给孩子施加外在动机。什么是外在动机呢？举个例子，我家孩子曾经在一个校外英语机构学习自然拼读，机构有非常复杂的奖惩机制，在孩子表现好的情况下，比如，抢答单词、课后录小视频，老师就会奖励贴纸给他们，孩子积攒了一定数量的贴纸后可以兑换小玩具。也就是说，老师让孩子爱上学习靠的是玩具这个最终奖励。可以想象，孩子刚开始会被这些玩具吸引；但当孩子发现需要通过漫长的学习和枯燥的练习，得到非常优秀的成绩，才能获得那些小玩具时，就慢慢地丧失了学习的兴趣。所以奖励和惩罚这种外在动机对于孩子的内在动机是有破坏性的。一旦孩子习惯了外在动力推动，家长再想回过头让孩子靠内在动机爱上学习，就更加艰难了。

　　学校和机构中有很多学生，为了便于管理和提升效率，有时候不得不靠外在动力去推动学生学习。那对于家长呢，目前的政策下家里有一到三个孩子，就没有理由不多去思考怎样才能激发孩子的内在动力了。当孩子在家长那里感受到的是"我表现好才能得到奖品、获得陪伴、得到关心、得到爱；我表现不好、学习不好，就得不到这些了"，这对于孩子来说是一种有条件的爱，当孩子表现不好时父母"爱的撤回"则带有惩罚的性质。用这种奖励和惩罚去驱动孩子爱上学习，孩子通常是因为依赖奖励或是害怕失去爱而学，真心爱上学习是不可能的。这是因为孩子的内在动力被削弱掉了，只有孩子最基本的心理需求得到满足，才能让孩子生出内在动力，从而驱动内在的力量去做事，包括学习。

　　我常常跟父母们说培养孩子的时候，一定要有一个长远的目标。现代教育心理学告诉我们：父母要有以终为始的教育观。就是父母想让孩子成为一个什么样的人，现在就要用什么样的教育方法和手段。比如，很多孩子在父母的高压控制下短期内学习很好，能考上一个好大学，但当进入大学阶段，还能不能保持愿意学习、愿意进步、愿意成长的内在动力，是我们作为父母需要去认真思考的问题。所以，自主需求、能力需求和关系需求这三个人类最基本的心理需求一直贯穿在我讲授的亲子教育课程始终。

首先，自主需求。简单来说就是一个人能不能做自己想做的事情，或者做一些事情的时候，是自己做主还是被控制。被控制、强迫做事情的感受，很少有人觉得是特别愉快的，就算是吃饭、刷牙、和长辈打招呼这些简单的小事，即使是自己原本愿意做的，在父母的命令声中，也会不愿意做了。有一个有趣的现象，不少人在吃饭的时候喜欢留下一口，自己也不知道为什么，其中一个可能性就是为了保留一点点自主性——我不得不吃饭，但我选择不完全吃光。举这个小例子是想说明，当人能够按照自己的意愿做事情的时候，他就愿意去做这件事，而一旦有了人为、外在的压力、压迫的时候，常常会激起他对抗的心情。

再举一个有关学习的例子。前段时间我报了一个要求每天打卡的线上英语课程。开始我学得特别起劲，后来因为各种原因有几天没打卡，等我再上线时发现我被课程管理员拉到了一个叫"小黑屋"的微信群，里面都是几天没打卡的学员，我们这些学员被要求连续七天打卡才能出群。我觉得又无奈又气愤，学英语从我自己的事变成了管理员的事。这个惩罚不仅没有激发我的学习热情，反而打击了我的学习积极性。

第二个需求，能力需求。简单来说，就是那种让人感觉到"我能行、我可以、我能胜任"这样的成就感、效能感。在我们这一代人成长的过程中，可能父母给的否定多于肯定，批评多于鼓励。有时候父母用激将法甚至羞辱的方式期望孩子"知耻而后勇"。殊不知，这些做法给孩子带来的不是努力的动力而是阻碍前进的挫败感。

第九章 案例集锦

怎样才能满足孩子的能力需求呢？从孩子擅长的事情开始，让孩子体会到赢的乐趣。一个人什么时候能够感觉到学习会带来巨大的幸福感？就是当他去做一件对他来说稍稍有挑战性、有一点难度的事情，而他又克服了困难、做成了的时候，他会觉得特别开心，会愿意继续学下去。在教育心理学中，这叫作"最近发展区"。教育应该着眼于孩子的最近发展区，为孩子提供难度合适的内容，发展他的潜能，让他通过努力超越这个最近发展区到达下一个阶段，然后在此基础上再进行下一个"最近发展区"的发展。

孩子在学习新内容的时候遇到挫折是再正常不过的事。有一段时间，我家大儿子进入了练钢琴的瓶颈期。因为放寒假有一段时间没练，开学再练他就感觉太难了，不想练。我感觉如果这时候逼他去练，他可能会崩溃。对孩子来说，不开心的时候去学习是一件很痛苦的事，所以我首先要做的就是把孩子的情绪缓和下来。我就陪他坐下来聊一聊，玩一点儿小游戏。我把这种小游戏叫作"让孩子觉得自己很厉害"的小游戏。比如，我会扮演一个想跟他学钢琴的学生，我说："老师，这本书太难了，你能教我练更简单的那一本吗？"我儿子就说："哎呀，那太简单了吧。"他教我一遍之后，我就歪歪扭扭地弹了一首很简单但被我弹得特别难听的曲子，把孩子逗笑了。这个时候他就说："妈妈，您过去，听我弹！""哇，太棒了！果然同样的曲子，你弹出来比我弹的好听多了。"我这个时候不是在表演，而是真心感觉到他比我弹的好听太多了，是由衷的赞赏。被肯定了，他就很开心，说："这首曲子太简单了，我要弹一首更难的。"他就把难度一点儿一点儿地提升，一点儿一点儿地去挑战对当下的他来说有一点儿难度的曲子，直到他开始弹对他来说有一点儿难度的那首新曲子。其实，这就是他不断地把能力感的"杯子"灌满的过程。我们经常听说父母要学会示弱，可是为什么要示弱，很多人不太清楚。这就是这个案例展示的——父母通过有智慧地"示弱"让孩子找回能力感。

第三个需求，关系需求。孩子都需要来自周围环境和身边人的关爱、理解、支持，这样他才能够体验到爱、找到归属感。我遇到过一个特别有意思的案例。我的好朋友问一位国际知名的亲子教育老师："我怎么能让我的孩子爱上学习？"老师问他："明天星期几？"他说星期三。老师问："那你的孩子明天要上课吗？"他说："要啊。"老师说："你下课之后好好地陪他。"我的朋友一下就明白了，他想明天就给孩子请假不上课了。晚上他跟孩子商量了这件事，并且整个晚上都全心全意地陪伴孩子玩孩子喜欢的亲子游戏。第二天早上，孩子主动说："爸爸，我今天要去上学。"而且一整天都学得特别开心，回到家还特别有能量。

当父母把陪伴这件事情做好，亲子联结紧密了，孩子便能体会到家人尤其是父母对他的爱是无条件的。这时候他就像充满了电，即使遇到学习上的挫折或者不开心的事情，他也知道他的家人能够接纳他、理解他、安抚他，让他有了克服困难的动力。

综上所述，如果想让孩子自觉主动、爱上学习，需要父母和孩子重建亲子联结，满足孩子的自主需求、能力需求和关系需求。这是构建孩子学习及做任何事内在驱动力的基础。

理解了孩子最基本的心理需求之后，下面就是给大家的锦囊妙计了——引导孩子自主学习五步走。

第一步，先解决情绪，再解决问题，在父母和孩子情绪都平稳的时候聊学习的事。当孩子有情绪的时候，父母去理解、倾听；当父母有情绪的时候，要开诚布公地与孩子沟通和表达。这一步听起来很简单，实践起来却不容易，需要父母能理解自己和孩子的情绪，尊重双方的需求。

我在跟豆豆沟通的过程中了解到，他开学以后最大的困扰是经常因班里的一位同学跟老师打小报告，举报犯了小错误的同学，导致他们小组被扣分、自己和好朋友被批评，让他感觉班里很不安全。当我每天增加一点儿对他的"一对一陪伴时间",让他在学校积压的情绪得以释放,慢慢地他就恢复了往日的状态,虽然在学校还是会有一点儿烦,但是也能够很好地应对了。

第二步,先玩一会儿,再学习。放学回来让孩子先做作业再玩是美好的愿望,实际上先玩再学习是更好的选择,因为亲子游戏之后孩子心情更好,更容易进入学习状态,游戏带来活跃的大脑神经连接也会让他做题觉得更简单。玩什么游戏呢?任何游戏都可以,只要父母和孩子都喜欢。玩游戏的过程中,主要目标是和孩子加强联结,次要目标是给孩子"赢"的感觉,所以父母不要太较真哦。

我和孩子最喜欢玩的是打闹游戏,枕头大战、角斗士……在笑声中,我们的亲子关系更紧密,孩子的状态更好了。有时候只是五至十分钟的游戏,就能让孩子进入到"准备好学习"的状态。

第三步,给学习增加乐趣。现在很多学校和机构的学习任务都增加了趣味性的方式和内容。父母可以自己创造一些游戏,让孩子在玩中学。如果自己没有这个创新能力,可以多跟身边的其他父母学习,或找到符合自己教育理念的老师去学习。这样能够培养孩子的创造力,也能保留孩子的好奇心,还能让孩子在玩的过程中学习到更多东西。

比如背单词、背古诗、背课文等有些枯燥的学习内容,豆豆就觉得很无聊。他自己想了很多方法,比如"抽风背书法",就是用很夸张的语气和表演来背课文,有时他会让我跟他一起表演,在笑笑闹闹中就完成了任务。

第四步,刻意练习。在这种有乐趣的学习当中,孩子其实就在不断地刻意练习。刻意练习之后收获的结果就是孩子越来越感觉到自己是有能力的。一个孩子的能力感一旦启动之后,是会向良性方面去扩展的。举个例子,当一个孩子篮球打得好,他就会因为篮球打得好产生"我行、我能胜任"的感觉，进而爱上体育、爱上其他学科。也就是说，他的能力感在身体里面生根发芽之后，会在各个领域开花。

每个孩子都有自己擅长的学科，让孩子在自己的优势学科里尽情享受成就感，他对自己的信心就会增强。我家孩子比较喜欢数学，就经常去找一些难题来做，每做对一道难题，他就会发自内心地开心。有时我会示弱，孩子看到连妈妈都不会，就更加有成就感。

在前四步进行的过程中，孩子的自主感、能力感、关系感都在不断地得到提升、得到满足。而家长不要忘了，一定要跟孩子保持联结。所以，最后一步就是给孩子肯定，保持良好的亲子联结。不要说一些特别夸张的话："你真好！你真棒！你真是个天才！"而是要夸细节、夸过程，说一些他真的做到了的事情。一个最基本的句式就是：行为＋影响＋感受。比如："宝贝，妈妈看见你自己想了很多方法，让背书这件事又有趣又高效，好佩服你啊！"这种表述会让他感觉到：我的妈妈真的是看见了我、在肯定我。这会给他注入非常大的能量。

作为父母，我们都希望孩子能爱上学习，所以遇到孩子学习方法出现问题时，着急是难免的。这个过程我亲身经历以后更能理解所有的父母。走过这个陪伴孩子重新爱上学习的历程，让我相信，父母的理解、接纳和智慧的陪伴是能够支持到孩子，也支持到自身的。

希望父母在遇到孩子一段时间内"学习倦怠"时不要太焦虑，因为父母的焦虑有可能会传递给孩子。当父母看孩子的时候，眼睛里面都是信任、理解和接纳，那么这些光芒就会照亮孩子的学习之路。

在家庭教育中，我一直觉得关系重于教育，祝福大家都能通过和孩子好好沟通，收获更好的亲子关系。孩子就像一颗小种子，慢慢地开花、结果。而我们能做的事情就是为他提供好的土壤和养分，不断地让孩子获得自主感、能力感和爱的联结，协助孩子找回学习的内在驱动力，重新爱上学习。

P.E.T. 学员王一玮：韧性固然重要，但千万别本末倒置

有一次，我妈带孩子在楼下玩，回来之后跟我说："其他家长都说，你们小 C 真有韧性，不会玩就一直在那儿琢磨。"因为那天有一个小朋友拿了一个球，小 C 刚开始拍得不太好，但是她一直在那儿练。

听到这样的评价，我还略微有些意外。因为我一直觉得小 C 是一个急脾气的孩子，做不好就着急撂挑子。我也把这个归结为"随我"。没想到她也会有主动坚持去研究一件事的一天。

兴趣是基础

有一段时间，小 C 上舞蹈课遇到了困难。我们就把集体课改成了一对一模式，还按照小 C 的意愿，上课的时候我们跟她一起跳。小区的一位妈妈跟我说："感觉你们挺宠小 C 的，舞蹈课不想上大课就换成一对一，还陪她一起跳。"

其实，小 C 舞蹈课遇到困难的时候，我跟身边一些大娃妈妈交流过，发现大部分孩子在兴趣班的学习中，都会遇到瓶颈，都有一段时间不想去。她们跟我说，坚持一段时间就好了。

为了坚持，最开始处理舞蹈课问题时，我也采用过强硬的手段，想要逼她进去跳，甚至还打了她的屁股。但是后来我想明白了，让孩子学跳舞，不就是要培养一个爱好，让孩子找到一件能给自己赋能的事吗？如果在学跳舞的过程中，伴随的都是负面情绪，任谁也不能把跳舞当成一件愉悦的事来做。

韧性是什么呢？不只是长时间做一件事情的定力，更是面对失败一次又一次重新开始的勇气。驱使一个人在面对失败时仍然坚持尝试的动力大概有两种。一种是喜欢，自己就是想要去做好；另一种是外力，有人希望自己做

好。因为喜欢而反复地去做，内心感受到的是享受，是赋能；而因为外力去坚持，尽管做成之后会有成就感，但做的过程可能会消耗更多的能量。

培养孩子的韧性，首先要做的不是让孩子什么时候都能坐得住，而是保持孩子对所有事物的兴趣。当他们觉得生活有趣，自然有更多的动力去体验和感受；但当他们处处被逼着做，少了对周遭事物的主动感知，失去了探索的主动性，那韧性也就无从谈起。

这也是为什么我们愿意在大庭广众之下陪孩子跳舞，因为我们知道，兴趣的那束小火苗是如此微弱，需要我们精心的呵护与照料。只有保证它不熄灭，才有呈现燎原之势的希望。

允许孩子放弃

有一次我跟小C一起做游戏，用皮筋在一个板子上套出各种形状。她动手试了几次都没有成功，然后起身离开了，自己回屋关上了门。过了一会儿，她开门跟我说："我要放弃了！"

对于大部分人来讲，遇事能够不离不弃才是好品质。放弃，不仅不是好词语，更是让人害怕去面对的两个字。就像我自己，每当回忆过往，想起自己没有好好坚持下来的事，都觉得有些懊悔，甚至有些瞧不起随便放弃的自己。

《生命·成长》专题纪录片中，有一期邀请的是清华大学心理学系教授彭凯平。在谈到孩子的天赋与特长时，主持人问了彭教授一个问题，是不是逼孩子一把，孩子就会喜欢上一件事情。彭教授的回答是，成就感对于定义幸福是很重要的，如果孩子能做成一件事情，他会以为自己是喜欢这件事的。

但孩子到底是喜欢一件事，还是喜欢做这件事带来的成就感，短期内很难说清楚，而从长期来看，如果没有发自内心的热爱，放弃只是时间问题。

允许孩子放弃，一方面是给孩子探索自己真正爱好的空间和自由；而另一方面，也是给孩子平复内心情绪，积蓄重新出发力量的时间。

很多人在面对想要放弃的孩子时，总有种恨铁不成钢的感觉，忍不住说教和指责，希望孩子能够坚持下去直到完成。但实际上，没有人会随便说出"放弃"两个字，在孩子做出决定的那一刻，他的内心已经充满了挫败和自我否定。此时，孩子最需要的是有人帮助他排解掉内心的挫败感，让他们重新感受自己内心渴望突破的力量。而父母的说教和逼迫，只会把自我否定钉进孩子的心里，把它从一时的沮丧变成对自我长久的评价。

那天小C跟我说要放弃的时候，我伸手把她搂进怀里，跟她说："妈妈看到你坚持了很长时间，尝试了很多次，皮筋也拉得越来越远了，已经有了很大进步。"过了一会儿，她又坐回桌边，拿出道具继续做。片刻之后，她高举牌子跟我说："妈妈，您看，我做成了一个梯形！"

选择坚持的力量源自选择放弃的自由，只有能自由地选择放弃，才可能义无反顾地选择坚持。在一条别无选择的绝路上，不会走出充满激情的拼搏者。

给孩子空间和环境

小C差不多两岁的时候，我给她买了平衡车。那时候，身边很多同龄的孩子已经可以骑得很不错了，但小C大运动发展得不太好，她并不喜欢。我们没有催她骑，这辆车就放在客厅的角落。

不知道什么时候，小C开始对平衡车有了点儿兴趣，想要上去试一试；慢慢地，能自己骑了；后来就自己骑着出去玩了。虽然直到现在她也没有骑得多快，但是她能做到和小朋友一起玩时，无论骑得多慢，都不撂挑子，而是一直骑下去。

孩子天生对周围环境感兴趣，身边的一草一木，都愿意去看一看、闻一闻；身边的家具用品，也愿意去摸一摸、碰一碰。如果我们希望孩子接触某一样东西，不一定要把东西亲自交到孩子手里，手把手地带他上路。有时候，只是把它放到孩子所处的环境中，等待孩子自己去发现和尝试，也会有意想不到的结果。

在自我探索的过程中，孩子感受到了乐趣和成就感，这时候，父母激励着孩子再坚持一下，往前走更多。这样一次次地正向反馈，慢慢形成了孩子的认知和行为模式，让孩子了解到主动尝试的趣味，也知道总有走得更远的方法。

也许借助外部的推力，孩子可能可以坚持得更久一点儿，走得更远一点儿，但也很容易在外力消失时停下来；而自我探索中感知到的动力会成为孩子坚持的内生动力，让孩子真正可以自己行动起来。

韧性是一个好品质，但真正的韧性应该是在自己能够选择放弃时选择了坚持，而不是在别无选择时无奈地前进。

P.E.T. 讲师梦瑶：我和蹬蹬的跳绳之旅

第一站：深陷其中，彼此难受

使用技巧：基本倾听、积极倾听，还熟练地使用了绊脚石。

"我不跳了！我再也不跳了！"蹬蹬说完一屁股坐在地上，还没等我说话，自己又站起来接着跳，可惜还是一个都没有跳过。

"放完假我们就比赛了！我怎么比嘛！一个都跳不过！×××已经跳了60多个了！"

我这会儿大脑一片空白，内心对自己说："拜托，你不是家庭教育讲师吗？你这会儿不该说点儿什么吗？有什么沟通技巧赶紧拿出来使啊！直接放大招啊！"

接着蹬蹬又边把绳子扔到地上边说:"我就是干不好!我就是不行!我就是跳不好!您去给老师说,我不参加比赛了!"

看到她气急败坏、带着眼泪的样子,我突然意识到,我不是使不出技巧,而是我心里感受到了她此刻的无奈、无助、郁闷、气愤、难过、委屈、自责、失望、失落……在这个时候我其实有很多选择:

A. 命令。不要那么多废话,练!

B. 说教。早干吗去了?之前问你练不练跳绳,你说不练。任何事情都要坚持,不坚持就不可能干得好。凡事都是……

C. 安慰。你最棒,你最乖,你一定练得好。你最能干,你最厉害,你一定可以的。加油加油加油!

D. 挖苦、讽刺、嘲笑、转移注意力、给建议、奖励……

E. 使用 P.E.T. 的技巧。

这一刻,我不认为语言能"管用"——让她停止消极情绪、让她振奋起来、让她别说这些丧气话、让她打起精神继续练习。说话在这个时候不仅没用,还添乱,所以我选择的是 E,P.E.T. 的基本倾听技巧——闭嘴。

我在沉默了一会儿后,听见蹬蹬很沮丧地说:"要是我不中断练习就好了,我去年其实已经会跳了,但是没想到今年还要比赛。如果我从去年一直坚持到今年,我肯定已经跳得很好了!"

此刻我脱口而出:"妈妈没想到你自己在总结这件事,所以你觉得是因为你没有坚持跳,今年就跳不好。"

蹬蹬说:"对啊!我们班×××就是,他们班去年就在跳,他说他今年还在练!"

我只回了一句:"嗯。"

蹬蹬在烦躁中又跳了一分钟,决定不跳了,说:"不跳了,不跳了!我讨厌跳绳！"

听到她这样说，我把心中的犹豫告诉了她："蹬妹，妈妈看到你现在的状态，想和你说说我的想法。我是觉得如果你自己决定不跳了，我支持你，因为这件事让你真的好痛苦哦！但是我又有点儿担心，如果你跳不好就放弃了，那以后遇到你当时做不到的事情，你也就放弃了怎么办呢？我现在特别矛盾。"

蹬蹬说："不会！我就是现在不想跳了！我真的很烦！我过两天再跳！"

我原本还想叨叨两句，可又想到了 P.E.T. 中说的情绪脑图。现在是她情绪上头的时候，不是沟通的好时机，于是作罢。我们就上楼回家了。

第二天晚上，我看她状态还不错，看了动画片、吃了巧克力，于是我提出我们练习跳绳。蹬蹬拒绝了。我说："妈妈听到你的拒绝好郁闷，昨天妈妈看你状态不好，我觉得可以不跳。今天休息了一天，我希望你坚持练习。你自己也说了，因为没有坚持练习，所以今年跳不好。"

蹬蹬很勉强地答应了。

这次我仔仔细细地观察了她跳绳的动作、节奏、频率，已然变身成为她的跳绳教练。一向不爱运动的我还建设性地提出了几个建议：第一步，先把动作分解练习，先练习跳。第二步，加上手部动作，在跳的基础上感受甩手的频率。第三步，沉浸式实物跳绳！

当时，我认为自己简直太有运动教练的天赋了！可当我头脑中还在为自己欢呼时，我的眼睛却观察到，我的滔滔不绝根本没有传入蹬蹬的耳朵。我明显感觉到，她放空了！

为了证实我的感觉，我突然不说话了。她并没有看向我，而是眼睛继续以高度放空的状态盯向她心中的诗与远方。

我说："妹妹！我感觉我说的这些你都不想听。我希望你真实地告诉我，好吗？我不会生气，但是我想知道你怎么了。"

蹬蹬点了点头。

这一刻我好像突然醒了。我相信幼儿园老师已经说过跳绳的技巧了。可现在的问题是，她做不到。不是她不知道，她是不想做！因为一直的失败，让她对这件事非常抗拒。所以现在问题的关键不在于传授跳绳技巧，而在于她得自己决定是否继续做，否则外部的一切努力都是徒劳。

我先好好体会了一下自己的感受：着急、挫败、担心。我提醒自己，回到行为窗口看看，此时此刻到底是谁处在问题区？我到底是在乎孩子要跳绳1000下，还是去关注孩子此刻需要什么？

我先对自己进行了倾听，平复了自己的情绪。当我准备好以后，我决定先来到第一个区域：孩子拥有问题。

我得让她知道，此刻妈妈愿意陪着她。使用技巧一：倾听。

我："因为一直跳不好，你真的很烦，不想跳。"

蹬蹬："嗯。"

我："本来就不想跳，结果妈妈还要你练习，更烦。可是你又不敢跟妈妈说，就只有继续练习，但是脑子里在想一些别的事情，并不想听妈妈说什么。"

蹬蹬："嗯。我不是不想听，我就是不想跳绳！"（带着哭腔）

我："嗯嗯，是，妈妈没有理解你的感受，只是让你不停练习，你好委屈啊！"

蹬蹬的眼泪流了下来。

我也哽咽了。此刻内疚升起，但是立刻想起了安心老师说的：内省而不疚。我提醒自己，此时我需要关注孩子。

蹬蹬："您说的这些我都试了！……妈妈，我告诉您，我们班×××是这样跳的，超搞笑，您看……"（猝不及防的情绪转换）给我表演了一下他们班同学的动作。

我们俩都笑了。

我突然灵光一现说："妹妹，其实妈妈有个想法，我觉得你跳绳就像交朋友。你特别擅长交朋友，你想象一下你和绳子怎么交朋友呢？"

第二站：情绪缓和，和困难交友

使用技巧：关系技巧、顾问角色。

我没有继续说，我在等待。我的身份是顾问，我提供建议，采不采纳，女儿说了算。

蹬蹬想了想说："我交朋友一般有两种情况。像萌萌就是，她走过来说：'我们可以做朋友吗？'我们就一起玩了。还有就是我去和别人说：'我们可以一起玩吗？'然后就变成朋友了。"

我说："听起来你真的很擅长交朋友，你马上就开始想怎么去做了。我觉得做朋友第一步是不是得先给彼此一些时间？你和萌萌是一下就变成好朋友的吗？"

蹬蹬说："当然不是了！我们是交朋友以后又一起玩。但是我们上课是不能说话的，就在自由活动时间一起玩耍，就变成好朋友了！"

我说："你说得太对了！是一步步变成好朋友的。先彼此认识，然后互相了解，再变成好朋友的。你觉得呢？"

蹬蹬："所以我第一步应该是先和我的绳子打招呼。你好，我叫蹬蹬。我们可以一起玩吗？你叫什么名字呢？……嗯，好，就叫你粉粉吧，因为你全身都是粉色的。"

我说："妈妈觉得你好厉害啊！马上就交上朋友了，我一般就不好意思去说。接下来我们要做点儿什么呢？"

蹬蹬："您说要了解。就是我要了解绳子，绳子要了解我，怎么了解？"

我说："对的！你记得好清楚啊。那我们是不是可以先来看看你的粉粉到底长什么样子，它有多长，它喜欢什么，它不喜欢什么。你也可以告诉它这些，让它了解你……"

就这样，蹬蹬花了一段时间将绳子变成了她的新朋友。

对话结束后，我还是忍不住地问："今天还要练习吗？"

蹬蹬想了想说："不，不想！"

我说："好的！"

第三站：自我探索，与孩子无关

使用技巧：倾听。

但我的内心可不是这样想的。情绪不是下来了吗？不是高高兴兴了吗？咋就又不想练习了呢？我这些大招都白使了吗？

当晚我躺在床上想，跳绳这件事从蹬蹬拥有困扰到现在变成了我拥有困扰。我知道，此时此刻是我拥有问题。我问自己，到底在担心什么呢？

我到底在担心什么呢？我担心她跳不好就不跳了，那不是遇到不喜欢的事情就轻易放弃了？我不喜欢她总是轻言放弃！我讨厌"不坚持"。我看不起这样的行为。我希望我的女儿做什么事情都懂得迎难而上。我希望作为讲师的女儿，她能拥有非凡的品质。我觉得她不应该是这样的……

这一步步看下来真是触目惊心，我内心这些恐怖的念头牢牢地支配了我。说到底，我在心中设置了一位讲师的高品质女儿的形象，并期待，不，不仅是期待，是要求我的女儿必须做到。否则，我认为自己是不成功的讲师，不，是失败的讲师和失败的妈妈。

想到这里我的心里一揪，难过得眼泪快出来了。

我到底要的是一个很会跳绳的女儿，一个事事完美的女儿，还是我的女儿。

第四站：自我调整，自我负责

使用技巧：价值观冲突技巧。

就这样过了三天，我没有再和蹬蹬讨论任何和跳绳相关的事情。我甚至没有在家再找到跳绳。还是蹬蹬自己说，她把绳子放在了书包里，她怕开学时忘记带去学校。

我一直在自我调整，我看到了自己的这些念头，我知道关于"跳绳"这个困扰是我的，我不会选择把这个难题转嫁给蹬蹬。比如，说：如果你跳好了，我就不烦了。这是不负责的做法，我是成人，我得为自己的困扰负责。不过我并没有急于消灭我的这些念头或者情绪，我仍然按照我的计划，在家做事、看书、陪她……只是在这些情绪中，我发现着急、担心、害怕、失望不在了，仅剩挫败、忧伤、自责。幸好我学了家庭教育，学了P.E.T.父母效能训练，幸好我还学了心理学。因为有了这些知识护法，我的内心虽然各种情绪翻腾，心底却是踏实又安定的。

说真的，把问题推给孩子太容易了，"就是因为你，所以我……"这句万能公式可以把自己的责任推得一干二净，还能成功让对方产生羞愧和愤怒，进而还可以继续攻击对方，"你看你就是……我这么辛苦……还不是为了你……"

我不想要这样的结局。事实是我女儿现在遇到了困难，她没办法连续跳绳超过两个，她很难过、伤心、失望、愤怒……她特别想代表班级参加学校的比赛，可她现在就是跳不好，她很挫败又无助。

事实是，这样的女儿，我依然爱她，我愿意陪着她。我不仅接受她现在做不到，我还能体会到她的情绪。我选择和她站在一起，不管她情绪如何，我都可以抱着她。

第五站：意外之旅，庆贺成就

使用技巧：无问题区的技巧。

那天是国庆假期的第四天。早上蹬蹬照例起了个大早。吃过早饭，我要下楼拿个快递，顺便遛狗。蹬蹬提议和我一起下楼，顺便练跳绳。

下楼后，她说："我先去那边练习了，你拿了快递来找我！"说完自己就跑到操场上去了。

等我拿了快递，远远地看见她一个人在空荡的操场上起起伏伏，突然发现她在不停地跳。

当我走近，她转过身来快速地说："妈妈我还在想您怎么还没有来。我刚刚是站在那里跳的，我想着等您。结果我看到一位老师在走路，我就走到那边去跳了，但是我发现他是围着这里走的，所以我就走到中间来了。您看着。"说完她就开始跳。

"1，2，3，4，5，6，7，8，9，10。10个。"我数着。数完我看着她，简直不敢相信。她也露出惊喜开心的表情，然后扑过来，我们抱在了一起。

接着，蹬蹬说了一句让我更加意外的话："妈妈，我发现只要情绪好了，开开心心地去做一件事，就能做得好。"

我不知道还能说什么，又觉得其实不必说什么，也觉得在这个时候说什么都是多余的，只能满脸高兴又感动地点头。

蹬蹬还要求我一直录视频，告诉我："妈妈，您一定要把这个视频发给爸爸，他看到了不知道有多高兴。"

就这样，我们在楼下练习了一小时。蹬蹬从连跳10个一直练习到连跳12个，原因是她觉得妈妈喜欢"12"这个数字。接着又练习跳到了20，再达到了28，接着是34，再是40……就这样从三天前，蹬蹬一分钟跳绳21个，到今天一分钟可以跳到66个。每一次数字的增加，我们就像奥运夺冠一样拥抱彼此。接着蹬蹬就会提出一个更高的目标。

最后我提出:"妈妈知道你还想练习,特别希望今天能达到比赛的数字,但是我也想说,让你的跳绳朋友休息休息。今天你们更加了解彼此了,配合得特别好了。它需要休息,你也是。"蹬蹬这才不情愿地回家洗澡洗漱,还顺便给跳绳洗了个澡。

我很感谢她没有说:"跳绳又不是真的,它不需要休息。"因为如果她这样说了,我还真没想好怎么接话。

想到这里,我突然意识到,原来我们持续做一件事的动力是来自认可、成就。我们的加油不是认可,更像是口号,如果它打动不了当事人,有时候更有可能成为一种压力。这种认可要先来自本人,要实实在在地感受到自己能做到,自己认可了自己,然后分享给在乎的人,他们认可了,自己拥有成就感,并要分享出去,再一次确认自己的成就,同时也感受到了更大的成就,接着就有动力持续地去做这件事。

走到这里,我觉得这一段经历不管对于蹬蹬还是对我自己,都太值得好好庆贺一番了。

我说:"妹妹,妈妈觉得你实在太厉害了,三天的时间,进步就这么大。重要的是,我以为你放弃这件事了,结果你并没有,还做得越来越好。我觉得我们必须庆祝庆祝!"

蹬蹬边跳边开心地说:"好啊,好啊,怎么庆祝呢?"

我说:"我决定我们下午茶吃甜甜圈!"

蹬蹬欢呼道:"我太开心了!"

我没有说出来的是:我也要祝贺我自己,这次又有了新的体会,有了自我成长的机会。

第六站：休整停顿，总结感恩

使用技巧：肯定性我—信息。

晚上躺在床上，蹬蹬说："妈妈，我觉得我需要冥想一会儿才能平复我的心情。我现在真的特别特别兴奋。我都想爬起来再练习一会儿。但是我知道我应该睡觉了。"

我说："好主意，那你闭上眼睛，听妈妈说，你休息休息。"

蹬蹬带上眼枕，平躺着。我照旧把右手放在她的肚脐眼上，她把手放在我的手下面，左手像投降一样放在耳朵旁边。

我说："今天有一件值得好好开心的事情，就是蹬蹬跳绳越来越顺利。首先我感谢我的身体，谢谢我的大脑，它要一边数数，一边统筹安排全身的部位，一边思考，还要一边感受。接着感谢我的五官，眼睛有时候要看绳子，有时候要看远方，有时候还要看我妈的脸。然后感谢我的耳朵，不仅要听绳子的声音，要听妈妈数数的声音，还要听风声。我的鼻子嘴巴要吸入大量的氧气支持我，还要帮助我呼出废气……"

就这样，我把全身在跳绳这件事上的功劳都一一感激个遍。接着，是情绪。

"接着我要感谢的是我的情绪。跳绳这件事让我伤心、难过、委屈……谢谢我的情绪一直陪着我。"

"我还要感谢我的跳绳粉粉。不管我跳得好不好，她都一直陪着我，哪怕我生气把她扔掉，她也不走开，继续陪着我……"

"最后我要感谢我自己，这么困难的事情我都没有放弃，我一直坚持。从不熟练到现在慢慢熟练，是因为我一直在努力。"

…………

说完这些，我打起了哈欠，而蹬蹬，早已睡着了。

如果用一个故事来跟身边的人介绍 P.E.T. 的神奇之处，你会怎么说？我可以说上三天三夜！P.E.T. 的技巧无时无刻不影响着我和我的家庭。如果不是因为学习过 P.E.T. 的技巧，我相信在跳绳的故事中，我和我的女儿都会很难受。因为她得不到妈妈真正的支持，而我觉得我拼尽全力她还不懂。

P.E.T. 的神奇之处就是让我们真正看见彼此。因为有这些技巧在手，不管出现什么状况，哪怕我有时情绪上头，都会被技巧拽回来，冷静下来想想，到底是要泄愤还是要解决问题？到底是要和问题站在一起打败孩子，还是和孩子一起面对问题？

感谢 P.E.T.，感谢我的女儿，感谢我自己。

❹ 如何育儿育己实现个人成长

P.E.T. 讲师朱小爱："你又吼我又打我，还去教别人怎么不吼孩子！你别去了！"

讲师班刚结束的时候，我和女儿之间发生了一次冲突。当被问到自己 P.E.T. 实践中最大的困惑时，我就想到了这次冲突。在下面的这个案例中，女儿对我的质问，让我更坚定了学习、践行和传播 P.E.T. 的初心和决心，也让我放下了很多疑虑，比如，自己做不好，孩子没有那么优秀该如何带领 P.E.T.。

前情提要

昨天白天我在准备今天上午的 P.E.T. 沙龙，满姐当时开玩笑地问我：

"您给别人讲什么？讲怎么打小孩吗？"我说："我要教别人怎么和孩子好好沟通。"她说："我也要去教课，要去教小孩怎么欺负爸爸妈妈，还要教小孩怎么去欺负妹妹！"

昨天傍晚，我把自己在沙龙中的一个问题拿来问她："妈妈一天对你生几次气？"她说："生几万次！最少八千次，多就要几万次了！"拿同样的问题去问四岁半的妹妹，紫闪闪说没有生气，一次都没有。

回到案发现场

今天早上起床刷牙时，紫闪闪嫌含氟牙膏味道不好，有点儿抗拒，我着急安抚她直接给了一个解决方案："给你的牙膏上加一点儿哈密瓜味的牙膏！"她同意了，但是旁边的满姐炸了："不行！不公平！"说着还把牙刷扔到水池里，把妹妹的牙杯弄倒了。

我看到她有情绪了，我也很不爽，带着评判，这孩子莫名其妙！别人又没惹她！她哪里来的脾气？嘴里还是要倾听（复盘发现是虚假接纳）："你生气了，觉得妈妈不公平！"她依旧生气，妹妹又接了一杯水，还小心翼翼地护着，结果又被姐姐弄倒了。

我继续虚假接纳："就是很生气！怎么妹妹就可以因为牙膏味道不好加一点儿哈密瓜味，我就只能忍着。"加一个面质："妈妈理解你的感受，不过你弄倒妹妹的牙杯会影响我们出门的时间，妈妈感觉很着急。"

不过倾听、面质都失效，还把火气直接引到自己身上了。她关掉我洗脸的水，又把水开到很烫，用脚踢我。好吧，这会儿我也P.E.T.不了了，直接上权威："你这样我特别生气！耽误我的时间，后果很严重！你觉得不公平那个点我不认同！那天你还少刷一次牙呢！"（翻旧账）

"我没有！"满姐被戳，直接恼羞成怒。

还不认账！我的火气继续上涨："你让不让我们刷牙？不让我把你扔出

去!"她被我威胁得更生气了,直接踹了我一脚!我也好生气,在她屁股上揍了一下,拎起她直接扔到门外,反锁了门。她嗷嗷喊,拍门。我带着怒气和隐隐的愧疚在屋里刷牙洗漱。

听着她搬了凳子拿了备用钥匙,试图开门,没有成功,又开始喊了。我正好洗漱完,开门出去吃饭。她气鼓鼓的,还踢了跟在我后面的妹妹一下。我的气压都压不住,她这样怎么可以!这孩子怎么这么坏!

看着她们都坐在餐桌上开始吃饭,我不依不饶,发表了长篇的训话。我说到一半,她喊:"我很生气,不想听您说!"(这里算是她给我发的一个面质吗?)

我更生气了,说:"那我也很生气,今晚让爷爷奶奶接你放学!"(继续威胁)效果立竿见影,她号啕大哭,"不要!就不要!你不接我我更生气!你不接我也不许去接妹妹!"

我继续喊:"我也生气!很生气!特别生气!大早上的,我好烦啊!你是你,妹妹是妹妹,我没法做到永远公平!今天生你气了不接你!但接妹妹是我的事,你不能干涉!"

然后,她的点睛之笔来了:"您对我又吼又打,还教别人不吼孩子?您别去讲了!没什么可讲的!"

好吧,她怎么气成这样了逻辑还很清晰……真是又气又笑!不过,这句话让我的理智回来了点儿,我说:"你很生气?妈妈对你这么凶还能教别人?像个笑话!"

她不说话了。我继续:"你本来就委屈,也很生气,结果没有被安慰,还挨了妈妈揍。妈妈其实也很纳闷儿,明明是紫闪闪闹脾气不喜欢牙膏,怎么到最后是咱俩打起来了?如果回到当时,妈妈做什么能让你感觉好一点儿呢?"她语气没那么高了,冷冷地说:"不知道!没有!"

我突然想起来旁边一直不说话的妹妹:"那紫闪闪呢!"妹妹刚准备开

口，姐姐又怒了："我现在不想听到妹妹说话！"

我好生气啊……不过她真的是比我更生气！我说："好生气啊！不想听妹妹的声音。怎么能让自己舒服点儿呢？妈妈抱抱好不好？"

满姐："不要！"

我："啊，连妈妈的抱抱也不要了！"

她压低声音说："只是现在不要！"

好吧，允许她生气，允许她不爽，现在不是倾听的时机。我放过自己，转头看看妹妹，安慰地笑一下，她也对我笑了一下。

后来大家就继续吃饭。饭快吃完时，我也冷静点儿了，给孩子发送了一个"我—信息"："妈妈刚刚说不去接你是气话，对不起，妈妈晚上会去接你的。"她说好。

最后卡着时间出门，路上搭了同学妈妈的顺风车，还是平常时间到校的。下车的时候我要抱抱她，被拒绝了，我便失落地回家了。

等我一个人的时候复盘早上这一幕，怎么想怎么觉得"生活真精彩啊！""我闺女就是来练我的啊！""今天如果学员没有互动案例，可以直接用自己的案例啦！"我都不知道自己什么时候可以这么乐观地看问题了。

至于孩子质问我的话，我内心默默想：就是因为妈妈在泥沼中挣扎过，而且依旧在挣扎，所以才知道和谐的沟通方式对孩子的童年多重要，才知道父母成长这事多重要。我努力地往外爬，还想带着别人结伴爬，就是想要你们这样的孩子不再深陷泥沼。

P.E.T. 讲师张华：界限明了，万事不扰！——从写给老妈的信开始

一大早，准备掏出手机打卡上班的我，看到远在陕西的老妈通过微信转发给我一个视频，仅瞄了标题里的几个灼人的字"儿女嫌弃父母，畜生不

如！"就让我彻底神游了。我利用课间的十分钟给老妈回了一条微信。我想所有的故事先从这条微信开始吧！

亲爱的老妈：

  一大早收到您转发的微信，看到标题后，我的内心久久不能平静，连上课都一直在走神。我想利用课间休息的时间给您写封信。

  老妈，我猜我在您的眼里是一个身体已经长大，心智还很不成熟的孩子。我会生气、会发脾气、会甩脸、会摔东西、会打孩子……这些的确不符合一个成年人的标准，更不符合一个好妈妈的标准。我清楚地知道以这样的方式去带自己的孩子，会给孩子的人生道路设置很多障碍，而这些障碍本该是可以没有的。我一直在苦苦寻找，有幸找到了！

  老妈，很感谢您给了我生命，也很感谢您在我最需要的这些年里给了我极大的帮助。人们常说，生孩子是女人的一次重生。我想重生，不仅仅是指身体的重生，更是灵魂的重生。生完孩子，我才知道肩上的责任有多重大，如果我没法控制自己的情绪，我的孩子就没法学会控制情绪。如果我不能更好地实现我自己，我的孩子就没办法成为他自己。"要想复印效果好，原件必须清楚明了"。

  老妈，我猜您有很多担心，您会担心我这边没办法照顾好两个孩子。您会担心我的孩子不孝顺就像您的孩子现在不孝顺您那样。您会担心您年老的时候没有人在您身边……可是我想告诉您的是，您所担心的事情都还没有发生。我希望我的孩子会像我孝顺您那样孝顺我，我希望在您年老需要我照顾时，我能一直陪在您身边。

  老妈，如果说嫌弃，我想是不够客观的。我们之间没有嫌弃，就像您从来没有嫌弃过我一样。我们之间只有不同，您的想法、您的理念、您的价值观……我们在很多方面存在不同。而我，经过成长，只想用我的方式来教育我的孩子。我希望他们除了学会学习，还能学会控制情绪，学会与人沟通，学会爱自己，学会如何爱别人……而我，作为您的孩子，我无比自豪与欣慰，因为我从您的身上学会了很宝贵的东西——诚信与坚韧。它们让我在逆境中保有活力，永不放弃；它们让我学会无论何时都要言出必行，及时自省；它们像宝物一样伴随着我，让我学会在嘈杂的环境中，内心仍能保有一片净土。正是因为有这两件"宝物"的伴随，才让我有机会遇到 E.T.，逐渐找到我自己。我也会想办法将这两件"宝物"继续传承给我的孩子。

老妈，您知道一个人能找到自己的感觉是多么美妙吗？当我通过学习，一步步靠近自己时，内心的喜悦无法言语，幸福充溢的感觉让我体会到了人生的价值。我很想稳住此刻的幸福，我知道幸福不是一种状态，而是一种能力，需要不断地操练、不断地精进。而这不断精进的过程如果被打扰了，幸福可能会中断，但如果度过了，就拥有了幸福的能力。那时的我就可以处理较为复杂的人际关系了。

老妈，您知道我花了多长时间去找自己吗？我从小学六年级就开始离家，从此我们母女过上了聚少离多的生活，一晃快三十年过去了。这期间发生了很多事情，有恐惧的、害怕的、伤心的、崩溃的……可这些我都收在了心底，因为我知道您没有时间听我啰唆太多，您要忙着赚钱供我读书。这些我都理解。因此，我的心门从未向您打开过，所以就出现了您所说的："你怎么变成这样？真是不可思议！"是的，我理解您的愤怒，看着从小乖巧的我，如今变得像外星人一样，您充满着恐惧和疑惑。您想方设法地帮助我，却从未得到我的肯定。您在我面前小心翼翼，就像一个生怕犯错的孩子一样。所有的道理我都明白，但并不是明白道理就可以过好这一生。明白与践行之间还有很深的鸿沟。我正在努力地跨越这道鸿沟，相信不久的未来您可以感知得到。

老妈，虽然此刻我们不在一起，但是，我无时无刻不关注着您的心情。

因为一个人只有心情好了，身体才会健康，生活才会美好。

老妈，我知道您走过的桥比我走过的路还要多，但是我想跟您说说最近我的新发现。一本书上说快乐有三个层级，第一个层级是战胜别人的快乐，第二个层级是战胜自己的快乐，第三个层级是无条件的快乐。而我正努力地在向第三个层级靠拢。我知道这是一个很艰苦的过程，需要努力地蜕变，而蜕变需要耐心和毅力，希望您理解！

老妈，我知道您正渐渐地老去。我经常幻想您年轻时的模样。但是我知道此刻，和您相比，孩子更需要我。我还没有将他们抚养成人，我还没有办法一下子将我所知道的全部给予他们。我还需要努力去改变我自己，去帮助我的孩子。也许我所努力的结果是别人一出生就所拥有的，但我只是我，我不是别人！

老妈，今天的信就写到这里，我爱您，永远！

这条微信发出后，我便继续去上课了。再下课时，我收到了老妈简短的微信回复："那我就放心了，照顾好自己！"

很难想象如果那时的我没有学习E.T.，在收到妈妈的那条指责的微信时，我会多么害怕，多么无助。我在乎她的每一声叹息、每一个眼神和每一句话。而今，我不再害怕，我知道我可以活成我想要的样子了，我不再依附于他人，不再惧怕老妈，不再怨天尤人。我心里清楚我该做什么，能做什么。我想这份清楚源于E.T.里所讲到的"界限"。界限清晰了，心就不累了。就像《一念之转》里提到的，人世间只有三件事：老天爷的事，他人的事，自己的事。我们所能做的就是自己的事。知道界限，才能做好自己的事，守住自己的心！

在教育领域深耕十多年，我深知作为老师应该给孩子爱与自由。老师有爱，学生才有学习的动力和兴趣；老师有爱，才能激发出学生无限的潜力，学生才能自由地成长。有了孩子后，我更加坚定地相信爱与自由是并行不悖的！有时候我们会误认为给孩子足够的管控才是爱的体现，担心给孩子太多的自由，孩子就"上天了"。自由是相对的，是有界限的。身为父母，只要告诉孩子边界，并让孩子为此负责就够了。可是，我们经常会凌驾于界限之上，我们通过权威将孩子控制在一定的范围内，让孩子失去选择的自由。孩子没有选择的自由，就无法将自己的需求兑换成现实，就会对生活失去兴趣。那天我在读《挑战父母》这本书，里面有一句话："成人想通过限制孩子的需求来实现孩子的自控，这一点无从验证。但限制会让孩子压制自己的欲求，有资源不敢去用，有好处不敢去争，不敢表达自我，不敢争取所需。"正当我陷入沉思中，哥哥从我身边走过问："妈妈，您不开心吗？"答："没有，妈妈在思考问题。"问："要帮助吗？"答："非常需要。"于是，我举了个例子："去游乐场你想坐两次摇摇车，但妈妈只答应让你做一次，想以此来培养你的自律。请问，你的想法如何？"哥哥答："我就想办法偷钱自己去坐。"我加上附加条件："哦，对了，假设你自己不能满足自己的需求。"哥哥答："那我会感觉很压抑、很愤怒。"欲望得不到满足，会让孩子变得不安，不安会引发愤怒，愤怒会让孩子攻击身边的人和事。成年人那些焦虑不安以及消极应对，是在孩子时期就埋下的种子。我们在努力培养孩子的自控，殊不知，孩子在不受父母控制的前提下，发展出来的才是真正的自控力。界限是为自由而生的，让我们在界限的保护下自由前行，正如孔子所言："从心所欲而不逾矩！"

现在返回来聊聊 E.T. 是如何迷倒我的。从我记事开始，老妈就是一个只知道闷头干活儿而不善言辞的人。她妈（我外婆）担心他们兄弟姐妹惹是生非，教育他们不要乱说话，到我这里不乱说话发展成了别说废话。离家上学后我不敢打电话回家，生怕老妈那句："有事说事，没事看书去。"后来工作后发现，我没有耐心听学生把话讲完，没有耐心听领导把事说完，每天像坐直升机一样在工作和生活中周旋，感觉天昏地暗！

让我彻底"死机"的是有了孩子后，老妈、我和孩子三个人在一起。三个人像是流水线上生产出来的产品，一个模子，所有问题都暴露了出来。我被流水线惊到了，原来人也可以像机器一样啊！

点燃我内心想改变小火花的是生老二不久后的一段时间。只要我和老大讲话，无论开始多么精彩，结果必定不欢而散。这样的情况大约持续了一个月。我不知道到底怎么了。我去学习了心理学，发现自己确实存在许多问题，但短期内没办法解决，怎么办？正当我无计可施时，我和老妈因为她拿水果刀吓唬孩子去幼儿园的事情争执起来。我妈的一句气话："你怎么不去死，你死了一切都好了！"像一把火一样燃烧着我，上（老妈）下（孩子）一致的反对声，彻底点燃了我改变的决心。我想做一个好老婆，却无法带给老公快乐；我想做一个好妈妈，却不知道如何教自己的孩子；我想做一个好女儿，却不知道如何孝敬父母……我迷茫、苦闷，我苦苦思索人生的意义。老公告诉我人生的意义在于活在当下，享受每时每刻的快乐。可是我无法理解。我觉得学生不喜欢学习，我就无法享受教书；我觉得冗长的会议让人作呕，却不得不去；我不喜欢被人操纵，却不得不被操纵着……

用安心老师的话来讲："学生准备好了，老师就来了。"在我遍体鳞伤的时候，E.T. 来了。它让我领悟到问题的关键，竟然是我不知道问题本身。之前遇到问题我总会将矛头指向别人，而今我不断内化、不断反省后，才知道世界没有他人，只有自己。我坚信了人生的意义就像稻盛和夫所说的那样，在于提升心性，磨炼灵魂。当人离开世间的那一刻，灵魂比出生时更纯洁。我痴迷于书上简单明了的行为窗口，我兴奋于一语点破天机的各种应对技巧。哇！美妙从此开始！

如今，我开心于每天的反思，它让我看到当下的自己，觉知到当下的自己。身体与心灵有了交集，有了灵魂的身体就多了份灵动，有了身体的灵魂就多了份稳重。当然，我相信深入 E.T.，远不止这些，只有深入其中，才能真切体会。分享一小节我的反思，愿岁月静好，你我安好！

反思小记 1：感谢母亲，感谢 E.T.！

自从父母来帮忙带孩子，我和母亲之间的关系就开始剑拔弩张，各种不满、抱怨、指责、挤兑……我一直不敢正视母亲的眼神，我害怕她的不满和指责，害怕她甩手离去，害怕她的歇斯底里……当我认为自己在迁就着这一切，努力不去表达自己需求的那一刻，我不断地反思，在这段关系中，我到底错在哪里？是我不够爱她，还是她不够爱我？为什么明明相爱的两个人会互相伤害？为什么她给的是我不需要的，而我需要的她却不能给予？

经过两年多的成长和疗愈，我渐渐地发现，原来我们之间缺少沟通。她不知道我需要什么，我不知道她想做什么。学习了 P.E.T. 后，我渐渐地成长起来，想去了解那个我未曾了解的人。经过几次长谈，得知母亲的价值观形成的原因后，我瞬间感觉可以完全接纳她的一切了。我可以接纳她用咀嚼过的食物去喂养我的孩子，我可以接纳她随意给孩子吃零食，我可以接纳她按自己的时间吃饭睡觉，我可以接纳她不爽时悄悄地掐我的孩子……我享受拥抱她的那一刻，我感觉到爱在我们身体里相互流动！感谢母亲给予我生命，给予了我这个世界！

反思小记 2：我错了，我重来！

晚上回到爷爷奶奶家，哥哥一直在玩电脑游戏。上楼前我叮嘱他早点儿上来，可是半小时过去了还没见他上来，我就打电话催他。又过了二十多分钟，已经是晚上 11 点了，他兴冲冲地回到房间。而我对他说的第一句话就是："你玩了 2 个多小时的电脑游戏，这中间也没见你休息一下，我很担心你的眼睛。"哥哥的回应是："好不容易回来一趟，就让人家好好放松一下嘛。"我回应道："那下次我再叫你，可不可以马上上来……"正当我喋喋不休时，我意识到自己完全偏离了轨道，因为没有将问题归属清楚，也就没法用正确的方法。当哥哥开心进门的那一刻，我如果拥有问题，应该面质。面质的三要素是"行为＋感受＋影响"，而影响一定是对于我自己而非他人的。此时，正确的方式应该是首先回应孩子的开心；其次面质自己的困扰。我试着复盘整理自己的语言："宝贝，看到你很开心的样子，妈妈也很开心。妈妈看到你玩到这么晚才上来，我很着急，因为我一直等着你，就没法安心入睡。"当我重新说了一遍时，他紧紧地抱住我并说了声："谢谢妈妈！"

反思小记 3：我不怨天尤人了！

这段时间连续刮了几次台风，阴雨天气持续了半个多月。今天天气放晴了，从事旅游行业的老公禁不住开心地说了一句："哇，太阳终于出来了。"从他的话语中听出了他对天晴的期待，我也突然意识到自己已经不再怨天尤人了。学习 P.E.T. 后，我最大的改变就是不再将责任推卸给他人。这让我想到了怨天尤人这个成语。怨天，埋怨天气；尤人，责备他人。不怨天尤人也就是不再把注意力给到别人或老天爷，而是关注自己的内心。一个人只有看见自己的内心，才算真正的活过。

P.E.T. 讲师可菁：技巧的"困境"——允许自己，才有机会跳出

"面质性我—信息＋积极倾听、换挡"这个技巧，对于学过 P.E.T. 的伙伴们来说都不陌生，它适用于"行为窗口"接纳线以下（不能接纳行为）的第一部分。也就是当对方的行为对我们自身造成困扰的时候，我们需要就自己的困扰本身，发出"行为＋感受＋影响"的"我—信息"，向对方清楚地表达自己。然而，关于这个技巧的使用，我曾经深深地陷入到一个"困境"

中。我发现，当真正被对方的一些行为所困扰并产生情绪的时候，会愤怒、委屈、难过……那时候想用"面质+换挡"的技巧，是根本做不到的。不是说技巧本身不够熟练，而是在那个当下，根本不想使用技巧！面对的人越亲近，越做不到。当我深深陷入情绪当中时，根本没有心力去使用技巧。

失败的案例

背景：因为上讲师班，我需要连续7天不在孩子身边，于是就把他完全托付给了姥姥姥爷。姥姥每天都会给我报告孩子吃了多少饭、几点睡午觉。几天下来姥姥对孩子的吃饭睡觉作息感到很满意。7天结束，我重新回到孩子身边，开始日常陪伴。

因为好几天没在家，一早起来孩子就想粘在我身上不下来，玩了一会儿，又开始吃 neinei。

姥姥一眼瞥见，开始念叨："这一吃奶，就啥也别吃了！"

我没有说话，但是我特别忐忑，也很委屈。我知道姥姥又在怪我给孩子喂奶。虽然我明白这可能会影响孩子吃早饭，但此时我还没找到可以让孩子愉快地不吃奶的方式，我又不想把他强行推开。这本已经让我很苦恼了。听到姥姥一念叨，我不仅没有得到理解，反而被埋怨，此时一股强烈的不舒服的感觉涌上心头。我想此时我应该使用面质，或者先倾听一下姥姥，但事实上我根本做不到。

不一会儿，该吃饭了，孩子果然说："不想！"

姥姥一听，急了，开始大声说道："这还吃啥？都吃奶了还吃啥？这几天你不在，我们都好好儿的，9点就吃完早饭了！你以为你这是为他好吗？你这是在害他！宝宝走！咱们吃饭去。"说着，抱着孩子就往餐厅走。

孩子有点儿想哭，哼唧说："不想！"

我依旧没说话，即便我知道姥姥此时拥有问题，我可以倾听她，或发一条"面质性我—信息"表达自己。然而事实是，我内心极度委屈，以致我根本不能或者不想这么做。

我接过孩子，对他说："宝宝不想吃就不吃，姥姥这是着急了，因为怕宝宝饿着。"孩子一听，又开始哼唧，我接着说："但是吃不吃饭，宝宝可以自己决定，不想吃就不吃，没关系。妈妈只是告诉你，姥姥这样做是因为她着急了。但是你可以决定你自己想不想吃饭。"

话音刚落，就听见姥姥在外屋高声嚷："你这是在害他！知道吗？你还以为自己对孩子有多好！"

我还是沉默，内心被委屈、难过和挫败感包围。这让我根本无法使用任何学到的技巧，沉默是我能做的不发怒反驳的最好办法。

一上午，我都和孩子在一起玩，中间有几次因为没及时了解到他的需求，孩子小哭了几声。转眼快到午饭时间。

只听见姥姥跟姥爷说："听听！这一早上，哭了多少次了，前几天都好好的，而且吃了几次奶了（其实并没有），中午还不知道吃不吃饭呢！"随后开始叫孩子吃饭。

孩子正在滑梯上玩，听到吃饭，说："不想！"

姥姥开始絮叨："昨天都是自己主动要上桌吃饭的！"边说边夹了块肉喂给孩子，孩子正在玩，一把把肉推开，哼唧着说："不想！不想！"

我忍不住了，扔了块绊脚石："妈，您别逼他吃！"

这一扔，效果出来了，姥姥开始高声嚷："我哪儿逼他了？我哪有那个能力？"

我内心波涛汹涌，但是为了不让暴风雨来得更猛烈，我想不然尝试一下倾听吧。于是，我尽量用平静和缓的语气说："您觉得我用逼这个词不太合适。"说实话，我觉得自己在那个充满火药味的气氛下这么说话真的好奇怪！

意料之中，我的倾听并没有抚平姥姥的情绪，而是让她觉得自己说得更对了，并且似乎更有底气和理由了，于是继续高声嚷："当然了！谁逼他？还说我逼他！"

我没说话。此时的我已彻底放弃使用技巧了，我觉得我不想多说一句话，一个词都不想说。面质？倾听？我真的做不到。

就这样，熬过午饭时间。午睡时间到了，孩子不想睡，姥姥就要抱出去哄。一开始孩子不愿意出去，好不容易同意了，姥姥就赶紧拿衣服要走。此时，我恰好站在过道上。

姥姥把我往旁边一推："赶紧让开，赶紧让开！别一会儿又变卦了，昨天这会儿都睡着了！"

虽然我知道她不是故意的，只是为了快点儿哄孩子睡觉。但此时我的内心已经备受打击，我咬了咬牙，想："不然再发一条'我—信息'吧。"

我说："妈，您这样做，我感觉自己有点儿失落，我感觉自己挺多余的！"

结果姥姥干脆炸了，把孩子往我手里一放："你抱走，你抱走！你要是不想让你孩子睡觉，我以后不管，我管不着！你抱走！"说完，扭头回屋了。

我委屈极了，再也不想和她说一句话。

然后我独自把孩子抱到楼下，哄睡。

复盘

整个过程中，我都在沉默。虽然我清楚地知道，在当时的情境下我可以运用什么技巧，但是当被那种氛围笼罩，自己深陷情绪之中的时候，一种深深的无力感就会袭来，让我没有心力去面质，也没有精力甚至都没有意愿去倾听。我想，我能做的最大努力就是不发怒反驳。

我问自己，为什么不能使用技巧呢？我想有两个原因。

首先，看似是母亲的行为困扰了我，实际上我和母亲都处在问题区，并且这种冲突不是需求冲突，而是价值观冲突。在这种情况下，我之所以使用不了技巧，是因为很大程度上我没有调整好自己，我从内心不接受母亲对我的态度和方式，面对一以贯之的"权威"教养方式，我既恐惧又排斥。似乎潜意识里，我就想要通过冲突而不是和解去反抗这种"权威"。

其次，被母亲指责，这种情形从小到大发生太多了，对我产生了特别深的影响，乃至于一有类似的情形发生，哪怕有时候不是真的指责，我都会自我投射到那种"熟悉的情境"中，然后催生出深深的恐惧和委屈。在这种情况下，我是处于情感脑占主导的"情绪崩溃"状态的，所以，没有办法使用理性的技巧，而是需要被倾听。

于是，我做了一次"自我倾听"。

自我倾听

我："在和妈妈的相处上，我时常感到莫名的难受。"

听："你觉得你和妈妈相处时会感到不舒服。"

我："对，一方面我接受不了她的说话方式；另一方面我每次又很自责、很内疚，觉得不应该这么对待她，我对她不够好。"

听："你接受不了她的说话方式，但是这种不接受又给你带来内疚感，让你觉得应该对妈妈更好。"

我："对，并且只要妈妈一开口，我就觉得她在指责我，不管她是不是真的在指责我。"

听："不管她是不是真的在指责你，你都觉得被指责。你很难过。"

我："对，很难过，有时候还会很害怕。我害怕她会说很多难听的话，让我很无助。很多时候我也在面临困扰，比如，孩子不吃饭、不睡觉、磨叨。我也很着急。但是我都会按捺住自己的情绪去想办法，而这时，我很希望妈妈能够理解我的处境，能够知道我在用我自己的方法努力地去解决这个问题。"

听："你希望妈妈理解你，并且能够看到你正在努力地用自己的方法解决当下的问题。"

我："对，我希望她能看到，并且给我肯定。这样我就会有力量，毕竟遇到问题的时候，我的内心其实也很焦虑。"

听："你觉得如果妈妈看到你的努力，并且肯定你，你就会好受一些，并且有力量。因为你面对问题的时候其实也是很焦虑的。"

我："是的，我希望得到的是肯定。然而每次得到的都是负面的反馈，比如'你在浪费时间！你在害他！你的话太多了！你根本达不到目的！你做这些都没用'，好像这些话都是用来证明她才是对的而我是错的。这让我有很强烈的挫败感。"

听："你觉得妈妈每次对你的反馈，都让你觉得很有挫败感。"

我："不仅有挫败感，还很孤独。就是觉得我都一个人去坚持、承担很多事情。做对了，得不到肯定；但是做错了，就会得到指责和羞辱。这让我内心很害怕，很孤独。我害怕失败，因为这会验证妈妈说的那些话，让我更有挫败感。甚至有时候我想去故意反抗，让自己显得没输。"

听："你觉得你很孤独、很无助。"

我："对，但是我又想坚持，因为我觉得她说得不对。作为她的孩子，我时常感到不开心、不幸福。但是我又不能接受我对妈妈说：'作为你的孩子我不幸福'。我觉得那是大逆不道。"

听："你觉得在妈妈的养育方式下，你不幸福，但是又觉得这样对妈妈不公平。"

我："对，我的不幸福主要是因为我时常会感到挫败、孤独和无助。我很害怕这种养育方式会让我的孩子感受到同样的不幸福。比如，要吃饭，我妈妈的做法就是强行把他抱上桌，或者用'哄骗'的方法。这都让我很难受，让我感到权威和不诚实。"

听："你不赞同你妈妈的做法，担心这会对孩子产生不好的影响。"

我："对，每当这个时候我更想耐心地和孩子解决问题，让他自己决定。"

听："你觉得你的方法更好。"

我："对，是的。所以其实我应该坚持。事实证明，孩子能感受到我对他的尊重。至于妈妈在一旁的言语，除了气氛上会不好外，应该不会对孩子有很大影响。并且我越坚定，就越能让孩子感受到我的爱和力量。我觉得我应该这样做。"

听："说这个话的时候，能感受到你的坚定。"

我："嗯，至于妈妈的话外音，其实我可以理解她的动机，都是为了孩子好。只是她选错了方式，这限于她的认知水平和我们之间的价值观差异。我不能期待她能理解我，我更应该自我调整。至于我的挫败感，那不是真的，也不是妈妈故意要加给我的，所以我无须抗争。无论事情成败，都只是我自己的选择。所有的声音都是意见，而我有权决定我的一切。我也无须害怕孤独，每个人的世界其实只有自己一个人。锻炼内心的强大就是为了对抗这种孤独，这不正是一种修炼吗？至于我对妈妈的内疚，主要是因为我要抗争而表现出的态度和情绪。这是我要改变的，感恩并接纳她表达爱的方式，不论对错。不要刻意抗争，如果觉得对，就照做，大家就都能和平相处。"

总结

自我倾听，确实让我厘清了一些思路，看清了一些想法。对于解决我和妈妈之间的价值观冲突虽然不能达到立竿见影的效果，但能够通过自我调整先看清自己的问题,并尝试解决,这就是走出来的第一步。

后来,我再次遇到安心老师的时候,也曾向她请教过这个问题:"很多时候,明明知道该使用技巧,却因为情绪使然,根本使用不出来,怎么办呢?"安心老师轻声说:"那就先不用喽!"我顿时释然,突然想起"父母是人,不是神"这句话,觉得又悟出些新意来。是啊,P.E.T. 讲师也是人,不是神,当我们苦练技巧想要一蹴而就的时候,不要忘了允许自己,允许自己有情绪,允许自己犯错,允许自己做不到。只有先允许自己,才能帮助自己从中跳出来,才能有机会看清自己,让自己变得更好。

P.E.T. 讲师玲聆:遇见了那个最爱的自己

我为什么去学 P.E.T. ?因为我觉得我的亲子关系遇到了瓶颈,而我却不知道哪里出了问题。我和孩子平时都挺好的,可每次聊到一些关键话题时,我跟当时读小学的女儿就会闹得很不愉快。我因此很迷茫、很困惑。比如这件事。

一天放学后,涵涵坐在汽车后排气呼呼地说:"妈妈,今天老师扔了我的文具盒。"

我惊讶又着急地问:"啊?她为什么要扔?"

她顿了一下说:"她说我没有听讲,在玩笔。但是我在听她讲……"

我:"你在听课,她为什么要扔?那老师也太奇怪了。不过你也是,老师在讲课的时候,你就不要弄文具盒嘛,老师没有看到你看着她,肯定就以为你没听啊!"

她委屈地挣扎着说:"我在听嘛,我就是想把我的笔顺一下。"

我:"文具盒不可以下课以后再收拾吗?你在课上弄,老师肯定要误会你呀!你不想老师扔你的文具盒,你自己首先要做到认真地盯着老师嘛……"

这时车子开到家门口了，涵涵冲下车，嘭的一声把车门摔上，两三步就冲进楼里去了，别过头，完全不理我。我也觉得很疑惑："我不是也在相信你吗，还给你出主意，你只要按我说的做就不会有这些麻烦了，不听劝还发脾气，你这个孩子真是不可理喻！"然后我们别扭了好几天。

我生完气，隐隐约约觉得哪里不对，心里还是特别忐忑，又把事情从前到后仔细回想了好几遍，感觉没有做错啊，我还替她说话了，而且提的建议也不过分，她的麻烦是她的行为引起的，只要她按我说的做就一定会没事啊。嗯，都是她的错，还给我找麻烦。

但是我还是很沮丧。

类似的事情时有发生，我和孩子的亲密感也因此起起伏伏。我们的关系说不上不好，但总感觉隔了一层什么。我觉得我跟她可以再"好"一些。就在我一筹莫展的时候，朋友邀请我一起去成都上亲子关系课。她说这个课特别好，她去过一次，还要去复训，所以邀请我跟她一起去。好吧，反正我也黔驴技穷了，就当是去散散心、长长见识也好。

在王焱老师三天的 P.E.T. 工作坊里，我感觉自己从最初的紧缩和防御的状态里一点儿一点儿地打开、舒展，我的每个细胞都舒服极了。这些知识都是过去我在心理学课程和教育类书籍里非常认同的那一部分，它们不仅被汇总到了一起，还更加系统化、更加丰富，也因老师的讲解而更加生动有趣。特别是在课堂上，当我表达自己的想法时，老师和同学认真倾听和积极反馈，让我这种从来不敢大胆说出自己看法的人很感激、很治愈。我体会到我被完全接纳了，我感觉我内心有什么东西在这个接纳的土壤里开始生根、发芽。

工作坊结束后，我意犹未尽，回到家我便开始整理笔记，画出课程内容的思维导图。我突然感觉我跟以前不一样了，但到底哪里不一样我也不明确，只

第九章　案例集锦

是内心涌出一个强烈的声音：我渴望P.E.T.知识的浸泡，我想要与懂得和运用这些知识的人在一起，我想要这样的榜样，我想要成为他们这样的人。

我在监狱的罪犯心理评估矫治中心工作，是国家二级心理咨询师，平时做服刑人员心理咨询和辅导工作。我考虑到P.E.T.同样诞生于心理学，也是我最喜欢的人本主义心理学分支。我感觉这个课程不仅架构完整、内容精良，而且创作者托马斯·戈登博士将心理学中关于人际沟通的精华部分巧妙地装进了三天的课程里。这是他特别厉害的地方，可以让一个从未接触过心理学的人都能听懂、学会。在P.E.T.里可以学到很好的情绪疏导和沟通技巧，让自己处理问题的思路更加清晰又充满智慧。而我的工作本来就是做个体成长和团体辅导的，所以我完全可以将P.E.T.纳入我的课程内容里！想好了之后，我以最快的速度报名了最近的一期P.E.T.父母效能训练讲师班，于2019年11月去成都参加了安心老师带领的讲师班第一阶段课程。我如愿地泡在了里面。

我一边学习一边实践，在监狱的工作中我开启了面向服刑人员的"P.E.T.亲子关系团体辅导"课，收到了参加的服刑人员很好的反馈。哪怕他们中有些人只有小学文化，也表示完全能听懂，而且非常认同。他们拿着我打印给他们的P.E.T.资料如获至宝，告诉我课程内容很生动有趣，他们也非常受益，希望以后能多多参加。听到他们这样的反馈，看着他们三天以来肉眼可见的变化，我真的很感动，我觉得我的选择是正确的。他们服刑期满回归社会以后，就是我们身边的一分子，可能会成为我们的邻居。如果他们曾感受过理解、接纳和温暖，学了科学的人际沟通技巧，那他们才会懂得如何温暖有爱地对待自己的家人，他们知道了如何去爱家人，他们的家人也会充满爱意地去对待身边的人。P.E.T.的知识是爱的集合，是爱的传递。

我同时也在监狱民警、职工中开设跟P.E.T.有关的沙龙、读书会和分享课。我身边越来越多的人开始知道P.E.T.父母效能训练，也开始使用它，并因它而受益。当然，我自己的亲子关系也发生了变化。讲师班学习后没多久，女儿感觉到我有了很大的变化，她也慢慢变得更放松、更愿意向我表达她自己。

有一次我在跟已经读初中的涵涵聊 P.E.T. 时，她跟我说："妈妈，您还记得老师扔我文具盒那件事吗？"我说："记得啊，印象还很深呢！天知道我干了多少蠢事，给你扔了多少绊脚石。"她笑了笑说："妈妈，其实那个时候我只想跟您述说一下当时很难受的心情，您只需要'嗯嗯'两声就可以了。"是啊，哪怕是 P.E.T. "基本倾听"的其中一个技巧，也能很好地协助到孩子。以前那个没有学习到这些知识的我，还以为孩子说什么事出来就是想要我帮她解决的，我又是建议，又是分析，还加上责备，搞得自己劳累不堪，还搞砸了整个谈话。

学习了 P.E.T. 之后我才知道有时候"问题不是用来解决的，是用来了解的"；还知道了以前的我是多么娴熟地"越界"而不自知；也终于学会了在孩子处在情绪困扰状态时，可以如何去协助她。"孩子是天生的 P.E.T.。"明珠老师说这句话的时候我特别认同，因为涵涵在我与她沟通的方式中非常快速地接受和喜欢上了这个智慧的方法，她也开始用我对待她的方式去对待身边的同学、朋友和老师，同时到处宣传 P.E.T.。她已经非常期待要去成都参加最近的一期 Y.E.T. 青少年效能训练培训，以后还想像妮妮姐姐一样当一名年轻的 Y.E.T. 讲师。

安心老师在樊登老师的"作者光临"节目里说，好多实践 P.E.T. 父母的孩子都很优秀，这个优秀并不是只指成绩的优秀，而是指孩子的感性和理性知识全方位的状态。"P 二代"更加自由、敞开，他们会以尊重、不越界的态度对待身边的人，会去倾听、理解他人，也懂得如何面对自己的情绪，对自己负责。他们知道面对冲突时如何找到各自的需求，知道人与人之间可以双赢，智慧地去运用这些知识就能收获美好的联结。就像他们的父母对他们做的那样。现在我和女儿的关系不仅变得更亲密，她的学习和人际交往状态也更好。我尊重她，放手让她自己管理自己，她也更加自律。而我很轻松，也很开心！

我最初去学P.E.T.是想改变与孩子的关系，改变孩子的状态，学习后我发现，我变了孩子就变了，而且我越来越喜欢现在的自己。在运用P.E.T.的思路和技巧中，因为"看见"的真相越来越多，我的接纳度不知不觉在扩大。在实践中，我发现真的可以遇见我所期望的美好关系，我变得越来越自信，也越来越从容、淡定。特别是我更多地去传播P.E.T.，去帮助他人学习后，我吸收得更快，对知识的解读更深刻，运用技巧也更加自如。从开始参加P.E.T.工作坊到现在，我感觉收获了一个全新的自己，也是一个对未来有方向的自己，更是一个有爱，懂得如何去爱他人，也爱自己的人。

因为遇见P.E.T.，我遇见了那个最爱的自己。

P.E.T.
PARENT EFFECTIVENESS TRAINING

10

第十章
挑战与机遇

· 身边的不同声音 ·

· P.E.T. 真的就是放纵孩子吗？·

· P.E.T. 家庭的实践效果 ·

· P.E.T. 讲师之路 ·

许多父母因为在养育中遇到困扰所以来到 P.E.T. 课堂，又因为在 P.E.T. 学习和实践中收获幸福所以选择成为讲师，跟身边的亲友分享 P.E.T. 理念，向更多家庭推广 P.E.T.。P.E.T. 的养育方式看起来的确与我们以往的方式有所不同，所以在分享和推广过程中难免会听到质疑声。这些不同的声音对 P.E.T. 家庭而言是挑战，可能会带来冲突；但同时也是机遇，因为碰撞就会带来深度了解、多角度思考的机会。

我们邀请了数位 P.E.T. 讲师来分享他们亲身经历的挑战与机遇。

❶ 身边的不同声音

P.E.T. 讲师艺慈：又是套路吗？

一门挑战传统沟通理念的技术，一门打破固有表达方式的语言，P.E.T. 的出现让我身边的家人们变得很警惕：这又是何方法器？是用来对付我们的吗？还是对付孩子的？他们会有疑问，P.E.T. 是套路吗？

为了解答这个问题，我特意去查询了"套路"的官方注解。套路最开始是指编成套的武术动作，后来转成网络词语。更多是贬义词，是暗含欺骗的一些方式。我们常听到人说："少一点套路，多一份真诚。"可见套路和真诚是对立的关系。但 P.E.T. 最核心的理念恰恰就是真诚，P.E.T. 一直倡导我们要做真实的父母，内外一致地真诚地与孩子对话。我们学习的是沟通的句式，而不是虚假的真心。

比如，"我—信息"的表达，如果没有 P.E.T. 技术的支持，我们或许说不出来内在的很多感受。那些悲伤、心痛、不爽、烦闷、焦虑，不会因为我们不说出来就不存在了。P.E.T. 只是为我们打开了一条通向自己内心的通道。我们终于可以让这些情绪感受从暗处走出来，看看外面的世界，晒晒外面的暖阳。虽然它们还会回到我们心里，但我想，见过世面的它们一定和原来不一样。

P.E.T. 讲师王乐：这个没用

每个人成长的路上都会有一些拦路虎，而在我不断践行 P.E.T. 的过程中，最大的拦路虎就是总会有人告诉你"这个没用"。我第一次做妈妈，孩子一岁多，开始会走会跑，越来越不在我的掌控中的时候，我措手不及，慌乱不安。万幸，遇见了 P.E.T.，我有了一根可以抓住不放的救命稻草，而且我知道，这根稻草值得信任，它和我内在的某些想法不谋而合。于是我一次又一次地走进课程中，学习、践行、再学习、再践行，并最终成为讲师。

但整个过程却没有那么顺遂。

挫败一：我第一次去学习的时候，婆婆听说我要花两千多块钱学习怎么带孩子。她一脸不屑地说："带孩子还用学？也就这三两年的事情，等孩子上了幼儿园就好了。"当时我无言以对，但隐隐觉得哪里不对劲。随着孩子一天天长大，婆婆慢慢感受到我养育孩子的方式确实很受用。她开始逐渐认可和支持 P.E.T.，也愿意把 P.E.T. 分享给其他的父母，推荐他们来上我的课。在这个过程中我越来越开心，还好我坚持了下来。

挫败二：我在做幼儿园老师的时候，就很愿意践行并且分享 P.E.T.，我常常会把跟孩子们的对话记录下来，跟父母们分享，提供一种可能性给他们参考。然而有一次，我兴致勃勃地跟一位家长分享。结果这位家长冷冷地说了一句："我学过 P.E.T.，我觉得这个没用。"我听到后很难过。我非常坚信的事情，在他人看来没用，而且人家已经上过课了，依然觉得没用，我似乎连辩解的机会都没了。这件事给我的触动还蛮大的，之后的很久我都在问题区里。慢慢地，在我反复阅读 P.E.T. 的过程里，看到"每个人可以有自己不同的见解""环境、自我、他人都会影响接纳线"的时候，我好像懂了。一方面，他人的观点有他特定的立场和情境，也许我并不了解情况；另一方面，我受用并且坚信的事情，他人也有权利不相信，这是他人的自由。我可以分享，但接受与否的权利本来就在他人的手里，我无法决定。相反，唯有尊重，才是对关系的敬畏。因为任何一段关系都不是白来的，大概他是我成长路上的贵人，不然我怎么会更努力地学习呢？

挫败三：在学习 P.E.T. 后，我又义无反顾地学习了 T.E.T. 教师效能训练课程。当我遇见其他老师的时候，我非常乐意把这个课程和方法分享给他们。可是传统学校里的老师，即使是年轻老师，也觉得"没用"。当我跟他们聊起他们的经历时，我才知道，一开始他们也满怀热情，尝试各种新鲜的教学方法。但在这个过程中，年长有资历的老师总会告诉他们："你们的这些方法我们年轻的时候都试过，都没用，别折腾了。"久而久之，年轻老师们也放弃了学习新方法的念头。这让我很难受，就像在家庭里，年迈的父母常常会对孩子说："我走过的桥比你走过的路都多，你听我的就对了，你们那些不务正业的事情就不要费劲了。"这些话会给年轻人特别强烈的挫败感，觉得都是白费劲；更深一层的是无力感，觉得什么都做不了，无法掌控自己的人生，无法决定自己想做的事情；满怀激情的动力被打压得荡然无存，可是又不甘心，心里别提多拧巴了。我似乎特别能同理到这些年轻老师，因为在我自己传播 P.E.T. 的过程中也会有这个困扰。

在很多次挫败的经历中，内心的不安、不甘和挣扎恰恰帮助了我。在最艰难的时候，我连梦里都是 T.E.T. 这本书的封面。醒来之后，我突然意识到这是上天给我的指引，因为 T.E.T. 这本书扉页上的那句话令我刻骨铭心——"孩子们，你们的痛苦驱使我不断探索父母以及教师效能的新路径。"

这是戈登博士的原话，也是我心里坚定的信念。

P.E.T. 讲师赵薇：养育的三个主要困境

和老年人的相处、夫妻照顾孩子的责任比例不均、育儿理念的冲突——这几个话题常常会出现在年轻父母的聊天中。而这三个问题也是我自己经历过的，有的还正在经历，所以很有感触。

第一，和老年人的相处问题。

很多年轻的夫妻忙于工作，在有了孩子后会请老人来帮忙照顾小孩。特别是在孩子上幼儿园之前，白天基本都是由老年人在照顾孩子。在我怀孕期间，公公和婆婆就来和我们同住，帮忙打理家务。然而从一起居住到孩子上幼儿园，他们回老家，整个过程都充满着矛盾和冲突。

公婆都是北方人，非常不适应南方的饮食和生活习惯。公婆是地地道道的农民，城市的生活环境让他们感到陌生和焦虑。公公来了以后，胃口变得越来越差，两个多月就瘦了十斤，婆婆每天为这事要念叨好久。那时我无法理解他们的难过，认为他们是在指责我，我的情绪也受到很大影响。老公只会当和事佬，在中间进行安慰和劝说。但没什么用，我们双方都很不开心。后来公公还是回老家了，留下婆婆自己在这边，她的情绪依然不好。公公走后，婆婆更想家了，常常在家里哭。那时我一看到婆婆哭就气不打一处来，感觉每天都被她搞得心情不好。一直到孩子出生，我们都是这样不开心地过着。

孩子出生后，虽然我们将大部分的注意力都放在了孩子身上，但我和婆婆的积怨也越来越深，每个人都憋了一肚子委屈，经常因为鸡毛蒜皮的小事闹得不可开交。我们双方都不知道该怎么沟通，一开口就是指责和抱怨，老公也成了夹心饼干。

现在有很多和老年人一起生活的年轻父母都经历着同样的问题，相处很不愉快，但又不知道怎么改变。除此之外，两代人也常常由于养育孩子理念的不一致而产生冲突。

第二，夫妻照顾孩子的责任比例不均。

孩子上幼儿园后，婆婆回了老家。我开始边工作边带孩子。但我遇到了一个很大的困扰：我和老公都是上班族，但是照顾孩子的责任基本都是我在承担。我感到很失衡，完全没有自己的时间。生活中，我也常听到妈妈们最多的抱怨就是"老公啥也不管"。

夜晚，直到孩子睡了以后，妈妈们才有自由的时间。现在我明白了，为什么有那么多人明明很累了，可就是不愿意早点儿休息，还要不停地熬夜。原来他们熬的不是夜，而是自由。熬了夜，第二天就更加疲惫，如此恶性循环，陪伴孩子便成了一件痛苦的事。我对孩子的陪伴越来越敷衍，越来越没有质量，情绪也越累积越多。我就像座火山一样会随时喷发，过后又无比内疚和自责。

逃出这个困境需要大量的自我调整，但我认为解决夫妻照顾孩子责任比例严重失衡的办法就是夫妻双方进行沟通和调整。直到现在，我的孩子八岁了，我和老公依然在沟通和调整。

第三，育儿理念的冲突。

几年前我开始学习心理学，学习 P.E.T.，2021 年也成了一名 P.E.T. 的讲师。但我发现老公似乎一直不太赞同我学习的理念，包括很多亲戚都会认为所谓的"接纳"和"允许"只是对孩子的放纵。身边不少家长也认为孩子是应该打的，是需要被父母管教的。

曾经我很希望老公能和我一起学习P.E.T.，也和他因为对待孩子的方式不一致发生过多次冲突。我记得在《P.E.T.父母效能训练》这本书里，托马斯·戈登博士回答过类似的问题："如果父母中的一方使用旧方法，另一方能够有效使用P.E.T.吗？"戈登博士的回答是："既能，又不能。如果只有一方使用新方法，将会极大促进其与孩子之间的关系，另一名家长与孩子的关系可能会恶化。最好是父母双方同时学习，这样他们能够为彼此提供很大的帮助。"

身边有很多学习过P.E.T.的父母们也有类似的困难，因为自己学习了P.E.T.，但在使用过程中受到了极大的阻力，也常常会对伴侣和家人对待孩子的方式感到无法接纳。许多人上了工作坊后可以持续使用P.E.T.一段时间，但有不少父母最后还是放弃了。这个学习过程有孤单也有无助。我和许多来学习P.E.T.的家长有同样的期待，希望另一半也能一起学习，虽然这是"他的事"。

❷ P.E.T.真的就是放纵孩子吗？

有的家长担心，P.E.T.这种强调"接纳""尊重""爱"的养育方式会纵容孩子。但全面了解P.E.T.的理念，系统学习行为窗口模型的学员会发现，P.E.T.的接纳是基于父母的真实感受。尊重是双向的，爱是界限清晰的。不控制，并不意味着不表达、不影响。P.E.T.的养育目标不是在家庭中争输赢，而是通过双向沟通，共同满足，既唤起孩子的内驱力，又实现家长的影响力。

P.E.T. 讲师杨慧：将概念回归到行为窗口

"不是说要接纳孩子吗？难道就是放纵孩子干什么都不管吗？""我当然知道要尊重孩子，那也不能每次都是我妥协呀！""我想要培养孩子的自律能力，什么都交给孩子自己决定，怎么感觉孩子开始'放羊'了呢？"

对于"接纳/放纵""尊重/妥协""培养自律/放任自流"这三组词语，我们肯定知道它们绝对是不一样的概念。可是在生活中与孩子相处的时候，却总是不确定，自己的方式到底是接纳还是放纵、是尊重还是妥协、是培养自律还是放任自流。

之所以会提出这三个类似的问题，其实它们是有共同点的。当我们看到孩子的一个行为时，内心会升腾起一些情绪，产生了不确定性。这种感受让我们产生要改变孩子的冲动，可是头脑中会出现另一种声音，这种声音可能来源于一些碎片化的知识，或是流行的养育观点。我们知道那些观点很"好"，却不知道关键的精髓在哪里，也就区分不清类似的概念了。所以对于这些模糊不清的概念，我们可以结合 P.E.T. 的行为窗口和问题归属来捋清楚。

当父母看到孩子的行为时，内心没有诸如担忧、着急、恼火等负向的感受产生。父母内心是平静、放松的状态，并不希望孩子改变他的行为，孩子的行为可以继续。在这种情况下，父母对于孩子的行为就是接纳的。通过父母的感受来判断是否接纳，就可以将头脑的"评判"隔离在外。

关于放纵，要从三种情形来分析。

一种情形是当孩子的行为影响了父母满足自身的需求，父母内心产生了担忧、害怕、着急等负向感受，想要孩子改变行为，但是却没有向孩子表达自己的感受以及孩子的行为给自己带来的具体影响。在 P.E.T. 中，这种情形叫作"虚假接纳"。此时，父母需要向孩子发送"面质"，以便让孩子了解他的行为影响了自己，需要做出一些调整。比如，妈妈刚拖完地，孩子回家之后没有换鞋，干净潮湿的地板上留下了一串黑脚印。妈妈看到脚印，感到着急、恼火，想让孩子换鞋。但由于一些原因，可能是担心与孩子冲突，或者说服自己，不就是多拖几下嘛，就没有向孩子表达。这其实就属于一种放纵。如果使用"面质性我—信息"的话，可以选择这样表达："宝贝儿，你回家没有换鞋，在地板上踩了好多脚印。我需要再把脚印都拖掉，好累啊。"

另外一种情形是孩子的行为属于伤害自己、伤害他人或者伤害环境中的一种。父母需要让孩子知道他的行为是不合适的，需要做出改变。例如，孩子在安静的餐厅里跑来跑去，这会影响到就餐的人，也破坏了餐厅环境的安静。家长需要向孩子表达，他的行为会有哪些影响。

以上两种情形，父母都需要向孩子做出表达，以便让孩子改变行为。如果此时父母不表达，孩子会继续自己的行为，就属于放纵。

第三种情形是孩子的行为既没有影响到父母满足自身的需求，也不伤害自己、不伤害他人、不伤害环境，但是父母依然不接纳孩子的行为，希望孩子改变。比如，小朋友在练习使用剪刀。家长很担心孩子会剪到手。此时，父母就可以借由这个担心，审视一下自己的价值观是什么。这个价值观从何而来？为什么要保留这个价值观？当父母对自己更加了解之后，对于此类情形，父母不干涉便不是放纵，反而让孩子享有了一种探索的自由。同时父母依然可以与孩子进行沟通，表达自己的观点，提供自己的支持。

尊重与妥协这两个概念主要用于下面的情况：当孩子的行为影响了父母满足自身的需求，父母向孩子发出了面质，但是孩子为了满足自身的需求，依然不改变他的行为。这在行为窗口中属于双方处在问题区。此时，如果父母只考虑满足孩子的需求，不考虑自己也有满足需求的权利，这不但是不尊重孩子，也是对自己的不尊重。或者说，如果父母并不是完全不满足自己的需求，而是让渡了一部分满足自己需求的权利，其实就是一种妥协。

真正的尊重，不但是指要尊重孩子满足需求的权利，同时也要尊重自己满足需求的权利。当父母和孩子的需求发生冲突时，可以采用 P.E.T. 中的冲突解决办法——第三法，最终达到"双赢"的目的。既尊重孩子，又尊重自己，没有人会输，也无须妥协。

培养孩子的自律，根本上是信任孩子会为自己的需求负责任，信任孩子在安全的环境下，会向着正向的方向发展。而父母并不是什么都不管，放任自流。

当孩子遇到挫折或是面临属于他的困难时，父母以不越界、不评判的方式去倾听孩子，协助孩子走出问题区，孩子就会生出智慧去解决属于自己的问题，为自己负责。每一次被倾听，孩子都收获着微量的成长。而当父母不接纳孩子的行为时，也可以通过坦诚的表达让孩子了解自己，同样不越界、不伤害。孩子也会为自己的行为负责任。在冲突中，父母与孩子都可以通过 P.E.T. 里的冲突解决办法一起解决关系里的冲突。孩子也学会了为自己的关系负责任。

所以，父母培养孩子的自律，并不是放任自流，而是内化 P.E.T. 的理念，并使用 P.E.T. 的方法，与孩子沟通相处，摒弃权威与放纵，"在远远的背后带领"。

P.E.T. 讲师王乐：从"没写完作业"讲起

关于没写完作业这样的困扰，大概小学生的家长都深有体会，我家也不例外。有一次，暑假期间，老师要每两周检查一次作业完成情况，在还有 10 分钟就要开始线上班会的时候，我想起来儿子的古诗背诵貌似没做，于是——

我："你的作业做得如何了？"

儿子:"做完了。"

我:"啊？我没见你背诗啊。"

儿子:"哦，没背完。"

我:"那老师还有几分钟就要开始视频检查作业了。"

儿子:"那我现在背吧。"

我:"我不知道剩下这几分钟你能不能背完。"

儿子:"试试吧。"（挺有自信的）

我:"嗯，乘法口诀表呢？"

儿子:"乘法口诀表只剩9了。"

我:"所以也没背完？"

儿子:"就剩最后一个了，没事儿。"（特别想说："你确定？"还是想给他一点儿"预防性我—信息"）

我:"哦，最后这几分钟，这些功课要是做不完呢？"

儿子:"那就没办法呗。"

我:"老师检查你没完成哦。"

儿子:"那想想吧，行吗？想想看有什么办法。"

我:"所以你现在愿意尝试去做是吗？"

儿子:"嗯。"

我:"那如果做不到呢？你能接受这样的结果吗？"

儿子:"那就……可以可以。"

我:"那我希望你能在最后几分钟完成一些功课。"

儿子:"嗯，能完成是很好的，做不完也没关系。"

我:"好的。"

  这是一次关于儿子没能及时完成作业时的探讨，我也是突然想起来，来不及的时候，就接纳了当时的情况，然后尽可能地去补救，能做多少是多少，做不完也不会在这里卡住，下一次更好地规划就是了。事情的发展有时候并不能由我们掌控，那就如实如是地活在当下，看到事实的发生，并为此负责就好。

而放纵，缺少了一份和自我的连接，更像是不得已的逃避之选。如果还是写作业这个事情，换成下面这样——

妈妈："你写完作业了吗？"

孩子："嗯，写完了。"

妈妈："你的古诗好像没背呢。"

孩子："嗯，没背完。"

妈妈："那你还不快去背？"

孩子："我现在背也来不及了啊。"

妈妈："随你便，反正写不完作业，挨罚的也不是我。"

这种情况就是比较普遍的放纵了，妈妈没有如实地表达自己的需求。看起来妈妈有不满的情绪，但是妈妈没有看见，也没有如实地表达，孩子也会觉得混乱，不确定到底怎么办才好。生活中常常会有这样的情况，我们觉得练琴、写作业、洗漱睡觉、青春期孩子谈恋爱，这些事都不需要父母介入，可以完全交给孩子。可是内心却没有那么笃定和信任，往往出了状况之后父母才埋怨孩子没有做好。这就是放纵带来的后果。

其实，孩子的有些事情还是需要父母协助的，尤其是好习惯的养成、有规律的生活节奏等，父母的参与和协助并非是一味的越界。如果我们可以用接纳和分享的态度给孩子支持，孩子也会很乐意接受。

再来举个例子，关于尊重和妥协。

儿子的语文作业中有一项是练习书写。老师要求孩子先观看规范书写的教学视频然后再写字。我也很希望孩子每天都可以按照老师要求的做。可是，我发现孩子常常会忘记观看视频，只凭自己的感觉来写字。我就跟他进行了一番对话，如下——

我："妈妈发现你写字没看视频啊。"

儿子："嗯，看那个太慢了。"

我："时间不够用哦。"

儿子："对啊，看一个写一个，一个字就得好几分钟，十个字时间就更长了。"

我："嗯，也是，晚上回来的时间还挺紧张的。"

儿子："你们又让我快点儿，又让我写好，我做不到。"

我："是，有点儿为难。我也觉得如果能按照视频规范书写当然好，可是这个时间的确是个大问题。我也想让你早点儿睡。"

儿子："那我就只能直接写了。"

我："这是个办法，能解燃眉之急。咱们再想想，我也不想浪费这个视频，毕竟可以学习到规范书写的知识，还挺好。"

儿子："那咱们可以周末有时间了按照这个写，或者哪个字不会写了来看视频。"

我："这样也不错，平时时间紧，咱们先完成书写，周末时间充裕，咱们再书写得规范一点儿。平时如果需要，也可以查看个别字的书写视频，争取写得更好。"

儿子："嗯，上次爸爸也是这样说的。"

我："好的。妈妈也觉得这样可以。"

在这个案例中，我觉得能够尊重孩子的需求和想法，是一件很开心的事。孩子的需求被看见对他来说很重要，我愿意给他尊重和理解。那如果我当时拒绝沟通和了解孩子的想法，只是给他建议，可是他不愿意听，那我可能会压抑着内心的不爽，然后让孩子按照自己的意愿来。那就是妥协法了。

这两者的结果有时候是一样的，但过程不同，关键是有没有看见双方的需求。我们知道，影响接纳线有三个因素：自我、环境和他人。在彼此尊重的关系里，一定是有双方存在的，每个人在互动中都有机会表达自己的困扰和想法，每个人都有被看见的机会，然后达成共识，让双方都满意。而妥协往往是以一方满意为结果，另一方的需求可能被压抑或者未表达，压抑的需求不会消失，反而会转化成怨恨或者委屈积压在心里。久而久之，对双方的关系一定是一种伤害。

再来说说我对培养自律与放任自流之间区别的理解。

谈到自律，很多人会联想到练琴。大多数人会觉得每天坚持一小时才算自律。我家孩子七岁，我觉得对于这个年龄的孩子来说，靠自己做到这样比较难，所以我们会一起商量和努力。其实我们之前的目标就是让孩子了解一些乐理知识，感受一下钢琴这个乐器就好，后来老师觉得教学的进度有点儿慢，希望我们在家督促孩子练习，而且孩子也没有抵触情绪，1~2次的练习就有明显的成果，我们也开始逐渐增加每周的练琴次数。最后，我们跟孩子和老师协商的结果就是每周周一、周三和周六练习三次，每次把所有的作业弹5~10次。但难免会有各种状况发生。

第一回合

有一次，儿子说："妈妈，我今天不想上课了。"

我："哦？"

儿子："有一首曲子太难了，我练不到10遍。"

我："哦，觉得没弹好。"

儿子："嗯。"

我："那我觉得能坚持做一件事情，是一种挺重要的品质。"

儿子："哦，好吧，那我还是接着上吧。"

第二回合

儿子："妈妈，这个太难了，我不可能弹好的！"

我："是呢，太难了。"

儿子："嗯，绝对不可能。"

我："哦。"

儿子继续弹去了，弹了几遍渐入佳境。

我："我听着现在还好啊。"

儿子："嗯，现在弹好了。"

我："也没之前想的那么难哈？"

儿子："我本来以为需要好长时间呢，嘿嘿。"

我："没想到坚持了一下，真的弹成了，好开心啊。"

这样的困难出现过很多次。每次我们都一起坚持，倾听孩子的情绪，鼓励他坚持下去，直到他自己可以安排时间去主动弹琴，我感受到孩子的自律渐渐养成了。这件事开始种在他的心里，脑海中。他有意识地安排这些事和时间，对于一个七岁的孩子，这就是很自律的表现了。

放任自流，就是把练琴这件事交给孩子，父母不管。父母只告诉孩子："练琴是你自己的事，练好了是你的，练不好你看着办。"话里的意思要么是放任自流，要么是威胁恐吓。其实不论孩子多大年纪，在很多事情上是需要父母承担起协助的责任的。小孩子吃、喝、拉、撒、睡，大孩子学习、社交、穿衣打扮、青春期、择校、恋爱等，每个阶段的发展都有他们要面临的挑战。父母的及时协助就像给树苗修剪、驱虫一样，能保证孩子长得正、长得壮，而不是扔进大自然就靠风吹雨打了，那样的话就走入放任自流的误区了。而孩子，是需要家、需要关注、需要陪伴的。这对他一生的幸福至关重要。等他长大，回忆起家的概念，会觉得温暖、可靠、信任。这样，爱才会薪火相传，延绵不断。

P.E.T. 讲师亢翠：接纳 or 放纵？我们都在慢慢地寻找和孩子之间的平衡

身为新时代爱学习的全职妈妈，我给自己设了很多框框，比如，无条件地爱孩子、尊重孩子的感受……刚开始当妈妈时，我还挺得意于自己的付出，陶醉在好妈妈的感觉里。慢慢地，我发现自己积累了很多委屈。我开始质疑什么才是无条件的爱，爱应该有怎样的边界。

女儿两岁的时候，我试图从全职妈妈重新迈入职场。当时我坚定了要做家庭教育方向，所以需要进行很多系统的学习。每次出门告别孩子，对我来说都是一个大的挑战。两岁的小朋友还不能理解什么叫上班，什么是为了理想努力，唯一能做的就是抱着我的脖子嗷嗷哭，哭得我也跟着一起心碎。

好多次，我都想对自己说，算了吧，就留在家里陪孩子吧，反正这么多年全职妈妈也过来了。那个时候，我特别怕跟孩子确认："你是不是不想妈妈离开？"我很担心一旦确认了孩子不想我离开，我就真的"应该"留在家里陪孩子。在我的心中，有一个"好妈妈"的模板，好妈妈就应该理解孩子的感受，尊重他的需求。

学习 P.E.T. 以后，我理解了：接纳孩子的感受并不意味着要接受孩子的要求。

"我知道你很难和妈妈分开，我知道你想一直和妈妈在一起，我知道你不舍得妈妈走。我可以抱着你、安抚你，让你在我的肩头哭泣很久很久，但是很抱歉，我还是要走。"我知道，只有我照顾好了自己，好好爱自己，我才有更多的能量去爱孩子。

有时候赶时间，我也只能把哭得停不下来的孩子塞给家人，只是回来之后会好好地道歉、痛痛快快地陪她疯玩。也许是我的坚定让孩子理解了出门，也许是我每次都能如约回来，并开开心心地陪她玩，让她能够接受这件事。

有的时候孩子哭得很伤心，可是我刚出门，甚至还没有走到电梯口，孩子就不哭了。慢慢地，她也能开开心心地跟我说："Bye bye。"

这个过程很煎熬，也让我对接纳和放纵之间的边界有了一些隐约的感觉。也正因为有这样的过程，经历过心酸、摇摆，下次我才能够更加坦然地接受自己的需求。

我相信孩子可以接受这样的拒绝，我相信孩子有这样的心理韧性。毕竟，为人父母就是一场走向分离的旅程。总有一天，她要在我看不见的地方独自去面对生活。

我的一个朋友一直没有走过"拒绝"孩子的心路历程。曾经我们一起相约去郊区游玩，孩子吃饭的时候想要喝饮料。当时我们住的民宿很偏僻，需要开车十多分钟才能买到。朋友特意开车去买了。结果吃饭的时候，孩子说："我今天不想喝这个饮料，我要喝那种。"朋友说好的，然后他就真的放下筷子，放下我们一同吃饭的二十来个朋友，又开车出去给孩子买饮料。

我当时很诧异，这是不是太惯着孩子了？同时，我也很好奇，为什么他会把孩子的需求摆在这么优先的位置。朋友表示，这个孩子当初要的很艰难，当他得知自己当爸爸的那一刻，真的喜极而泣，内心对自己说："这个孩子是上天恩赐的礼物，我一定要好好对他。"所以我们看到了一个二十四孝的好爸爸。

还有一次，我这个朋友和另外一些朋友去云南游玩。在偏僻的山里，孩子说想要喝橙汁，爸爸就出去找，但是附近没有小卖部。爸爸出去找了一个半小时才赶回来，没有买到橙汁，买了几个橙子，徒手给儿子榨了一杯橙汁。我想喝到橙汁的那一刻，孩子一定特别开心。另外我也会有一些质疑：

这种无条件的宠爱会不会让孩子觉得一切要求都是合理的，都应该被满足？

还好，朋友在原则问题上对孩子是有要求的。孩子也非常懂礼貌，很善良。

感谢 P.E.T. 让我知道：真实地面对自己的需求，真实地接纳孩子的感受，不必勉强；不用评价别人的做法是否骄纵，也不用检讨自己对孩子的爱是不是不够。我们的接纳线不同，但我们对孩子的爱都是一样的。

P.E.T. 讲师张宏：面对"犯错"的孩子

开学前那个周日，我儿子发烧了，不到 30 分钟，烧到 38℃，所以就按照学校要求在家观察了 48 小时。刚要开学，好不容易要把他送走了，就又在家了，我很郁闷。原本有不少要做的工作，他在家我们两个又得各种斗争。他常用我的一部手机做线上作业，以前会趁我不注意关掉声音去玩游戏，现在升级版的反游戏沉迷法让他无法登录游戏，于是他开始偷摸看游戏视频了。

如果我说他撒谎或者指责他不自觉，我其实没说错，这是对他行为的概括，但是这么说一定会引发孩子的崩溃情绪，他也知道自己这样做不好，违背了我们的约定。这种自责的羞愧感是很难承受的，作为一个孩子，他需要在父母的陪伴下才能面对负面的情绪，而不是父母指出他的错误让他更加羞愧。

但是父母往往担心，如果倾听孩子，是不是就会让孩子以为父母接受了他的行为，以后就不能接受教训约束自己了？这时候父母带着对孩子的不信任来跟孩子沟通，孩子能感受到自己不被信任，既羞愧又无助，要么坚决不认错抗拒到底；要么悲伤自责自我攻击，觉得自己不够好。

这样的应对模式反复出现，会让孩子形成无意识的心理防御模式，在脑神经回路中固定下来，一直重复出现。这也是为什么我们在一些成年人身上也能看到孩子一般无法克制地发脾气的现象。我们讲道理或者指出错误、给出正确的做法，都只是在关注事情本身，而没有关注到这个人。

但是孩子需要在父母的陪伴下才有勇气和能量去面对自己的负面情绪。孩子只知道自己很难过，父母帮助孩子把自己情绪的来源和情绪是什么说出来，孩子就能知道自己的情绪叫什么，就能逐渐识别自己的情绪。当孩子的语言词库中有了情绪的词汇，就具备了识别情绪、表达情绪的能力，就增加了承受负面情绪的能力。

那么父母对孩子的教育呢？孩子确实很有可能把父母的理解当作同意，于是我们倾听完，他的情绪平复了，我们就得来"教育"他了。有一天，儿子在做作业时偷偷地看了好几次游戏视频，有时是我正在忙工作，没顾上看他，他把声音关了我也没注意。等我发现时他已经不知道看了多久了，我跟他说："你生病居家观察，我不得不一边工作一边看着你。你答应了做作业，可是拐弯去看游戏视频，我就不能集中注意力做我的事。我感到很不公平。"

张宝的回应是："下一次我一定不拐弯。"然后下一次继续拐弯。我那时好不容易做完了一些事，准备撸撸花叶子休息下大脑，然后跟他核对好接下来的计划，我就能干我的事了。没过2分钟我发现数学作业的声音没有了，因为张宝还不能读出题目的所有文字，数学是有读题声音的。没声音了只能是他看别的去了，他已经熟练地观察我的状态然后把声音关小，之后自己拐弯。

我继续告诉他："我们已经说好了做什么，你的部分是你自己计划的，我不愿意一直监督你，因为把时间精力消耗在你身上我就会希望你做得好，可实际上你只需要做了就行了，而且我也好不容易放松一会儿，你这么拐弯我就不敢信任你了，我很失望。"

儿子面对我这些说法，很气馁，哭了半天，说管住自己怎么这么难。我知道对于一个六岁的孩子来说，一旦接触过游戏，就很难克制自己。可是我自己做不到不看手机，也偶尔玩小游戏，不给孩子玩不公平。同时孩子的未来是一定要接触电子产品的，他的同学谈论游戏时他什么也不知道，就像我们成年人不懂新出的各种梗一样会感到自己不合群。

但是无论如何，这就是孩子形成自律的过程。经过一天坚持不懈的倾听陪伴和无数次的"面质性我—信息"，儿子终于在晚上做最后一部分数学作业的时候坚持住了没拐弯。做完了数学他很高兴地要我给他点赞，我自然毫不吝啬地赞了他："你能克制住自己没去看游戏视频，真的很不容易，我也松了一口气。"

孩子的成长就是这样一次一次地面对失败、总结经验成长起来的，无论家长做什么说什么，孩子还是会犯各种各样的错误。如果我们总是用总结概括的方式指出孩子的错误，孩子很可能会深陷情绪的泥沼并且难以尝试自律。所以虽然在这个过程中要讲很多废话，也很艰难，但我们也一起来好好地沟通吧。

❸ P.E.T. 家庭的实践效果

P.E.T. 不同于很多鸡汤道理的地方在于它是一门"做中学"的课程，越实践，越受益；越受益，也就越有实践的动力。我们邀请数位讲师来总结自家的情况，根据 P.E.T. 的实践效果，按照从低到高给自己打分（1~10 分），并请他们说说原因。

P.E.T. 讲师王乐：8 分

从 2016 年的一场讲座接触到这门课程，就义无反顾地走进了 E.T. 的世界。

上完第一次工作坊就怀了老二。这大概是冥冥中注定的缘分，是 E.T. 送给我们家的第二个天使。全家人都非常期待这个孩子的到来。

因为当时父母也帮忙照看孩子，所以在我的影响下，母亲也一起走进工作坊来学习。她很希望自己能跟得上时代，用新的方式来帮忙养育新一代的生命。这是来自母亲的爱，代代相传。

整个孕期我参加了 4 次工作坊的复训，肚子里的二宝也在这样的氛围中一天天长大。想来老二天生就是天使，也一定受到了良好的 E.T. 胎教熏陶。

2017 年年初，我生下二宝，下半年就报名参加了北区第四期 P.E.T. 的讲师班。从石家庄到北京，每次都是母亲抱着孩子陪我一起上课。如今回想起来，母亲当年的付出，让我倍感家人无条件的支持和关爱。

说到分享，记得在课程中，老师讲过学习金字塔，一定要应用和讲授给他人，自己的学习收效才会高。所以，我一直坚持学完回来就分享。所以，最佳受益人就是爱人和父母了。每次我学完回来，他们都要"被迫"听"王老师"随堂分享。现在想想，当时也是难为他们了，然而我也真是享受其中。

多年的分享证明，父母潜移默化地学会了 P 式沟通，而爱人有一天也和我一起走进了 Y.E.T. 的讲师班。这一切是多么值得。随后的几年时间，我陆续参加 T.E.T. 讲师班、Y.E.T. 讲师班，更激动的是爱人和我一起成了 Y.E.T. 讲师。

有好多人问："你是怎么做到的，让你老公也能走进课堂去学习 P.E.T.？"如果一定要有个答案，那就是 E.T. 所说的"影响力"，榜样的作用，这也是 E.T. 的魅力所在吧。

如果我们认可一件事，那就去做，坚持去做。我给我的家庭打 8 分，是因为，我们大多数时候非常满意彼此，非常幸福。还有 2 分的空间，是我们不断坚持去做的动力，向着未来的 10 分，践行 E.T.。为了孩子，为了教育的明天。

P.E.T. 讲师孙庆军：8 分

因为 P.E.T. 理念已经深入到我的为人处世当中，特别是在亲子关系上。而从小朋友给我的反馈来看，他确实也感受到了我自从学习和实践 P.E.T. 之后的变化。我们的亲子关系质量更高了。

从上完讲师班，决心通过讲师认证开始，我本人不仅仅在家庭中进行实践，还努力将 P.E.T. 的理念传播给更多的人，途径包括举办读书会、讲家成长的微课、开办公益工作坊。在这个过程中，我真正感受到了"做中学""教中学"的好处。从不熟练地使用 P.E.T. 技能，到熟练应用；从有意识使用，到现在的无意识使用。我的 P.E.T. 意识和能力越来越强，使用 P.E.T. 技能也更加得心应手。

而我的家人也越来越开心、幸福，关系更加亲密，同时，他们也学会了更好地应对各种情绪和自我成长。我想这是我这一年来最大的收获。

P.E.T. 讲师萌萌：7 分

记得有一次我跟老公聊起，从开始决定学习 P.E.T. 到现在的这段时间，如果不以金钱论，无形的收获已经非常多。因为做任何一件事情，从无到有，从起点到丰盛都要经历一个过程。自然界里的万事万物都是这样的，从种子埋在地里、发芽、生长直到枝繁叶茂……我们又怎么会期待，拿到了 P.E.T. 讲师证书，学员就都来了呢？所以关于这部分的期待已然放下，只是在自己能做好的部分持续深耕。没有了这份现实的期待，也就多了一份对自己的看见。

曾经的我缺乏安全感，可能多少有时代的原因吧。作为 80 后，我们的父母在养育我们的过程中，有着来自上一辈的影响。我小时候的物质环境是富裕的，父母也非常爱我。但即便这样，我仍然缺乏安全感。可见，安全感与物质无关，有可能与爱的表达方式有关。

成年后的我，一开始并没有意识到这一点，只是会通过物质或外在来建立自己的安全感。比如，住的房子必须是买来的，如果是租来的就不踏实；有了第一套房后，就想买第二套，想着为自己年老的时候做准备；手机时刻要保持畅通；看到油箱显示还能行驶 60 公里，就要立刻找到加油站……这是我的第一阶段——无意识阶段。

因为自己的安全感来自物质或外在，也就难免有波动起伏，这让我备受煎熬。痛苦是一个机会，它让我更加接近自己。我意识到要"不外求，向内找"，可至于怎么做，真的不得其法。那是一段难熬的日子，我知道这样不对，却不知道该怎么走上对的道路。这是我的第二阶段——有意识迷茫阶段。

2020 年 6 月，我第一次参加了 P.E.T. 工作坊。整个过程很愉悦，结束后也就回到了工作生活中。我并没有在生活中明确地用过一个技巧，好像 P.E.T. 从我的生活中远离了。直到 10 月安心老师的《在远远的背后带领》登陆樊登读书，P.E.T. 又来到了我身边。听着安心老师的观点，我竟没有觉得有一点点的冲突，仿佛每一个都恰巧说出了我内心的声音。接着我购买了安心老师的《教孩子学会社交和情绪管理》，并在 12 月预约了 2021 年 3 月的讲师班，就这样开启了 E.T. 之路。整个学习的过程都是收获的过程，它让我进入到了我的第三阶段——有意识学习阶段。

我回忆了一下，第一次参加工作坊的时候我是知识的接收者，同时也处在问题区。那时我的内外状态并不好，会有一些遗留在心里没有得到很好解决的事件或感受。在工作坊中更多的是感受到了接纳的环境以及自己情绪的输出，所以并没有吸收新知识的空间。随着开启 P.E.T. 学习之路，阅读 P.E.T. 系列书籍，各种线上磨课，讲师班分组教学，研读教学指南，到自己成为讲师带领工作坊，感受工作坊学员的感受，带入到他们的生活场景去感知他们的经历，一遍遍的案例梳理……这每一个小的进阶，让我渐渐地更加接近自己，将 P.E.T. 的沟通技巧融会贯通，体验着生活中每一个微小的变化。我开始进入我的第四阶段——有意识觉察阶段。

如果 1 到 10 分代表 P.E.T. 在我家的实践效果，我会打 7 分。因为 P.E.T. 就是这样奇妙，我们会因它获得很多。各种技巧也在生活中不断地被运用，越用越让我觉得，它不只是技巧这么简单，而是让我想要更深入地探索并感受它。一切发乎于心，技巧之下自己的心态是怎样的，所传递的能量场是怎样的，都需要长时间去感悟。所以我对于 P.E.T. 没有打满分的时刻。

不过在我家，现在可以说是全家 P.E.T. 了。女儿上学出门，我非常着急催促的时候，女儿会倾听我"妈妈您着急了"，让我回到当下；过去总是不习惯表达自己感受的我，也可以放下担忧轻松表达了；在与老公的相处中，更多的不是站在对错的对立面，而是更多地关注他的感受、倾听他；在情绪即将引爆的时刻给自己按个暂停键，提示自己先听听看他最底层想要表达的是什么，结果竟解决了老公自己都没意识到的心结；在与父母相处的过程中，更多了一份体谅和感激。

所以很感恩，我们有机会调整家庭的氛围和能量，有机会让孩子看到父母的处世方式，有机会让内心仍有的伤痛自愈而不是在原地打转。当内心越来越富足，家人们之间流动的都是爱的时候，我发现，自己的内在变得更有力量，好像感受到了内在的安全感与物质和外在无关。这个发现让我更加感恩。

P.E.T. 讲师颜言：8 分

我给自己打 8 分，剩下的 2 分就留给偶尔释放的情绪和继续进步吧。分享一个"你出去"和"你离开"的故事。

我是在儿子一岁半的时候参加 P.E.T. 工作坊并开始实践 P.E.T. 沟通方式的。从那时起，我的亲子关系就开始变得更加坦诚和亲密了。现在儿子已经九岁了，在我的影响下，他的表达方式也很 P.E.T.。

有一天，我回到家的时候他还未从学校回来，我进卧室换衣服，门是虚掩着的。这时，房门的门锁响了，与此同时，我听到孩子雀跃地叫喊着："妈妈回来了，我看到妈妈的鞋子了。"然后就是一阵呼啦啦的脚步声，紧接着我的卧室门就被推开了。

一切都发生得太快，我只来得及拿起家居服胡乱地往头上一套，同时着急地说着："哎，你出去！我换衣服呢！"话刚说完，我就后悔了。我的语气非常急切，声音尖锐，态度非常不友好。

我觉得我的话和我的态度应该是伤害了他。

就像我预料的那样，他急匆匆而来的脚步随着我的"你出去！"而停在卧室的卫生间门口那里了。时间仿佛停止了一样，沉默而安静。我很尴尬，我知道他一定是因为我的话而不开心了。我在想要怎么跟他谈一谈我的感受和我需要他尊重我私人的空间。

"妈妈，我听到您说'你出去'的时候，我感觉很受伤。"他打破了沉默，声音有点儿哽咽。因为看不到他，我不确定他是不是哭了。

这时候我已经套好了衣服，着急的心情有所平复，我决定坦诚以待：

"嗯，其实我说完的时候就意识到这样说话不好，特别伤人，只是我当时在换衣服，你们也没敲就直接跑进来，我太着急了，好像我刚才说话的声音还挺大，也吓着你了吧，对不起啊。"

"我可以接受您的道歉，我没有敲门就进来是我不对。但是妈妈您这样说我，我很难过，我觉得那样说话很没有礼貌。"

"确实，嗯，我那样说话很没礼貌。那如果可以重新来一次的话，我该怎么说，你会比较容易接受呢？"话已出口就是覆水难收，但是我可以改，我邀请他指导我变得更好。

他想了一会儿，说："妈妈，您可以说，请你离开。"

我说："好的，那我们重新来一次。"我尽量模仿着刚才大声又着急的语调："哎！请你离开一下，我正换衣服呢！"

门口的声音很快回应起来："好的，妈妈！"然后他离开卧室，并且把门关上了。很快，敲门声响起来"咚、咚、咚"："妈妈，是我，我可以进来吗？"

"可以，进来吧！"

少年三两步就走了进来，到我面前先抱住我。我留神看了一眼，他眼圈还是红着的，估计心里还委屈着。

"妈妈，您知道吗？我回到家，看到门口有您的鞋子，我就知道您回来了，我特别高兴，特别特别的高兴，我就想马上看到您，让您抱抱我。"

"嗯，我知道了，你很高兴妈妈今天回来得早，很想我，就想马上见到我，抱抱我。"

"嗯。"他说。

"就想早点儿见到妈妈，也没顾上要敲门啊，再说平时进妈妈房间也不需要敲门呀，是吧。"

"嗯。"

"平时妈妈房间的门都是开着的,也不需要敲门。不过如果下次我不方便让你进来的时候我就把门关上,这样你就知道要敲门了,是吧?"

"是。"

"还有呀,'你出去'确实不好,听着很没礼貌,很伤人。不过我很好奇的是,为什么你觉得'你离开'就好很多呢?他们有什么差别呢?"

"嗯,我觉得'你出去',就是赶我走的意思,就是这里不欢迎我,我不能到这里来,这让我感觉很不好。'你离开'就是这里我可以来,我只是暂时离开一会儿,我还可以再回来。我就是这样觉得的。"

"哦,我明白了。'你出去'有驱赶的意思,不礼貌也不尊重。'你离开'是有礼貌有尊重,让你有主权的选择。今天我感觉我长了不少知识呀,谢谢你。"

"嘿嘿,不客气,妈妈。"

事后复盘:很多时候,当我们的情绪一下子来了,很难保证不回到从前的沟通方式里面去,会脱口而出一些让对方不舒服的话。倾听化解冲突之后,我们还可以邀请孩子谈一谈什么是他喜欢的沟通方式以及他对两种不同的说话方式的理解和看法。

在这个案例里面,我最喜欢的是儿子的表达,尤其是那句:"妈妈,我听到你说'你出去'的时候,我感觉很受伤。"这句"面质性我—信息"一下子就让我当时着急、羞恼的情绪平静下来了。当时我心里面很羞愧,觉得孩子长大了,我不如他。同时,又有一点儿欣慰和高兴,因为他 P.E.T. 方式的表达没有攻击和伤害,只有坦诚开放的沟通。

P.E.T. 讲师何曼丽:8分

这个评分让我回忆起了自己的 P.E.T. 实践故事,以下是几段美好的记录。

2021年11月29日

"妈妈，我想化妆。"六岁的妹妹说。

"好，你去吧。"我回答。

她出来了，没化口红，满脸黑线条。

我的心稍稍惊了一下："这化的是个啥？"

很快，P.E.T.让我沉稳："看起来是个小丑妆呀。"过了一会儿，妹妹抹着长长口红的小丑妆出现了，还真的挺像，我的内心又是一阵喜悦的惊奇。

"难看死了。"姐姐飘来一句。（青春期的姐姐好像不屑小孩的游戏）

"你化的小丑妆好像呀，特别是这个嘴巴，看来你观察得很仔细。"我连忙说道。（肯定性我—信息）

"有一种职业，是给演员化妆的人，能化老人妆、受伤的妆……真的太厉害了。"

"我还想化。"妹妹说。

"行。"我说。然后，精灵妆、一半天使一半魔鬼妆就出来了，还真的挺有感觉，我的心就要开花了。接纳她的好奇和探索，生活的滋味总归要自己去品尝。我们只需鼓励她在一股驱动力冒出后尽情探索，然后远远地在她背后稳稳存在和陪伴就好。

临睡前，姐姐拿出两张手抄画作业在我眼前晃："您看。"

姐姐现在需要的是什么呢？

看见和倾听。正向的情绪一样希望被看到和回应。

"画得真好，画面还特别干净，特别是那些字，整齐、漂亮，一直以来，你都画得好、有自己的想法，字也写得不错。"我也不吝啬对姐姐的肯定，她在我夸妹妹的时候就想要这一句肯定了。

姐姐满意地离开，美妙的睡眠时间到。

这是我学习 P.E.T.，成为 P.E.T. 讲师后我们家常有的情景。准确地说，是我在与孩子的各种相处中越来越游刃有余，并且十分享受。学了 P.E.T. 后，常常觉得自己有了第三视角，这个视角让我可以远远地观望、体悟。这份抽离和静观也让我更多地看到了孩子，看到她背后的失落、委屈、开心、思考……只是这一份看见，便让我常常涌出暖流和泪花。

2020 年 11 月

一年前的现在，我即将踏上讲师班的成长之路。每每想起这个征程，内心就会升起对老公和孩子们的感激之情。

讲师班线下课程 7 天、督导班 3 天，婚后从未长时间与老公，特别是孩子们分开的我要离开家，踏上上海的学习之旅。这里面最难的一个挑战就是老公要独自带领自己很少照顾的两个女儿生活。

大概从五六月份开始，我便和老公进行沟通，我用"肯定性我—信息"肯定了他婚后的成长和变化，肯定了他对家庭的付出，肯定了他在工作之余学习和提升的行动。在平和的氛围中，我们的交流不仅是夫妻，更像是朋友间的交流。我问他："你怎么看跨领域成长？你怎么看待 80 后的生存、生活状态？"我使用了"门把手"请他更多地表达。接着，我又用"肯定性我—信息"肯定了他的观点，我和他分享："80 后一代的我们，无论是从时代变迁，还是内在追求上面，注定是终身学习、终身成长的一代人。适应时代、顺应时代、更换赛道、迎接挑战都是我们一代人的底色。"我使用"表白性我—信息"表达我的认知和想法，为接下来和老公聊 P.E.T. 讲师班的事情做了很好的铺垫。

在接下来的几个月里，我渐渐表明我一定要去讲师班的决心。他有疑惑，也抛出了自己要面临的问题。我倾听他，他担心照顾不好女儿们，女儿们的穿衣、清洗、梳头发会让他觉得应付不来。两个女儿一个在小学、一个在幼儿园，接送时间也不同，这着实是一个不小的任务。家里当时还养了一只兔子。老公除了上班，还要给女儿们做饭、辅导作业，照顾孩子们的起居。周末姐妹俩还有不同时段的兴趣班……这对平时不怎么精细照顾孩子的老公来说，确实是一个不小的挑战和难题。

那段时间，他时而拒绝，时而把问题抛给孩子们。他觉得孩子们，特别是从小在我身边的妹妹，肯定会非常不习惯，甚至会哭闹。我看到他的疑虑和担心，同时，也和他不断地进行"第三法"。比如，让大女儿住到同学家，请一个亲戚来家里，将小女儿送到老家奶奶那儿，让小女儿住到幼儿园老师的宿舍……

这期间，我也不断地和孩子们沟通，使用"预防性我—信息"提前告知她们我的行程计划，也提到和爸爸相处时可能遇到的一些问题。同时，也和孩子们使用"第三法"，听她们讲述在妈妈离开家里后对自己的安排。其间，大女儿同意到同学家，小女儿同意住到老师宿舍。当然，我也用"预防性我—信息"分别和朋友、老师表达我的需求和希望。

11月中旬的某天晚上，我收到了老公的信息：我自己带两个孩子，孩子还是在自己身边，我更放心和踏实。这句话我会永远记得，同时也深深地感受到了老公对我和孩子们的爱。

12月的讲师班，我在上海的一家酒店里像块海绵一样，体验、汲取。到了三种"我—信息"的讲授环节，我在泛着光芒的金色卡片上，写下了感谢老公和孩子们的"肯定性我—信息"。那些话语刚一出口，泪水就如泉水般涌出。我在大家安静的抱持下，持续了一两分钟……余光中，看到好几个讲师妈妈眼泛泪花。那一刻，我们都在心里感谢着我们的家人、感谢着坚持的自己……

2021年1月起至今

讲师班结束，我也开始了P.E.T.的传播和分享。每一场读书会，每一次沙龙，到后来的工作坊，我都会使用"肯定性我—信息"表达诚挚的感恩和谢意，感谢大家与P.E.T.相遇，感谢大家的敞开和触动。这也让我在不断分享、传播P.E.T.的路上更有力量，也感到更幸福。

感谢P.E.T.，让我遇到了更多可能性和更加舒适、美好的自己，让我拥有了此生最珍贵的礼物，也是最值得传承给孩子们的礼物。

六岁多的P二代妹妹，现在俨然是P.E.T.的代言人。在碰到其他孩子与妈妈有冲突的时候，她会说："妈妈，还好你有P.E.T.。"妹妹这段时间喜欢自己讲睡前故事。在一个故事里她讲道："有个小女孩在教室里遇到一些让她生气的同学，她会用P.E.T.的方式和同学沟通。"

作为妈妈，我不知道孩子的未来是什么样子，但我一点儿也不焦虑。P.E.T.这道光照亮了我，也让我看到了孩子自身的光芒。她们通透、明亮、快乐，她们可以一直如此，就够了。

拥抱P.E.T.，让我们和它一起迎接勇于成长的自己。

❹ P.E.T. 讲师之路

不仅在生活中，讲师们在分享推广P.E.T.的过程中也实践P.E.T.。这更是一种"做中学"，是难得的终身成长的好机会。参加P.E.T.课程的学员会由衷地感慨，P.E.T.讲师看起来真的不太一样，他们在课堂上更多的是分享，而不是教导，是允许体验，而不是评价对错。他们会坦诚自己的想法需求，倾听学员的观点困惑，当然有时候也会"犯错"，但会坦然承认并积极调整。这样的课堂让大家感受到了心意的流动，体验到了P.E.T.沟通的真实美好。许多学员因为喜欢自己的讲师，也想要成为自己喜欢的样子，从而踏上了讲师之路。

P.E.T.讲师赵薇：我在推广上的努力

从2021年4月参加讲师班开始，我主要从以下几个渠道推广P.E.T.课程。

我寻求到一家有意做家庭教育的艺术培训学校，与其合作推广P.E.T.的相关活动，例如读书会、沙龙等。我为学校的老师开办了两场读书会和一场P.E.T.父母效能训练营（类似体验式课程，由于当时未取得正式讲师证书，所以没有开办正式的工作坊）。通过这几次活动，我最大的收获是累积了一定的经验，自身能力得到了锻炼，同时也让学校的老师对P.E.T.有了一定了解，有利于后期向家长推广。

我组织了线上的读书会社群，定期在群里阅读P.E.T.相关书籍，分享个人成长经验。线上社群的互动很少，大多数时候都是我一个人的"独角戏"，但我通过每一次的阅读和分享可以看到自己的能力状态，每一次也都是对自己的锻炼。这个社群在一定程度上让更多的人了解了P.E.T.。

通过知常家育的支持，我也获得了一些展示自己的机会，比如，带领线上、线下的读书会，带领团体成长小组等。通过这些活动，更多的人认识了我，让一些没有学习过P.E.T.的家长对P.E.T.产生了好奇。同时，每一次的团体带领也都是对我自身经验及能力的丰富和提高。

现阶段我最需要的是经验的累积，所以下一步我打算持续做好以上几个渠道的推广活动，继续在这个领域深耕、播种，把地基打牢。我也想创作出一些有特色的成长课程进行试验和推广。

P.E.T. 讲师李清朱：在我的幼儿园推广 P.E.T.

我在学了很多课程之后，工作和生活变得顺利了很多，但我仍然觉得不够，于是继续寻找，然后去学了 P.E.T.，并拿下了 P.E.T. 的讲师证。当时感觉很兴奋，并且信心满满：这样一套生活哲学和育儿实践，如果让每个家庭都能用起来，真的是一件特别美满的事情。一个人最大的幸福就是用自己喜欢的方式来过一生。P.E.T. 可以支持孩子内在的成长。如果一个孩子在 P.E.T. 的环境中长大，他就容易获得人生的幸福。

学习了 P.E.T. 之后，我跟班里孩子的家长们简单介绍了一下 P.E.T.，并且说我会组织一次针对家长的免费的 P.E.T. 分享，要求每个家庭来一个人学习。

之前对家长我从未有过硬性学习的要求，曾有相熟的老师希望我强硬一些，我觉得不可取，我一直认为学习是一件自觉自愿的事情。但学了 P.E.T. 之后，我真的想试一下。从未强硬，偶尔强硬一次应该会有效果吧？起码他们会给个面子了解学习一下。只要了解学习了，也算为家长与孩子的沟通加入了一道不一样的风景。也许有人私底下会抱怨我的方式，但我觉得也值了。

我这么琢磨一遭，然后等来了分享的日子。结果出乎我的预料。有的人还真是面子也不给，有的人来了其实也很不情愿。曾有一个家长在我学习 P.E.T. 的时候就表现出了兴趣，但到了分享的时候却恰好没有时间。

在分享的过程中，我发现那些带着情绪来的家长在找机会往外发泄。沟通的绊脚石里有一个是嘲讽，有的人就说，东坡和佛印也相互嘲讽啊，不是挺有效果的吗？说到协助孩子解决问题，要相信孩子，有的家长就说，孩子那么小，他不可能做到的，怎么可能去相信他……

怪我当时功力尚浅，我只是中规中矩地做了讨论和分享，但我能感觉到，我没有戳到他们心里去。于是那一次的家长分享，结果一片惨淡。

我再一次确定，学习真的是一件自觉自愿的事情。

改变从来都很难，改变的过程也常常是费时费力的，只有真心想改变的人，才会有改变的可能。我的老师常说："当痛苦大于辛苦时，改变才会发生。"

我也知道，我的功力尚浅，同样的话，还没有分量使其能进到别人的耳朵里。没有关系，我有沉下心来成长的能力。

我也理解家长们，生活从来不是一件容易的事情，每个人都有自己要面对的一摊事儿。可我还是有些贪心，面对幼小的孩子，我总是希望家长能多做哪怕那么一点点，那么孩子未来的路就会相对容易一点点。

我有时会心疼身边的孩子。我担心他们在六岁之前如果没有学会很好地沟通，心门会慢慢关上；我担心他们生命中的天赋如果没有被看见就会被埋没；我担心他们长大后浪费太多的时间精力与自己的情绪纠缠……

而每一次，面对我自己的担心，我也只能跟自己说：每个孩子、每个家庭都有他们自己的命运，我只要尽力就好。

是的，尽力就好，不要太追求完美。人生本来就不完美，我们每个人都是在不完美中去寻求生活的美的。

有了一个失败案例，我就偃旗息鼓了。再加上平时工作忙碌和各种杂事堆积，时间有限，我一直没有更多的机会去推广 P.E.T.，但时不常地会在家长群里做一些简短的分享，润物细无声的方式或许更适合多数人。周末有时间的时候，我会带带读书会，也算是一种共同学习。

而我自己从未在学习的路上停歇过。这几年做新教育的幼儿园，能熬过中间的沟沟坎坎，并且要去面对未来的坎坎坷坷，除了凭借做事的信念，能够支撑我的就是一直不断的学习、成长、反思。

这几年身边的老师们也在我的影响下去践行 P.E.T.，我们一起打造了一个舒适的工作环境，老师们也在努力营造属于自己的温馨的家庭氛围。

如今，工作到了一个转折点，我可以有更多的精力去做班级外围的工作了。推广 P.E.T. 和带领身边的人学习 P.E.T. 仍然是我的方向。因为我看到了 P.E.T. 清晰完善的系统之美，也亲身感受到了 P.E.T. 在生活实践中的效用。P.E.T. 让我们可以界限清晰地生活，真正爱自己，真正理解、尊重和支持他人。

只是，我们还是要不停地回看自己，努力做好自己能做的。觉察和学习是一条永不停歇的路，而生活自有它的安排。

P.E.T. 讲师素宁："爱好"刚好遇到"事业"

我出生于教育世家，一颗教育的种子从小就已播种在心间。毕业后我一直从事教育行业，自从有了孩子，在家庭教育这条路上更是一发不可收拾。一次机缘巧合邂逅了"全球第一父母课程"——P.E.T. 父母效能训练，一套能够改善沟通关系的伟大课程。E.T. 模式深深地影响了我，令我受益匪浅。如果让我推荐一种育儿理念，那一定是 P.E.T.，心中有框，遇事不慌。通过不断地学习，收获了良好的家庭关系，同时养育了一位内心丰盈的小暖男。

曾经的我，彷徨过、踌躇过、犹豫过、迷茫过，对未来总也认识不清晰。走着走着，我发现，生活中总有一些东西会让人一见钟情，或许是某些人，或许是某个物件，抑或是某件事……此时此刻，我只想对 P.E.T. 说一句："哦，原来你也在这里……"

2021 年 7 月 27 日于我而言意义非凡，可谓梦想起航之日。这一天我很荣幸成为中国华北区第 108 位 GTI 国际认证的"P.E.T. 父母效能训练讲师"，希望能将爱的种子播撒到更多的家庭。从 2016 年 7 月初识 P.E.T.，直至成为一名 P.E.T. 讲师，一路走来有太多的故事，且听我慢慢道来。先从 1998 年的一场报告说起……

命中注定的相遇

初中一年级那年，记得有一天，学校组织全校师生聆听了一场特别的报告——几位监狱服刑人员的忏悔报告。小孩的神经总是敏感的，听完我被深深地触动了，因为一直以来我都是被爱和自由包围着的那个幸福的小女孩。一个接纳度无限大的家庭环境给我的全部都是积极向上的正能量。我天真地以为，家本就应该是这个样子。

而当我从那些悲伤的眼神里看到的是对家庭的恐惧和绝望时，当我第一次接触到"原生家庭"一词时，我才明白原来每个家庭都有属于它自己的样子。原生家庭对于孩子的成长是如此的重要，幼苗的生长取决于土壤环境，不仅仅是吃饱喝足那么简单。过度的权威或宠爱都会让孩子不知所措，自我怀疑，丧失自我，不能成为真正的自己，亲子关系也会无比紧张和焦虑。

听完报告我便陷入沉思，以后我该如何去教育我的孩子呢？后来的某一天，我在书店不经意间看到一本家庭教育的书籍，名为《卡尔威特的教育》，果断购买，简单翻了翻便锁在了小柜子里，想着等未来做了母亲的那一天，再拿出来好好研读。或许从那一刻起，有颗种子已经悄悄埋藏在了我的心间……

之后的人生路上，每逢考试自习时，我的身边总会摆两本关于家庭教育的书籍，身心疲惫之时翻一翻总会有一种幸福感和轻松感，能找到一种心灵上的慰藉，很神奇。后来自己有了孩子，这么多年积累的育儿知识派上了用场，起初还用得得心应手，慢慢地我发现这些知识只是碎片式的，并没有一个系统的框架，只能就事论事。这也是身边大多数父母面临的养育困境。而与孩子的相处并不简单，随着他们的长大，各种稀奇古怪的场景总会出其不意地随时随地上演，顿时觉得知识不够用，乱了阵脚。

直到 2016 年 7 月，我的舍友兼 P.E.T. 引路人——心萍老师，让我了解到原来还有这样一个伟大的沟通模式——P.E.T.。只一个简单的行为窗口，就能将我和孩子的所有行为包含其中，归纳分类成四个区，每个区都有其对应的技巧，遇到问题只需"戈登"一下，便豁然开朗。不仅如此，通过使用这些技巧，还能让我和孩子的关系越来越亲密，实现在远远的背后带领的教育模式，育儿路上不慌不忙。

由于中途遇到一些事情耽搁了，直到 2020 年年底，我又重新想起 P.E.T.。当时孩子已经五岁了，到了所谓的"叛逆期"，我急需一套方法来协助自己，也刚好有时间和精力去学习。从那一刻起，我才正式走上了 P.E.T. 之路……

P.E.T. 主题沙龙
——缘来是你

还记得 2020 年 12 月 24 日，有幸参加了王漪老师带领的一场沙龙——主题为"您觉得，自己的孩子足够自律吗"，我被太多未知的点深深触动了。沙龙结束时，王漪老师问了大家三个问题。我回答道："我原以为，父母对孩子可以打着'为他好'的旗号去插手各种事情；我现在知道了，孩子是需要空间的，有主宰自己命运的权利；我计划下一步跟随、引领、做好榜样，在远远的背后带领他。我原以为，作为妈妈就要委曲求全、忍气吞声、十全十美，这样才能对得起妈妈这个称呼；我现在知道了，父母也有自己的需求，也要表达自己；我计划下一步做真实的自己。P.E.T. 模式影响、改变了我之前的很多认知，让我有了深入学习的想法和动力，从此便一发不可收拾。

P.E.T. 工作坊
——梦的起点

沙龙过后，我毫不犹豫地报名了最近的一期工作坊，结识了颜值与实力双在线的颜言老师，她那幽默诙谐的语言、金句频出的表达以及超级接地气的案例让"标签""倾听""面质""我—信息""你—信息""第三法""关系银行"和"换挡"等词语飞入我的大脑。课程以讲师讲解、小组练习、角色扮演以及图片视频展示等方式鲜活又立体地呈现出来。课程结束后，我的眼前突然明亮了起来，对于"妈妈"这个角色更自信，也更有底气和力量。

P.E.T. 讲师班
——一场神奇的蜕变之旅

学完课程之后，我一改之前的权威，试着去看见孩子，看见自己，倾听孩子的需求，接纳孩子的情绪，同时表达自己的想法。不断复盘，顺利地解决了一个又一个的冲突，慢慢地将P.E.T.融入了我和孩子的日常。如果1到10分代表P.E.T.的实践效果，参加完工作坊之后是3分的水平，如今自我感觉已经达到了7分的水平。从有意识不熟练地运用慢慢到无意识熟练地运用，我越发体会到了P.E.T.的好，也越来越有一种冲动——当一名讲师，把P.E.T.分享给更多的父母，让孩子们都能与父母敞开心扉。此时，十几年前的那颗种子已然在慢慢发芽……

2021年3月16日—3月22日，在人称"行走中的P.E.T."的中国督导安心老师的带领下，我系统地学习了P.E.T.。这7天只能用"神奇"二字形容，"空间""跟随""接纳""成长""蜕变"……太多太多的词语不足以形容它的好，这种感觉"只可意会不可言传"。

在这里，P.E.T.让我懂得了何为"接纳"，即不改变对方，接纳对方的情绪和状态，放下所有的评判、指责与期待，让彼此为各自的事情负责，唤醒孩子的自律；在这里，P.E.T. 让我体会到了"空间"的美好，避免唠叨与说教，腾出足够的空间，与对方感受联结。爱是什么？爱就是创造空间让事情得以发生，人与人之间的关系也因为接纳和空间而变得更加宽广。

接下来是长达两个月的线上督导，我认认真真地把讲师指南里的每个知识点吃透弄懂，完成每一道题，不留死角。

最后一个阶段是为期三天的督导班。温故而知新，继续精进，小伙伴们在这里一起梳理被卡住的地方。那些情绪慢慢松动、舒展开来，在这里，我看到了花开的模样，看到了升级版的自己……

与 E.T. 一路同行

一群人，一条路，一路有你，视彼如己……在这条路上，大家敞开心扉，给彼此爱与力量，无所保留地分享着所有。我一直相信，磁场相合，注定相遇，什么样的自己注定会遇到什么样的伙伴，与大家相遇、相识、相知是机缘巧合，也是命中注定，珍惜所有的不期而遇，看淡所有的渐行渐远……

特别欣赏王漪老师对 P.E.T. 的中文解读：

[P] 披荆斩棘为爱来

[E] 意气相倾两相顾

[T] 醍醐灌顶一念宽

真正学习了之后，我亦融入了自己的解读：

[P] 披云见日见初心

[E] 一见倾心永相随

[T] 提纲挈领有底气

生活是来来往往，千万别等来日方长，愿你我都能看见彼此、看见美好。

P.E.T. 父母效能训练中国实践篇（2022）

讲师班结束后，我多次走进幼儿园和早教机构，分享自己的感悟，传授 P.E.T. 的理念，打破父母神话，为父母赋能，希望他们能看见彼此，尊重和允许孩子成为他们自己。同时和小爱老师一起开办了一期（共四场）读书会，共读《在远远的背后带领》这本书，学习书中的精华，探讨现实中的案例，大家都有所得。

以下是诸位学员的反馈：

"与孩子沟通，学会听、看、观察，谢谢父母效能训练讲座。"

"谢谢 P.E.T. 让我学会如何与孩子相处，明白效能训练的意义。"

"这种讲座有利于父母的成长，让父母更加真实地了解孩子的想法，同时给出与孩子相处及教育孩子的方式。希望多多开展。"

"可以多开展类似的交流活动，做学习型、榜样型父母。"

"感谢老师的分享，让我更好地审视自己，也多倾听孩子，从背后默默支持，给予包容，而不是总去控制孩子，让孩子成为他们本来的样子，而不是我们希望的样子。"

"P.E.T. 改变了我的教育理念，让我更加了解孩子，同时也解决了自己的很多问题。"

"改变自己，从今天开始。"

每次翻出这些信息依旧感到温暖，每一条都是妈妈对孩子的爱。庆幸你们的觉醒，感谢你们的改变，退到孩子身后，给孩子空间和自由，同时保有连接和支持，这就是最好的带领。

2021 年 7 月 7 日—7 月 9 日，我举办了一场公益工作坊。对我来说，这既是挑战，又是给自己的一个答卷。除了脑海中的 P.E.T. 框架是清晰的，其他均是未知的，将自己已内化的知识传授给大家，我喜欢这种心灵的碰撞，彼此滋养着，付出的同时也收获着。课程结束，有的小伙伴说："时间太短，倾听练习没练够。"有的伙伴说："上育儿沟通课竟然上瘾了。"听到这些话，除了欣慰只剩下感动了。人和人之间最重要的就是关系，关系好了，一切都顺了，愿你我都能在 E.T. 的滋养中越走越远，越来越好……

正式取得认证之后，我带领了四位学员和一位助教。未来我会争取每月开办一次工作坊，明后年争取进阶 Y.E.T. 和 T.E.T.，把 E.T. 模式带给更多的父母、教师和青少年。

截至 2021 年 10 月，全国大约有 1800 名 E.T. 讲师在各自的城市分享人本主义沟通理念和技巧。其中有 1204 名 P.E.T. 讲师，他们中的不少人同时还是 Y.E.T. 青少年效能训练讲师和 T.E.T. 教师效能训练讲师。这个数量级别在全国十四亿人口中绝对算是极少数，所以讲师之路也算得上是"少有人走的路"。

但这个小小的团体却有着大大的能量，因为热爱而分享，也因为分享而幸福。随着社会日益关注家庭教育的作用，越来越多的父母、养育者认识到给孩子创造良好的成长环境的重要性。父母需要学习如何成为孩子的助力，成就孩子的成长，而 P.E.T. 将在每个亲子沟通的机会中为父母照明、赋能。

This book includes the experiences of Chinese P.E.T. Instructors and parents who have participated in the P.E.T. course and examples of how they have used the Gordon skills to improve their relationships with their children. I hope that reading it will motivate you to enroll in a P.E.T. course.

本书介绍了中国 P.E.T. 讲师以及参加过 P.E.T. 课程的中国家长的经验，展示了他们如何运用戈登技巧来改善亲子关系。我希望阅读这本书能激励你参加 P.E.T. 课程。

——Linda Adams　美国戈登国际培训（GTI）总裁

2021 年年底，我们在深圳举办了盛大的 P.E.T.60 周年庆，年会上展现的 P.E.T. 课程对中国父母们的帮助鼓舞了许多人。那么，我们如何让更多的父母了解 P.E.T.，从而学习到如何创建更好的亲子关系呢？

我想，从我们每个人开始，从所有 P.E.T. 讲师开始，我们成为大家了解 P.E.T. 的桥梁和通道。所以，非常感谢这本书的讲师们写下他们的实践过程，也写下了他们对育儿的感触，给更多的父母提供了宝贵的参考，鼓舞到更多的父母。

创建良好的亲子关系，P.E.T. 是你的不二之选，诚意推荐中国版的 P.E.T. 实践篇！

——安心　P.E.T. 父母效能训练资深督导

为人父母学习一种新的沟通方式，需要多少次练习？答案是 1500 次到 5000 次。那怎样才能做到 1500 次练习就掌握呢？答案是有技巧的刻意练习，就像本书呈现的那样，首先是学会新的理念，然后是在生活中不断践行；接着是记录下来，进行梳理和复盘；之后再持续练习。书中的作者大都是 P.E.T. 父母效能训练的认证讲师，他们的分享将助力你尽快掌握让孩子受益终身的沟通方式。

——微微辣　P.E.T. 父母效能训练资深督导

P.E.T./Y.E.T./T.E.T. 系列课程
中国区代理机构信息

中国官方公众号：PET 父母效能训练
中国 P.E.T. 官网：www.petchina.org

中国东区 P.E.T./Y.E.T./T.E.T. 独家代理

杭州心宁教育科技有限公司
电话：18717850178
微信公众号 1：心宁教育
微信公众号 2：戈登沟通学堂
微信视频号：戈登沟通学堂
官方微博：心宁教育
客服微信及商务咨询合作电话：18717850178

中国南区 P.E.T./Y.E.T./T.E.T. 独家代理

深圳市道纪文化传播有限公司（安心工作室）
地址：深圳市南山区海岸大厦东座 B 栋 15 楼
微信公众号 1：安心工作室
微信公众号 2：道纪效能沟通
官方微博：安心工作室官方微博
客服微信（电话 & 微信）：玲玲 15813888300

中国西区 P.E.T./Y.E.T./T.E.T. 独家代理

成都知常教育咨询有限责任公司

地址：成都市武侯区永康路 17 号正成广场 3 层 302 号

电话：15682079793

微信公众号：知常家育

官方微博：@ 知常家育 E.T. 家

视频号：知常家育 E.T. 家

客服微信：TOYOHU-CD

商务合作：15682079793 小知老师

中国北区 P.E.T./Y.E.T./T.E.T. 独家代理

家成长教育咨询（北京）有限公司

地址：北京市朝阳区麦子店街 36 号龙宝大厦二层 207 室

电话：010-65959181

微信公众号：家成长

官方微博：家成长教育

课程咨询（电话 & 微信）：成成 13521909563

商务合作（电话 & 微信）：家家 13521915382

作者名录

邓玲玲　范梦瑶　郭御凤　何曼丽　菁　菁
亢　翠　可　菁　李卉芳　李清朱　萌　萌
苏　苏　素　宁　孙庆军　王一玮　王　乐
闫　珺　颜　言　杨　慧　杨　晶　艺　慈
张　宏　张　华　张惠敏　赵　薇　朱小爱